TOM BUTLER-BOWDON

50 Grandes Mestres do Sucesso

São Paulo
2013

UNIVERSO DOS LIVROS

Diretor editorial: Luis Matos
Editora-chefe: Marcia Batista
Assistentes editoriais: Cássio Yamamura, Raíça Augusto e Nathália Fernandes
Tradução: OK Linguística
Preparação: OK Linguística
Revisão: Rodolfo Santana e Paula Fazzio
Projeto gráfico: S4 Editorial
Arte: Francine C. Silva e Valdinei Gomes
Capa: Zuleika Iamashita

Dados Internacionais de Catalogação na Publicação (CIP)
Angélica Ilacqua CRB-8/7057

B992c Butler-Bowdon, Tom.

50 grandes mestres do sucesso: divisores de água para as sabedorias profissional e pessoal / Tom Butler-Bowdown; tradução de OK Linguística – São Paulo : Universo dos Livros, 2013. (50 Grandes Mestres)
400 p. – (Coleção 50 Grandes Mestres)

Bibliografia
ISBN: 978-85-7930-608-2
Título original: 50 Success Classics

1. Sucesso – bibliografia 2. Autoajuda - coletânea I. Título

13-0921 CDD 158.1

Universo dos Livros Editora Ltda.
Rua do Bosque, 1589 – Bloco 2 – Conj. 603/606
CEP 01136-001 – Barra Funda – São Paulo/SP
Telefone/Fax: (11) 3392-3336
www.universodoslivros.com.br
e-mail: editor@universodoslivros.com.br
Siga-nos no Twitter: @univdoslivros

AGRADECIMENTOS

Tamara Lucas, pela sua essencial ajuda e inspiração, como sempre.

Noah & Beatrice Lucas, pelo valioso encorajamento, e Howard e Maurice Taylor, pelo computador.

Marion Butler-Bowdon, por ser um modelo de sucesso tão bom.

Nicholas Brealey, por seu comprometimento com a série *50 grandes mestres* e pelos *insights* que fizeram deste um livro melhor.

Terri Welch, pelo entusiasmo e eficácia na promoção do livro nos EUA.

Sally Lansdell, por dar forma ao livro por meio de muitas sugestões úteis.

Victoria Bullock, pela inteligente promoção do livro no Reino Unido.

Zoë Munro, pela assistência no sucesso deste livro e de seu antecessor.

Ken Leeder, pelo trabalho de design que expressa apropriadamente o conteúdo.

Sumário

Introdução

Nós desejamos o sucesso quase tanto quanto necessitamos respirar. Desde quando nascemos, queremos fazer mais, ganhar mais, ser mais. Apesar de termos uma imagem mental do sucesso como a de um grande esforço a caminho da perfeição, na realidade, ele é mais natural. O sucesso pode ser entendido como a coragem para libertar sonhos poderosos e potenciais já existentes em nós, abrindo espaço para que eles se concretizem. A maioria das pessoas não faz isso porque parece perigoso e não é comum. Mas aqueles que já se conscientizaram dessa estrada simplesmente a enxergam como um caminho normal a seguir. O sucesso se parece mais com um lar, um lugar que todos deveriam experimentar.

Às vezes, devido à nossa educação ou aos nossos costumes, perdemos o interesse em prosperar mais, e nos sentimos atraídos a baixar nossas expectativas e nos contentarmos com uma vida menos extraordinária. Se, no entanto, você permite ao seu desejo de ser bem-sucedido fluir, esse livro é para você.

Conquistas autênticas

Meu livro anterior, *50 grandes mestres da Autoajuda*, preocupa-se com a busca pela verdadeira felicidade e autodeterminação. *50 grandes mestres do Sucesso* trata de *conquistas* autênticas e significativas.

Apenas você saberá se atingiu suas metas. Algumas pessoas passam suas vidas escalando uma ladeira, para parafrasear Joseph Campbell, somente para descobrir que estavam no topo da montanha errada. É por isso que o termo "autêntico" é usado: fazer algo ou se tornar alguém que expresse toda a sua personalidade e habilidade da maneira mais nobre. O sucesso não é um evento ou uma finalidade isolada, mas uma expressão do que há de melhor em você. O mundo proporciona infindáveis possibilidades para tornar-se mais eficiente, mais humano, mais belo. Está em suas mãos encontrar o seu caminho.

Uma conquista verdadeira não se trata de vencer tão somente. Como coloca Timothy Gallwey:

> *Vencer é ultrapassar obstáculos para alcançar uma meta, mas o valor da vitória somente é tão bom quanto o valor da meta conquistada."*

Você precisa fazer uma distinção entre uma compulsão de ser bem-sucedido apenas pelo prazer da vitória e o desejo por conquistas estáveis que enriquecerão a sua vida e a vida dos outros. O sucesso autêntico e duradouro vale-se dos recursos do mundo para atingir maior efeito com desperdício mínimo.

Características de pessoas bem-sucedidas

O que torna uma pessoa bem-sucedida? O que faz dela motivada, próspera e uma grande líder? Essas questões fomentaram a criação de cada livro desta seleção, e é possível estabelecer algumas respostas e ideias em comum. A seguir, há apenas uma lista breve e parcial delas, mas que pode atiçar o seu apetite para descobrir para si mesmo alguns dos princípios do sucesso.

Otimismo

Otimismo é poder. Esse é um segredo descoberto por todos os que tiveram sucesso frente a grandes batalhas. Nelson Mandela, Ernest Shackleton, Eleanor Roosevelt – todos admitiram que o que os ajudou a atravessar tempos difíceis foi uma habilidade de focalizar no pensamento positivo. Eles entenderam o que Claude Bristol chamou de "a força mágica da vontade". Grandes líderes têm também uma habilidade incomum de encarar realidades difíceis, criando um atributo poderoso e único: o otimismo que fortalece a mente.

Pessoas otimistas tendem a ter sucesso não apenas porque elas acreditam que tudo vai ficar bem, mas porque a expectativa do sucesso as faz trabalhar mais arduamente. Se você espera por pouco, não vai estar motivado a sequer tentar.

Uma meta, um propósito ou um plano bem-definidos

O sucesso requer uma concentração nos esforços. A maioria das pessoas distribui suas energias em tantas coisas que acaba não sendo notada em nenhuma delas. Nas palavras de Orison Swett Marden:

> *"O mundo não obriga que você seja advogado, ministro, médico, fazendeiro, cientista ou vendedor; ele não dita o que você deve fazer, mas requer que você seja mestre com o que quer que você se comprometa."*

Então, para ser bem-sucedido, você deve ter objetivos e metas mais altos e buscar persistentemente a sua realização.

Disposição para trabalhar

Pessoas bem-sucedidas estão dispostas a empenhar-se na labuta em prol de uma causa admirável. Grande parte do que chamamos de talento corresponde a anos de esforços investidos para solucionar um problema ou encontrar a expressão perfeita de uma ideia. Com trabalho árduo, você adquire conhecimentos sobre si mesmo que a ociosidade jamais revelaria. Uma lei para o sucesso é que, uma vez atingido, pode-se estabelecer uma situação em que se torna mais fácil mantê-lo. Como segue o dito: "Nada gera tanto sucesso quanto o sucesso".

Disciplina

O sucesso estável é construído com disciplina, reconhecimento de que você deve dar ordens a si mesmo e obedecê-las. De modo geral, esse assunto pode ser entediante, mas os seus resultados em longo prazo podem ser espetaculares.

Grandes conquistadores sabem que, enquanto o universo é feito de átomos, o sucesso é feito de minutos; eles são mestres quando se trata do uso do seu tempo.

Uma mente integrada

Pessoas bem-sucedidas mantêm uma boa relação com seu inconsciente ou subconsciente. Confiam em sua intuição e, devido às intuições geralmente estarem certas, parecem desfrutar de mais sorte do que os outros. Elas descobriram um dos maiores segredos do sucesso: depositando sua confiança na parte não racional de sua mente, podem resolver problemas e criar soluções.

Leitura fértil

Olhe para os hábitos dos bem-sucedidos e você descobrirá que eles são, geralmente, ótimos leitores. Muitos dos líderes e autores citados aqui atribuem a grande virada de suas vidas a ter em mãos certo livro. Se você ler sobre as realizações daqueles que você admira, elevar seus próprios pontos de vista é inevitável. Anthony Robbins realçou que "o sucesso deixa pistas", e ler é uma das melhores formas de tomar conhecimento dessas pistas.

Curiosidade e capacidade de aprender são essenciais para conquistas, como o dito "líderes são leitores". Aquele que busca o conhecimento, segundo Dale Carnegie diz, "precisa frequentemente encharcar sua mente nas dornas da literatura e deixá-la dourar".

Correr riscos

Quanto maior o risco, maior o potencial de sucesso. Sem riscos não há vitórias. Oriente-se para agir.

Realização do poder de expectativa

Pessoas bem-sucedidas esperam pelo melhor e geralmente o alcançam, porque as expectativas conseguem atrair seu equivalente material para você.

O empreendedor pensa da seguinte maneira: "Uma vez que a vida corresponde bastante às expectativas, por que não pensar grande ao invés de pequeno?".

Maestria

Pessoas perspicazes podem usar a seu favor qualquer situação. Elas são "mestres de suas almas, capitães de seus destinos".

Quando outras partes são envolvidas, elas buscam soluções em que os ganhos sejam maximizados para todos. Nas palavras de Catherine Ponder:

> *"Você não tem de se comprometer na vida se você está disposto a deixar para trás a ideia de se comprometer."*

Equilíbrio

Conquistas significam pouco se não formos um sucesso *como pessoas.* As capacidades de amar, ouvir e aprender são essenciais para nosso próprio bem-estar, e sem elas é difícil estabelecer as relações satisfatórias de que precisamos, tanto para nos renovarmos quanto para inspirarmos a conquista.

Uma rápida passagem pela literatura

Abaixo, há um resumo dos títulos citados em *50 Clássicos de Sucesso*, dividido em quatro categorias:

- Motivação
- Executando seu potencial
- Prosperidade
- Liderança

Motivação

Horatio Alger, *Ragged Dick*
Frank Bettger, *Do fracasso ao sucesso em vendas*
Claude M. Bristol, *A força mágica da vontade*
Robert Collier, *The Secret of the Ages*
Stephen R. Covey, *Os 7 hábitos das pessoas altamente eficazes*
LesGiblin, *Como ter segurança e poder nas relações com as pessoas*
Napoleon Hill & W. Clement Stone, *Pense e enriqueça*
Tom Hopkins, *Guia oficial para o sucesso*
Orison Swett Marden, *Pushing to the Front*
Anthony Robbins, *Poder sem limites*
David J. Schwartz, *A mágica de pensar grande*
Florence Scovel Shinn, *The Secret Door to Success*

Brian Tracy, *Realização máxima*
Zig Ziglar, *See You at the Top*

Quando pensamos em escritos bem-sucedidos, frequentemente os clássicos motivacionais são os primeiros a serem lembrados – e os títulos dessa seleção representam o desenvolvimento histórico do gênero.

Horatio Alger e Orison Swett Marden são os avós do movimento de sucesso moderno do século XIX – Alger com suas histórias de entretenimento e instrução de garotos pobres que se deram bem, e Marden com seu tratamento enciclopédico sobre o sucesso, baseado na vida de grandes pessoas. Ambos frutíferos, esses escritores levantaram o ponto de vista de duas gerações – mas o que surpreende é o quão inspiradores eles ainda são. Se você não se interessa muito por literatura contemporânea sobre sucesso, esses livros de sucesso à moda antiga são um rico caminho a seguir.

Na década de 1920, a exploração do poder da mente por Robert Collier foi precursora do trabalho de Napoleon Hill. Os livros de Florence Scovel Shinn, extraordinários pela maneira como trazem paz à mente em tempos desafiadores, começaram a encontrar leitores fiéis.

Depois da Segunda Guerra Mundial, as pessoas naturalmente voltaram seus pensamentos para a prosperidade e o "vamos em frente". Milhões não tiveram acesso a educação de ponta e precisaram se virar sozinhos. Inspiraram-se em títulos como *Do fracasso ao sucesso em vendas* (1947), de Frank Bettger, que, devido a seus princípios atemporais sobre vendas, ainda hoje é bastante lido. Publicado um ano depois, a meditação idiossincrática de Claude Bristol sobre "acreditar para vencer", *A força mágica da vontade*, também teve um incrível poder de permanência. Porém, talvez o livro de maior sucesso do período pós-guerra, ainda que não tenha sido publicado até 1959, foi *A mágica de pensar grande*, de Schwartz. A maioria de suas referências diz respeito à vida corporativa na década de 1960 no subúrbio dos EUA, mas o tema universal que dizia que "o tamanho do seu sucesso é medido pelo tamanho da sua fé" rapidamente se tornou um dos destaques quando o assunto é motivação.

Ainda que os cursos de oratória de Dale Carnegie funcionassem há um tempo, foi apenas nas décadas de 1970 e 1980 que o sucesso se tornou uma indústria própria, conduzida por seminários e *best-sellers*. Figuras como Zig Ziglar, Denis Waitley, Jim Rohn, Og Mandino, Tom Hopkins e Brian Tracy se tornaram os pilares do discurso motivacional.

No final da década de 1980, Stephen Covey, que estudou em seu doutorado duzentos anos da literatura sobre sucesso, publicou *Os 7 hábitos das pessoas altamente eficazes*, obra cujo desenvolvimento de seu personagem principal nos moldes de um livro sobre negócios atraiu uma grande audiência – portanto, pode-se dizer que Covey deu vida nova ao gênero e ainda lhe trouxe seriedade. Enquanto isso, um jovem californiano chamado Anthony Robbins era ovacionado pelo público devido a suas excepcionais técnicas de mudança. Seu primeiro *best-seller*, *Poder sem limites*, se inspirou na neurolinguística, uma ciência até então emergente, e Robbins ainda é o mais conhecido guru dos dias presentes.

Finalmente, mesmo que suas mensagens simples não exijam uma análise completa, deve-se fazer menção aos seguintes trabalhos: o famoso *Mensagem a Garcia* (1899), de Elbert Hubbard, uma breve narração de um ato de heroísmo militar que inspira o leitor a "cumprir a tarefa, independentemente de qualquer coisa"; e *O mais estranho segredo* (1956), de Earl Nightingale, uma das gravações de voz mais vendidas da história, que faz alusão a uma das mais importantes leis do sucesso. Estudiosos do sucesso certamente deveriam pensar em adicionar esses dois livros a suas bibliotecas.

Executando o seu potencial

Chin-Ning Chu, *Thick Face, Black Heart*
Jim Collins, *Empresas feitas para vencer*
W. Timothy, Gallwey *O jogo interior de tênis*
Baltasar Gracian, *A arte da sabedoria*
Earl G. Graves, *How to Succeed in Business without Being White*
Muriel James & Dorothy Jongeward, *Nascido para vencer*
Spencer Johnson, *Quem mexeu no meu queijo?*
Jim Loehr & Tony Schwartz, *Envolvimento total: gerenciando energia e não o tempo*
Cheryl Richardson, *Take Time for Your Life*
Sun Tzu, *A arte da guerra*

John Whitmore, *Coaching para Performance*
Richard Wiseman, *Fator Sorte: Mude sua Sorte, Mude sua Vida*

Você precisa estar motivado para atingir o sucesso, mas manter-se bem-sucedido requer uma sabedoria incomum. Esses livros revelam alguns dos fatores e ideias que podem ajudá-lo a atingir seu potencial.

Quem mexeu no meu queijo?, de Spencer Johnson, realça a necessidade de lidar com a mudança e de criá-la se você deseja permanecer no topo do progresso, enquanto Jim Collins lhe dá uma ideia, através de seu estudo sobre grandes empresas, do porquê ser meramente excelente não é suficiente e você deve ser o melhor no que faz. *Fator Sorte: Mude sua Sorte, Mude sua Vida*, de Richard Wiseman, apresenta algumas evidências novas e intrigantes para apoiar sua teoria de que as oportunidades não dependem apenas da sorte, mas podem ser atraídas a você com a adoção de determinadas atitudes e de certos traços de personalidade.

Consultoria pessoal é um fenômeno relativamente novo que garante um aumento dramático na produtividade e no bem-estar. Aqui são citados dois trabalhos muito influentes sobre o assunto, *O jogo interior de tênis*, de Timothy Gallwey, e *Coaching para performance*, de John Whitmore. Também há dois importantes títulos sobre o equilíbrio entre trabalho e vida, do planejador pessoal Cheryl Richardson e dos treinadores esportivos Jim Loehr e Tony Schwartz.

Quando foi publicado, em 1992, *Thick Face, Black Heart*, de Chin-Ning Chu, chocou o conhecimento ocidental em relação à maneira como conquistar um objetivo, e deve ser lido por qualquer aprendiz de sucesso que se preze. Da mesma forma, o antigo *A Arte da Guerra*, que, apesar do título, é uma obra de filosofia, pode dar ao leitor um valioso posicionamento que lhe possibilite atingir metas sérias para que todos saiam ganhando. Os dois títulos são ótimas alternativas aos modelos ocidentais de gestão de sucesso.

Prosperidade

George S. Clason, *O homem mais rico da Babilônia*
Russell H. Conwell, *Acres of Diamonds*
Benjamin Franklin, *O caminho da riqueza*

John Paul Getty, *How to Be Rich*
Napoleon Hill, *Pense e enriqueça*
Robert Kiyosaki, *Pai rico, pai pobre*
David S. Landes, *A riqueza e a pobreza das nações*
Catherine Ponder, *Leis dinâmicas da prosperidade*
Thomas J. Stanley, *A mente milionária*
Wallace D. Wattles, *A ciência de ficar rico*

Títulos sobre prosperidade e riqueza sempre representaram uma parte importante da literatura sobre sucesso. Benjamin Franklin conheceu o poder do dinheiro em favor da motivação nos idos de 1758, quando *O caminho da riqueza* foi publicado pela primeira vez em um de seus almanaques. Com uma forte influência puritana, o livro proclamava a economia, o trabalho árduo e a ideia de que "tempo é dinheiro".

Recentemente, em seu vasto livro *A riqueza e a pobreza das nações*, David Landes lista atributos similares das nações que se deram bem. Alguns países, como algumas pessoas, nasceram mais sortudos do que outros, em termos de fonte de recursos, mas os que produziram sua prosperidade com os próprios meios ascenderam ao topo. John Paul Getty, por exemplo, era o filho de um próspero homem de negócios da indústria petrolífera, porém, conforme sua autobiografia revela, transformou essas circunstâncias meramente boas num império que deixou um importante legado filantrópico.

A Mente milionária, de Thomas Stanley, apresenta um olhar fascinante sobre hábitos e atitudes de centenas de indivíduos bem-sucedidos, tendo a maioria deles ascendido sozinha. Stanley conclui que a habilidade de perceber as oportunidades é, mais do que educação formal, um ingrediente fundamental para o sucesso financeiro. *Pai rico, pai pobre*, de Robert Kiyosaki, aponta que a diferença entre ser rico ou pobre, muitas vezes, pode se reduzir ao esforço para desenvolver alguma inteligência financeira. Sobre esse tema, o livro de George Clason, *O Homem mais rico da Babilônia*, ainda é fortemente lembrado, mesmo depois de mais de 70 anos, como aquele que ensinou a milhões de pessoas como construir uma fortuna a partir do lema de "pagar para si mesmo primeiramente".

Um registro mais espiritual do sucesso financeiro pode ser encontrado na obra de Wallace Wattles e Catherine Ponder, que viram o mundo como um lugar essencialmente abundante que recompensa aqueles que apreciam esse fato. Influenciados pelos ensinamentos do Novo Pensamento, esses autores apresentam uma via mais calma – e talvez mais enriquecedora – a caminho da prosperidade, focada em "fazer o bem".

Numa classe à parte está o trabalho de Napoleon Hill, *Pense e enriqueça*, possivelmente o melhor manual sobre sucesso. Produto de 20 anos de pesquisa e uma síntese do monumental *A lei do triunfo*, esse livro foi publicado pela primeira vez na era da Depressão dos Estados Unidos da América, e o seu foco em grandes riquezas ainda inspira os empreiteiros atuais. A mistura entre as ideias espirituais e práticas e a prosa estimulante e bem afinada de Hill fazem desse um irresistível pacote.

Liderança

Warren Bennis, *A essência do líder: o grande clássico da liderança*
Kenneth Blanchard & Spencer Johnson, *O Gerente Minuto*
Edward Bok, *The Americanization of Edward Bok*
Warren Buffett (por Roger Lowenstein), *Buffett: a formação de um capitalista americano*
Andrew Carnegie, *The Autobiography of Andrew Carnegie*
Michael Dell, Dell: *estratégias que revolucionaram o mercado*
Henry Ford, *Minha vida e minha obra*
Abraham Lincoln (por Donald T. Phillips), *Liderança segundo Abraham Lincoln: estratégias para tempos de crise*
Nelson Mandela, *Longa caminhada até a liberdade*
J. W. Marriott Jr., *The Spirit to Serve*
Eleanor Roosevelt (por Robin Gerber), *Leadership the Eleanor Roosevelt Way*
Ernest Shackleton (por Margot Morrell & Stephanie Capparell), *Shackleton – uma lição de coragem*
Sam Walton, *Made in America*
Jack Welch, *Jack definitivo: segredos do executivo do século*

Tradicionalmente, a literatura sobre liderança fala de pessoas em particular apenas para ilustrar uma teoria. Apesar de a lista acima incluir *A essência do líder: o grande clássico da liderança*, trabalho valioso feito por um dos principais teóricos de liderança, é mais interessante e talvez tenha mais valor analisar a vida de verdadeiros líderes.

Do mundo da indústria, a autobiografia de Andrew Carnegie tornou-se um clássico da autorrealização, o qual desenha a ascensão de um garoto escocês pobre a magnata do aço e modelo filantropo. *Minha vida e minha obra*, de Ford, é uma narração rica e adorável sobre um iniciante relativamente tardio, que transforma o mundo por ser um grande inovador e um mestre da organização. Menos conhecida, a autobiografia de Edward Bok, ganhador do prêmio Pulitzer, mapeia o marcante progresso de um imigrante holandês que se tornou um dos editores-chefes e líderes de opinião dos EUA.

Seguindo para o final do século XX, a obra insensível, ainda que humana, de Jack Welch, dá ao leitor a chance de ser uma mosquinha e descobrir mais sobre a vida no topo de uma grande corporação, enquanto a biografia de Warren Buffett, escrita por Roger Lowenstein, oferece um esplêndido conhecimento sobre um homem recentemente incluído no topo da lista dos "25 mais poderosos dos negócios", da revista *Fortune*.

Nomes cativantes como os de Sam Walton, Michael Dell e Bill Marriott expandem a lista de grandes líderes contemporâneos dos negócios. Entre os livros que salientam o que nós podemos aprender com a experiência em liderança de figuras bastante conhecidas estão *Liderança segundo Abraham Lincoln: estratégias para tempos de crise*, de Donald T. Phillips; *Shackleton – Uma lição de coragem,* de Margot Morrell e Stephanie Capparell, que narra o conto instigante da expedição antártica *Endurance* e de suas lições para a vida no mundo dos negócios; e a análise da liderança inspiradora de Eleanor Roosevelt feita por Robin Gerber.

Por fim, mas não por isso menos importante, está um livro que foi, em sua maioria, escrito enquanto seu autor estava na prisão: *Longo caminhada até a liberdade,* a dolorosa história de Nelson Mandela sobre uma vida dedicada à luta para transformar uma nação inteira – e a caminho de criar o líder possivelmente mais admirado dos nossos tempos.

Notas no texto

A lista de clássicos dessa seleção não é definitiva, mas espero que possa representar o gênero. Ainda que a maioria dos livros seja composta por *best-sellers*, o principal critério para sua inclusão na lista corresponde ao impacto e ao reconhecimento que causaram, ou ao preenchimento de um nicho em termos de um assunto ou de uma pessoa específicos. Os livros de Shackleton, Lincoln e Eleanor Roosevelt, por exemplo, podem não ter sido os primeiros trabalhos relacionados aos seus assuntos, mas são notáveis dentro de um gênero comparativamente novo que visa apreender as lições sobre liderança a partir da vida de pessoas notáveis.

Os líderes sobre os quais falamos não são exemplos específicos para o seu sucesso pessoal – em geral, não é uma boa ideia comparar-se a outras pessoas –, mas as histórias dessas pessoas ilustram um "caminho" para o sucesso que pode inspirá-lo.

Alguns leitores perceberão que a maioria dos autores são homens. Isso acontece porque a maioria dos gurus do sucesso foram homens, e os homens escreveram boa parte das autobiografias com o modelo "como eu cheguei lá". No entanto, como as mulheres representam uma força poderosa no emergente campo da consultoria pessoal e como a grande maioria dos grandes negócios tem sido iniciada por elas, isso está para mudar.

Duas observações finais:

- Junto de cada comentário há um box que indica obras similares. A maioria delas pode ser citada novamente em outros trechos deste livro, porém, devido à significante similaridade entre os conteúdos de autoajuda e de sucesso, você encontrará, por vezes, referências a títulos que aparecem em *50 Grandes Mestres da Autoajuda.*
- A maioria dos comentários poderá conter informações específicas sobre cada autor. As exceções serão aqueles que já apresentaram fatos sobre a vida do autor no corpo do texto.

Portanto, vamos aos clássicos. Espero que você possa encontrar tantas ideias úteis nesta obra quantas eu tive ao fazê-la. Aqui é fornecido apenas um aperitivo da literatura (as principais ideias, o contexto e o impacto de cada título), apresentado dentro de uma tradição de crítica e revisão. Por isso, não foi feito um resumo dos livros. Os aprendizes do sucesso se interessarão em obter conhecimento direto da fonte, então não hesite em adquirir os títulos que o inspiram.

1 | Horatio Alger

1867
Ragged Dick

"Mas Dick era sensato o suficiente para saber que é necessário mais do que dinheiro para ganhar uma posição mais respeitável no mundo. Ele sentia-se muito ignorante. Tinha noções rudimentares de leitura e escrita, e isso, junto a alguma familiaridade com a aritmética, era tudo o que ele sabia sobre livros. Dick era consciente de que precisava estudar muito, e temia isso. Achava que o aprendizado apresentava mais dificuldades do que possuía na realidade, mas tinha muita determinação. Sua intenção era aprender mesmo assim, e ele comprou um livro com suas economias."

"'Eu espero, meu rapaz', o Sr. Whitney disse, 'que você prospere e cresça no mundo. Você sabe que, neste país livre, a pobreza não é uma barreira para o desenvolvimento de um homem'."

Em poucas palavras

Não importa o que faça, você será mais bem-sucedido se o fizer com honestidade, justiça e com o melhor das suas habilidades.

Na mesma linha

Andrew Carnegie – *The Autobiography of Andrew Carnegie* (p. 75)
Russell H. Conwell – *Acres of Diamonds* (p. 115)
Benjamin Franklin – *O Caminho para a riqueza* (p. 145)
Orison Swett Marden – *Pushing to the Front* (p. 259)
Samuel Smiles – *Ajude-se* (50 Grandes Mestres da Autoajuda)

Na metade do século XIX, a cidade de Nova York era um lugar terrível para seus habitantes. Áreas como Five Points (que serviu de cenário para o filme *Gangues de Nova York*) eram perigosas e imundas, cheias de crianças abandonadas e negligenciadas. Muitas dormiam ao relento, e a maioria delas usava roupas em farrapos. Durante o dia, elas perambulavam vendendo fósforos, jornais, lustrando sapatos ou depenando bolsos para que pudessem ter algo para comer. As autoridades faziam pouco para contornar a situação e, em um famoso incidente, uma criança de rua encontrada sem roupa foi representada na corte pela Sociedade de Prevenção à Crueldade contra Animais.

Horatio Alger, cronista de um público que talvez prefira não saber sobre sua existência, não era um nova-iorquino; ele alcançou o conforto da classe média em Massachusetts com uma educação em escola privada, seguida por Harvard (veja a *Introdução* de Richard Fink para a edição de 1962).

Ainda que alguns de seus livros já tivessem sido publicados, *Ragged Dick* foi seu primeiro *best-seller*, preparando o cenário para um grande número de romances no estilo "garoto pobre se dá bem" que tiveram uma sólida influência em jovens norte-americanos (Groucho Marx e Ernest Hemingway estão entre aqueles que disseram ter devorado os trabalhos de Alger). Aqui, nós olharemos para o esboço da história e para a posição significante de Alger na literatura sobre o sucesso.

A história

Em uma época em que o Central Park ainda era "um traço esboçado de terra", demarcado pelas barracas dos trabalhadores, havia um engraxate chamado Ragged Dick (algo como Dick maltrapilho). Órfão de mãe e com um pai vivendo em alto-mar, Dick passava suas manhãs engraxando sapatos para homens de negócio, suas tardes (se ele tivesse algumas moedas extras) assistindo a peças baratas no teatro Old Bowery, e suas noites enrolado em folhas de jornais em portas de entrada. Caso tivesse mais dinheiro, se hospedava no Newsboys Lodging House por seis centavos de dólar por noite e comprava uma refeição em um café.

Após um golpe de sorte, Dick aluga um quarto apertado que, para ele, parecia incrivelmente luxuoso. Dick, em troca de sua tutela, deixou outro garoto, Henry Fosdick, outrora instruído e bem cuidado, morar consigo em seu quarto. Dessa forma, Dick ganhou alguma instrução, e Fosdick, um lugar longe do frio. Apesar de precisarem passar por uma série de aventuras, os garotos encontraram uma maneira de ter êxito.

O conto é viciante, e o leitor se deleita na alegria de Dick com coisas tão simples como uma nova combinação de roupas, abrir uma conta no banco e comer um pedaço de bife. Como Alger deixa claro, Dick – que ao final desse curto livro torna-se o advogado Richard Hunter - é adorável. Ele se esforçou e foi perspicaz de modo a balancear suas sérias aspirações de ser "respeitável" e, apesar das suas primeiras experiências de frustração com os patifes e vigaristas que a cidade oferece, mostrou-se um constante otimista.

Em seguida, temos algumas lições de sucesso de Horatio Alger conforme foram aprendidas pelo jovem Dick.

Faça sua própria sorte

A grande mudança de Dick chegou por meio de uma balsa que faz a travessia em direção ao Brooklin. Ele viu uma criança cair da borda da balsa dentro da água e não perdeu tempo para mergulhar e, de alguma forma, puxá-la de volta em segurança. O pai, que havia entrado em pânico e não sabia nadar, ficou maravilhado por sua filha ter sobrevivido e prometeu uma recompensa a Dick. Depois disso, o homem ofereceu um emprego em contabilidade para o jovem com um salário de 10 dólares por semana, o que multiplicaria por muitas vezes seus ganhos anteriores. Uma grande maré de sorte?

Não exatamente, pois a falta de egoísmo de Dick foi a causa dessa boa sorte, e seu empenho como autodidata toda noite fez com que ele pudesse ser contratado sem que isso fosse apenas um gesto de caridade.

A sorte vem para aqueles que aumentam em grandes proporções as chances de sua ocorrência.

O que quer que você faça, dê o seu melhor

A vida parece exigir que nós, mesmo não gostando do que estamos fazendo, demos o melhor das nossas capacidades antes de iniciar outra atividade. Ragged Dick era apenas um engraxate, mas ele usou sua "profissão" para economizar dinheiro, conhecer pessoas de uma classe social mais alta e se aprimorar.

Torne-se um leitor

Dick conhece o filho de um homem rico e mostra-lhe a cidade por um dia. Depois disso, o pai do garoto diz a Dick que "neste país, a pobreza não é uma barreira para as conquistas", e relata seu próprio crescimento, de aprendiz de pintor a homem de negócios bem-sucedido. Ele diz ter levado algo da oficina de pintura "que eu valorizo mais do que dinheiro". Quando Dick lhe pergunta o que era, responde:

> *"O gosto pela leitura e pelo estudo. Durante meu tempo vago, eu me aprimorava por meio do estudo e adquiria grande parte do conhecimento que tenho agora. De fato, foi um dos meus livros que me colocou no caminho da invenção que eu acabei fazendo. Como você pode ver, meu rapaz, meus hábitos de estudo deram-me retorno financeiro e de outros tipos também."*

Economize, mas seja generoso

Quando Dick recebe uma soma inesperada de cinco dólares, abre uma conta no banco. A quantia a que ele chega se revela uma grande fonte de segurança e orgulho, já que assim não precisaria mais viver em uma situação precária. Enquanto se maravilhava por ter se tornado um "capitalista", Dick também se apressava em ajudar um amigo em dificuldades. Fosdick, o rapaz com quem dividia suas acomodações, queria trabalhar em um escritório ao invés de engraxar sapatos, então Dick compra-lhe roupas adequadas. Em outra ocasião, também ajuda um amigo cuja mãe estava doente.

Nunca trapaceie, roube ou minta

Ainda que a tentação de fazer tudo isso fosse grande, Dick tinha um código moral pessoal que dizia que "roubar é maldade". Seu senso de honra e de justiça, que pareceria ingênuo para tipos "sofisticados", finalmente prova ser a fonte de seu sucesso. Para alguém que vive um dia atrás do outro, sua crença em "fazer o que é certo" é uma visão significante a longo prazo. O personagem Sr. Whitney dizia a Dick: "Lembre-se de que a sua posição futura depende principalmente de você mesmo, e ela será alta ou baixa dependendo do que você escolher".

A honestidade, que parece retrógrada para a maioria da população, é a base do sucesso duradouro, pois traz consigo o autoconhecimento.

Não beba nem fume

Muito antes de evidências médicas sobre o prejuízo causado pelo cigarro estarem disponíveis, Alger dizia que fumar era "um hábito imundo" que não trazia dignidade ao fumante. Beber, é claro, era ainda pior. Esse hábito era considerado inimigo da moderação, porque você poderia gastar suas economias da semana em bebidas alcoólicas, e inimigo da indústria, porque as inevitáveis ressacas afetavam seu dia de trabalho.

O movimento pela sobriedade parece arcaico atualmente, mas muitas vidas seriam melhores sem a ingestão de um único gole de álcool. Para Alger, isso drenava a energia, azedava a mente independente e corroía um bom caráter.

Comentários finais

Apesar de serem histórias boas e que podem nos inspirar bastante, a opinião comum sobre os livros de Horatio Alger é de que eles são obras históricas curiosas, com uma mensagem simplista sobre empenhar-se e estar sempre à frente. Ainda assim, o sucesso *pode ser* simples se você tiver os elementos básicos de caráter pessoal e aspiração, aliados à sorte.

Como Rychard Fink observou, quando *Ragged Dick* foi escrito, as obras de Herbert Spencer sobre "a sobrevivência do mais apto" influenciavam os Estados Unidos. No entanto, a ideia de sucesso de Alger incluía um forte elemento de responsabilidade ou gerenciamento. Você pode lucrar, mas esse lucro deve retornar à sociedade, como Andrew Carnegie fez ao fundar bibliotecas públicas. Com sua disposição para prover aos necessitados, Alger faz de Dick um exemplo da combinação de capitalismo e compaixão.

Muitos dos vilões de seus livros são garotos ricos que nunca precisaram fazer qualquer esforço para aprimorar seu caráter. O argumento principal de Alger é que nós devemos nos empenhar para sermos bem-sucedidos não apenas para ganhar uma fortuna, mas para obter tenacidade, disciplina, moderação e otimismo – qualidades que não podem ser compradas.

Horatio Alger

Nascido em 1832, em Revere, Massachusetts, Alger foi enviado por seu pai – um rígido ministro do partido unitário – para um internato quando tinha 14 anos. Aos 16 anos, ele ingressou na Universidade Harvard, onde aproveitou seu tempo e tornou-se o décimo melhor aluno de sua sala, que contava com 62 alunos, sendo proficiente em grego, latim, francês e italiano.

Proibido de se casar com sua paixão da faculdade, Alger, com o coração partido, desafiou seu pai ao declarar sua intenção de se tornar um escritor. Ele concordou em ir para a escola de teologia, mas antes da formatura fugiu para Paris com alguns amigos, aproveitando-se da atmosfera liberal do lugar. De volta aos Estados Unidos, Alger entrou para a Igreja e se tornou pastor em Massachusetts. No entanto, partiu para Nova York por sugestão de William T. Adams, editor de *School and Schoolmate*. Os trechos semanais de Ragged Dick na publicação mensal infantil eram de uma popularidade admirável, e a versão em capa dura tornou-se um best-seller. Alger era o trunfo de Nova York e participou de diversas juntas e comitês para melhorar as condições de crianças de rua. Ele viveu por alguns anos no Newsboys Lodging House e morreu em 1899.

Os outros livros de Alger – que somam mais de cem obras – incluem *Strive and Succeed, Struggling Upward, Bound to Rise* e *From Canal Boy to President* (em tradução livre para o português, respectivamente, Lute e seja bem-sucedido, Lutando pelo topo, Em direção ao topo e De condutor de canal a presidente), esse último sobre a vida do presidente assassinado James Garfield.

2 | Warren Bennis

1989

A ESSÊNCIA DO LÍDER: O GRANDE CLÁSSICO DE LIDERANÇA

"Líderes não têm interesse em provar quem são, mas sim um interesse permanente em expressar quem são."

"O que é verdadeiro para os líderes é, para melhor ou pior, verdadeiro para cada um de nós. Apenas quando sabemos do que somos feitos e o que queremos fazer disso podemos começar nossas vidas – e nós devemos fazer isso mesmo diante de uma indesejada conspiração de pessoas e eventos contra nós."

Em poucas palavras
A verdadeira liderança chega mediante a expressão completa do potencial único de uma pessoa.

Na mesma linha
Abraham Lincoln (por Donald T. Phillips) – *Liderança segundo Abraham Lincoln: Estratégias para tempos de crise* (p.235)
Eleanor Roosevelt (por Robin Gerber) – *Leadership the Eleanor Roosevelt Way* (p.295)
Ernest Shackleton (por Margot Morrell & Stephanie Capparell) – *Shackleton – Uma lição de coragem* (p.319)

Bennis é uma grande figura no estudo acadêmico sobre liderança e popularizou o assunto em *best-sellers*. Em 1895, ele foi coautor de *Líderes: estratégias para assumir a verdadeira liderança*, baseado em observações e entrevistas com 90 líderes norte-americanos, com um escopo que contemplava desde o astronauta Neil Armstrong até Ray Kroc, fundador do McDonald's. A conclusão do livro declarava que a liderança é mais crucial do que nós achamos, mas pode ser aprendida por qualquer um.

Enquanto *Líderes: estratégias para assumir a verdadeira liderança* é um clássico dos negócios que analisa a natureza da liderança, *A essência do líder: o grande clássico de liderança* é mais pessoal, e questiona como é possível fazer da liderança um hábito de vida enquanto a vida se torna, ao seu redor, uma névoa de mudanças. O segundo livro é o produto de um diálogo mais profundo com um pequeno grupo de pessoas, entre as quais estava o diretor cinematográfico Sydney Pollack, a autora feminista Betty Friedan e o músico e fundador da A&M Records, Herb Albert.

O que é um líder?

A essência do líder: o grande clássico de liderança fornece muitas reflexões interessantes. A principal delas, tema do livro, talvez seja esta: verdadeiros líderes não têm interesse em provar quem são, eles querem, acima de tudo, *expressar inteiramente quem são*. Provar quem se é envolve uma visão limitada ou estática de si, enquanto os líderes, por buscarem continuamente se expressar ao máximo, precisam estar dispostos a se dedicar a uma reinvenção periódica. Para os líderes de Bennis, a vida não é uma competição, mas um florescimento. Uma sociedade e um sistema educacional estruturados se interpõem com frequência no caminho da liderança: "O que nós realmente precisamos saber se perde naquilo que dizem que precisamos saber". O verdadeiro aprendizado é o processo para lembrar o que é importante para você; portanto, tornar-se um líder é o ato de ser cada vez mais seu verdadeiro eu.

Liderança é um comprometimento com a vida em si, porque demanda que sua visão única seja realizada – e isso costuma envolver a vida inteira. Quando as pessoas protestam dizendo que não querem ou não vão assumir a liderança, elas geralmente estão pensando em gerenciamentos e discursos. No entanto, a liderança pode ser tão variada quanto são as pessoas, e a principal questão não é se você vai ficar sobrecarregado, mas como você é desafiado a fugir da mediocridade e da conformidade, e liderar verdadeiramente a si mesmo.

Segundo Bennis, tornar-se um líder envolve:

- Aprendizado contínuo e curiosidade permanente.
- Uma visão de peso: os líderes primeiro definem sua realidade – isto é, o que eles acreditam ser possível – e depois pensam em "gerenciar seu sonho".
- Desenvolver a habilidade de comunicar essa visão e inspirar outros a seguirem-na.
- Tolerar incertezas e assumir riscos: ter uma dose de ousadia.
- Integridade pessoal: autoconhecimento, franqueza, maturidade, espaço para críticas.
- Ser único, original: "Líderes aprendem com os outros, mas não são construídos pelos outros".
- Reinvenção: criar coisas novas, às vezes, envolve reinventar você mesmo. Você pode ser influenciado pela genética ou pelo ambiente a sua volta, mas líderes agregam todas essas influências, combinando-as em algo único.
- Reservar um tempo para pensar e refletir, o que traz respostas e leva a resoluções.
- Paixão pelas promessas da vida: acreditar no melhor para você e para os outros.
- Visualizar sucesso nas pequenas atividades e alegrias cotidianas, em vez de esperar anos para que "o grande sucesso" chegue.
- Usar o contexto da sua vida, e não se render a ele.

O que o último tópico quer dizer? Bennis acredita que a vida empresarial na segunda metade do século XX dizia mais a respeito ao gerenciamento do que da liderança, com pessoas e organizações focalizando em questões pequenas e resultados a curto prazo. Sua mensagem é: pare de ser um produto do seu contexto, do tempo e espaço nos quais você vive.

Você pode pensar em seu contexto como um pano de fundo para o desenvolvimento da sua própria mente, ou você pode deixar que o contexto aprisione sua mente. O caminho de um seguidor é, de várias formas, fácil, já que não demanda muita reflexão. O caminho de um líder é trilhado conscientemente – ele pode ser mais desafiador, mas envolve um potencial e uma satisfação infinitamente maiores, além da melhora na saúde. Para que possa liderar, você precisa fazer uma declaração de independência contra a estimativa que os outros, a cultura e a época fazem. Você precisa optar por viver no mundo, mas sem se limitar às concepções que existem dele. Líderes não apenas são bem-sucedidos dentro dos parâmetros de sua cultura, mas criam novos contextos, novos elementos, novas formas de agir e de ser.

Alguns exemplos

Integridade pessoal, uma visão de peso e a capacidade de aproveitar riscos e incertezas definem a liderança. Bennis usa o exemplo do roteirista e produtor de TV Norman Lear, que revolucionou a televisão norte-americana fazendo programas como *Tudo em família* e *Cagney & Lacey*. Pela primeira vez, os programas de TV refletiam a população norte-americana real, e não caubóis, detetives particulares e famílias caricaturais. Lear visualizou um mundo que estava esperando para ser expresso, e fez isso por ele. Os programas não só saíram do molde televisivo como fizeram sucesso ano após ano.

Em sua avaliação sobre os presidentes norte-americanos, Bennis vê em Johnson, Nixon e Carter homens motivados, que projetaram suas histórias pessoais no país que governavam. Por outro lado,

Roosevelt, Truman, Einsenhower e Kennedy possuíam o dom da reinvenção pessoal e viviam no presente para moldar o futuro dos Estados Unidos. E Lincoln talvez tenha sido o maior presidente norte-americano, porque estava focado no que na época pareciam apenas possibilidades remotas: abolir a escravidão e preservar a União. Suas crises de depressão não significavam nada quando colocadas lado a lado com essas causas nobres.

Um mundo de líderes

Para Bennis, estamos sofrendo uma terrível necessidade de líderes. Ele escreveu *A essência do líder: o grande clássico de liderança* quando a liderança econômica dos Estados Unidos estava sendo seriamente desafiada – hoje em dia nos esquecemos disso, mas no final da década de 1980, o Japão parecia estar ultrapassando os Estados Unidos no que diz respeito a produção, riqueza e inovação.

Talvez os Estados Unidos tenham ouvido Bennis ou outro teórico de liderança, pois o ressurgimento da economia norte-americana caracterizou-se por uma obsessão por inovação e qualidade, e por uma percepção de que as companhias se destacam ao auxiliar os empregados a atingirem o seu potencial máximo. Foi preciso alguém da importância de Bennis para ressaltar a ligação entre autoconhecimento e sucesso empresarial, e, atualmente, essa relação tem sido aceita. O novo tipo de líder não fica satisfeito ao fazer um trabalho ou ao comandar uma companhia, mas é compelido a encontrar um escape para sua visão pessoal do mundo. Nos dias de hoje, a única maneira com a qual muitas companhias conseguem atrair e manter os melhores profissionais é oferecendo-lhes mais do que apenas dinheiro e prestígio – elas oferecem-lhes a chance de fazer história. Considere, por exemplo, o lema da Amazon.com, empresa do ramo varejista na Internet: "Trabalhe duro, jogue duro, transforme o mundo".

Comentários finais

Bennis provavelmente fez tanto quanto qualquer outra pessoa para quebrar o mito de que líderes são heróis, de que essa é uma característica nata e não adquirida ao longo de uma formação. Acima de tudo, liderança é uma escolha e envolve liderar a nós mesmos primeiro.

Nós vivemos em uma democracia da liderança na qual todos podem liderar de alguma forma. Na medida em que mais pessoas compreenderem o que significa liderar e forem ensinadas a alcançar seu potencial, a competição tenderá a crescer em níveis absurdos. No entanto, a disputa é o resultado de muitas pessoas se empenhando para alcançar a mesma coisa com visões pessoais únicas. Tornar-se um líder é reivindicar o poder e a segurança obtidos quando se é singular.

Esse comentário é baseado na edição original de *A essência do líder: o grande clássico de liderança.*

Warren Bennis

Aos 19 anos, Warren era o comandante de infantaria mais jovem entre os Aliados, que lutaram na Europa durante a Segunda Guerra Mundial. De volta aos Estados Unidos, na Faculdade Antioch, ele encontrou em Douglas McGregor um mentor – McGregor era um teórico de gerenciamento inovador – e também foi influenciado por Abraham Maslow. Após estudar dinâmicas de grupo, escreveu sobre formas organizacionais e cunhou o termo "adhocracia", ou "adocracia", que representa o oposto das burocracias. Ele conseguiu seu PhD no Instituto de Tecnologia de Massachusetts (MIT).

Bennis foi presidente da Universidade de Cincinatti e vice-presidente executivo na Universidade do Estado de Nova York, além de ter feito parte do corpo docente da Escola de Administração Sloan do MIT, das universidades Harvard e Boston, do INSEAD, e do Instituto Indiano de Administração, em Calcutá. Seus outros livros incluem os gênios da organização: *As forças que impulsionam a criatividade das equipes de sucesso* (1997), *CoLeaders: The Power of Great Partnerships* (Colíderes: O poder de grandes parcerias em tradução livre para o português) (1999), o autobiográfico *A invenção de uma vida: reflexão sobre liderança e mudanças* (1993) e, mais recentemente, *Geeks and Geezers: How Era, Values, and Defining Moments Shape Leaders* (Jovens e velhos: como o tempo, os valores e os momentos decisivos moldam líderes, em tradução livre para o português) (2002) com Robert J. Thomas. *A essência do líder: o grande clássico de liderança* foi publicado em 13 línguas.

Bennis é o fundador e professor emérito do Instituto de Liderança, da Escola de Administração Marshall, na Universidade da Califórnia do Sul, em Los Angeles.

3 | Frank Bettger

1947
Do fracasso ao sucesso em vendas

"Eu espero que você ignore o fato e me desculpe por estar usando o pronome 'Eu'. Se houver qualquer coisa neste livro que indique que estou me vangloriando, não era minha intenção. Qualquer vangloriação que eu tenha feito diz respeito ao que essas ideias fizeram por mim e ao que elas farão pelas pessoas que as aplicarem."

"E pensar em andar uma milha para conseguir um cigarro – quando eu comecei nas vendas, andaria de bom grado de Chicago a Nova York para comprar uma cópia deste livro, se ele já estivesse disponível."
(Dale Carnegie)

Em poucas palavras

Toda pessoa bem-sucedida sabe como vender o que oferece. Entusiasmo e organização são elementos básicos em vendas.

Na mesma linha

Dale Carnegie – *Como fazer amigos e influenciar pessoas* (50 Grandes Mestres da Autoajuda)
Benjamin Franklin – *Autobiography* (50 Grandes Mestres da Autoajuda)
Les Giblin – *Como ter segurança e poder nas relações com as pessoas* (p.167)
Tom Hopkins – *O guia oficial para o sucesso* (p.201)

Frank Bettger foi uma estrela de beisebol e fez parte do time de jogadores do St. Louis Cardinals. Uma lesão no braço, no entanto, acabou com sua carreira esportiva e, sem ter alguma habilidade específica, ele decidiu voltar a sua cidade natal, Filadélfia, a procura de uma instalação para uma nova empresa de móveis.

Após dois anos difíceis trabalhando nesse ramo, tentou vender seguros de vida e fracassou ainda mais, concluindo que não havia nascido para ser um vendedor. *Do fracasso ao sucesso em vendas* é uma explanação sobre o que Bettger aprendeu para que, de profissional com dificuldades, ele viesse a ser a estrela da firma. Embora trate ostensivamente do que fazer para vender, é, na verdade, um guia clássico de sucesso pessoal; embora forneça reflexões divertidas sobre a vida de um corretor de seguros na década de 1930 e 1940, pode ser considerado, em muitos sentidos, atemporal.

Confiança ao falar bem

Para superar um medo desesperador que claramente o impedia de fechar vendas, aos 29 anos, Bettger consultou o YMCA (no Brasil, ACM, Associação Cristã de Moços) de sua região sobre a existência de cursos de oratória. Ao saber de um curso que estava sendo ministrado naquele exato momento, foi apresentado a Dale Carnegie, que liderava o curso.

Esse contato deu início a uma longa amizade com Carnegie, autor de *Como fazer amigos e influenciar pessoas*. Bettger aprendeu a se libertar do medo de falar algumas palavras em uma apresentação, e após um tempo, precisou aprender a como *parar* de falar. Mais tarde, Carnegie o convidou a participar de um excursão sobre oratória pelos Estados Unidos.

Bettger descobriu que o melhor jeito de desenvolver autoconfiança rapidamente é falar para grupos de pessoas, embora pareça paradoxal, depois que você já tiver falado em público algumas vezes, abordar alguém importante não parecerá tão aterrorizante, e assim você poderá expandir seu círculo de contatos. Como Bettger aponta, falar publicamente faz com que você saia da concha. A habilidade de falar na frente de muitas pessoas aumenta sua coragem e é um elemento fundamental para a vida bem-sucedida. Você conhece algum empreendedor que tenha medo de falar em público?

O grande segredo das vendas

Bettger tornou-se tão bem-sucedido que poderia ter se aposentado aos 40 anos. O que o levou ao topo do *ranking* dos profissionais de venda? Pode parecer óbvio, mas se você não o tiver, não chegará a lugar algum: entusiasmo.

Após ter sido afastado de um time de beisebol por ser muito descontraído, Bettger decidiu mostrar ao seu ex-treinador que estava certo e dobrou seu nível de entusiasmo no novo time. Isso funcionou tão bem que os jornalistas esportivos o apelidaram de "Pep" Bettger (algo como Bettger "Animação"). Ele se tornou o melhor jogador do seu time e seu salário aumentou 700%. Tempos depois, quando não estava tendo sucesso com as vendas de seguro, ele decidiu aplicar a mesma técnica do entusiasmo em seu trabalho e mais uma vez presenciou uma surpreendente diferença nos resultados obtidos.

A sabedoria popular diz que você sente-se entusiasmado após obter sucesso em algo – o sentimento vem após a ação bem-sucedida. Contudo, Bettger descobriu a verdade contida na observação do filósofo de Harvard, William James, segundo a qual o ato pode criar o sentimento. Isto é, você pode ficar animado com algo simplesmente por agir de forma animada em relação àquilo. Ainda em seu livro, Bettger faz um prenúncio da ciência cognitiva atual, sugerindo que sorrir regularmente cria um sentimento de felicidade e benevolência. Faça o teste e lembre-se de que o entusiasmo por si só pode transformar sua vida e seus ganhos.

Organizando-se

Fiel à máxima de que o sucesso vem àqueles que apenas comparecem, Bettger se comprometeu em fazer pelo menos quatro ou cinco ligações de vendas por dia. Além disso, ele começou a registrar todos os seus compromissos de vendas.

Com essa abordagem disciplinada, ele pôde rever seus resultados como um todo, verificando a quantidade média de ganhos que teve em cada ligação, mesmo que nela não tivesse vendido uma apólice sequer. Essa dedicação em coletar dados fez com que ganhar comissões ficasse muito mais fácil.

Outro fator importante no sucesso de Bettger foi o fato de que todo sábado ele se sentava e planejava sua próxima semana. Isso não apenas o tranquilizava quando ele voltava ao trabalho na segunda-feira, já que havia pensado sobre as pessoas que iria visitar, como também tornava seu trabalho mais interessante. Bettger notou que a famosa eficácia da força de vendas da IBM (International Business Machines) se devia ao uso de folhas de planejamento semanal, de tal modo que cada hora de cada dia era considerada. Dessa forma, ele concluiu:

> *"Trabalhar em vendas é o emprego mais tranquilo do mundo se você der duro – mas o trabalho mais duro do mundo se você levar tudo na tranquilidade."*

O sucesso pode parecer pronto quando o analisamos após ele ter sido alcançado, mas aqueles que o conquistaram sabem que seu alcance só foi possível mediante um planejamento no qual cada dia e cada momento tornaram-se produtivos. Frequentemente, nós ficamos com tanto medo de não alcançar algo que não conseguimos ver que essa missão se torna muito mais acessível se for dividida em passos pequenos e cotidianos.

Organização e disciplina são mais importantes para obter sucesso do que uma grande dose de energia. Bettger menciona Mary Roberts Rinehart, uma das autoras mais vendidas de seu tempo. Mary começou a escrever romances a altas horas da noite como uma saída para as dívidas familiares, somada à necessidade de cuidar de seus três filhos e de sua mãe doente. Quando Bettger conheceu-a, perguntou-lhe se o cronograma puxado deixava-a desgastada, ao que ela respondeu: "Ao contrário, minha vida ganhou um entusiasmo novo." O fato aparentemente improvável de que fazer mais lhe dá mais energia para conquistar mais é um segredo atemporal para o sucesso.

Grandes ideias

O livro de Bettger é um compêndio de tudo o que ele já aprendeu como vendedor. Centenas de grandes ideias compõem seus 35 capítulos. A seguir, uma amostra:

- Os melhores vendedores não "vendem" – eles descobrem o que a outra pessoa quer e a ajudam a encontrar a melhor maneira para conseguir isso.
- Quando for tentar vender algo, use os termos "você" e "seu". Isso revela à outra pessoa que você está pensando principalmente nos interesses dela.
- Esqueça as conversinhas sabichonas – em vez disso, seja um bom ouvinte.
- Invista no aumento do seu conhecimento a respeito da indústria da qual você faz parte. Esse investimento é fundamental, não deixe de fazê-lo.
- No contato com seus clientes, elogie a concorrência. Isso mostra aos seus clientes sua imparcialidade e que você não irá esconder nada deles.
- Use "testemunhas", isto é, clientes satisfeitos, para vender seu produto para novos clientes. Dessa forma, você poderá dizer: "Não escute a mim, escute a eles".
- Use uma pergunta mágica para se manter na presença de um cliente em potencial. Pergunte a ele: "Como você acabou entrando no negócio no qual você está hoje, Sr.(a)...?". A história da carreira de uma pessoa é sempre um assunto muito interessante para ela.

- Prepare-se para ir a uma reunião com uma pessoa da mesma forma como você se prepararia para ir a uma reunião com cem pessoas – ou seja, prepare-se da melhor maneira para qualquer reunião.
- Seja como Abraham Lincoln com seu Discurso de Gettysburg, e lembre-se de que o livro de Gênesis tem apenas 442 palavras – seja breve.
- Quando você cumprimentar alguém, diga o nome dessa pessoa.
- Sorria com frequência por 30 dias e observe como isso muda a sua vida.
- Nunca envolva a outra pessoa em uma discussão. Em vez disso, faça perguntas cujas respostas tendam a aproximá-la do seu ponto de vista.

Comentários finais

Para ser um vendedor bem-sucedido é preciso ter autodisciplina, determinação e coragem, características que irão auxiliar em qualquer outro campo. Ainda que não seja a mais respeitada das profissões, a área de vendas tem sido um caminho para aqueles que tiveram uma educação defasada saírem da mediocridade. No caso de Bettger, as dificuldades psicológicas que ele precisou superar o libertaram das limitações.

Antes de desconsiderar esse livro por pensar "Eu não sou um vendedor e não tenho interesse em vendas", talvez você devesse expandir sua definição de vendas. Todos nós precisamos persuadir outras pessoas a aceitarem nossas ideias ou a concordarem com as nossas sugestões, e você pode fazer isso de forma muito mais eficiente se estiver disposto a estudar e aprender algumas técnicas simples. O trabalho de Bettger é um ótimo ponto de partida.

Frank Bettger

Bettger nasceu em 1888 e cresceu na Filadélfia. Seu pai faleceu sem qualquer seguro de vida, deixando a Sra. Bettger com cinco filhos pequenos, dos quais três morreram por epidemias. O herói de Bettger era Benjamin Franklin, outro nativo da cidade.

Bettger foi persuadido por Dale Carnegie a escrever *Do fracasso ao sucesso em vendas*. Antes disso, Dale o havia convencido a participar de uma excursão sobre oratória para a Câmera Júnior de Comércio dos Estados Unidos. Outro *best-seller* de Bettger é *How I Multiplied My Income and Happiness in Selling* (Como eu multipliquei meus ganhos e minha felicidade nas vendas, em tradução livre para o português). Bettger faleceu em 1981.

4 | Kenneth Blanchard & Spencer Johnson

1981
O Gerente Minuto

"Todas as pessoas que trabalharam com ele se sentiram seguras. Ninguém sentiu-se manipulado ou ameaçado porque todos sabiam desde o início o que ele estava fazendo e por que ele estava fazendo isso."

"Enquanto sentava-se à sua mesa e pensava, o novo Gerente Minuto percebeu quão afortunado ele era. Afinal, havia se beneficiado com resultados melhores em menos tempo."

Em poucas palavras
Ter clareza em relação aos objetivos economiza bastante energia, que pode ser usada de modo produtivo em outras áreas.

Na mesma Linha
Warren Buffett (por Roger Lowenstein) – *Buffett: A formação de um capitalista americano* (p. 65)
Ernest Shackleton (por Margot Morrell & Stephanie Capparell) – *Shackleton – Uma lição de coragem* (p. 319)
Jack Welch – *Jack Definitivo: segredos do executivo do século* (p. 367)

Um jovem vasculha o mundo à procura de um grande gerente com o qual ele poderá trabalhar e descobrir como tornar-se um grande gerente também. No entanto, a maioria dos lugares de trabalho com os quais ele teve contato não lhe dava nenhuma inspiração. Ele conhece gerentes intransigentes que fazem as coisas acontecerem, mas não são queridos pela equipe, e gerentes afeiçoados à sua equipe, mas que não dão muita atenção ao objetivo principal do trabalho.

Haveria um homem que combinasse as melhores qualidades de cada um deles? O jovem fica sabendo de alguém que parece se adequar ao posto e que, ironicamente, está na cidade vizinha. Para sua surpresa, esse gerente concorda imediatamente em encontrar-se com ele e falar sobre a maneira como administra sua equipe. E dessa forma começa a alegoria do Gerente Minuto.

É compreensível que você fique desconfiado de um método sobre gerenciamento de pessoas que diz durar apenas um minuto. Isso funciona mesmo? Os números de venda de *O Gerente Minuto* sugerem que:

- O sonho dos gerentes é perder menos tempo motivando a equipe e lidando com problemas, e por isso irão agarrar qualquer chance de se livrarem disso; ou
- É provável que haja algo de útil e aproveitável nesse estilo de gerenciamento.

O jeito do Gerente Minuto

Existem três segredos no gerenciamento minuto:

1. Entre em um acordo com os membros da equipe quanto às metas, que não podem ultrapassar doze. Certifique-se de que cada meta seja escrita em um pedaço separado de papel. Esse é o "estabelecimento minuto de metas". A partir desse momento, a equipe saberá exatamente o que esperam-se dela e raramente levará problemas ao chefe – ela sabe que deve solucioná-los.

2. A equipe deverá reler os objetivos com frequência como uma maneira de garantir que o desempenho esteja à altura das expectativas. Ela também deve fornecer registros detalhados do progresso das atividades para seu gerente. Isso não é incentivado para que o gerente pressione a equipe, mas para que ele possa notar os acertos da equipe. Isso permite as "parabenizações minuto", quando são *fornecidos retornos* específicos e imediatos em relação às ações realizadas.

3. Se uma pessoa tiver as habilidades para fazer algo certo e não o fizer, o gerente irá recorrer à "reprimenda minuto". Essa severa repreensão refere-se à ação ou ao comportamento, não à pessoa, e o gerente irá manifestar consternação pelo trabalho não ter correspondido ao bom desempenho do membro da equipe em outros momentos. Depois da reprimenda, o gerente lembra o funcionário de como a boa qualidade de suas tarefas é valorizada.

A segunda parte da história procura explicar por que o gerenciamento minuto funciona.

Estabelecer a meta de um minuto funciona porque "o principal motivador das pessoas é o *feedback* recebido na forma de resultados". Nós gostamos de saber como estamos agindo, e se estamos acertando nos sentimos bem. O Gerente Minuto tem uma placa em sua porta que diz: "Reserve um minuto – Analise suas metas – Analise seu desempenho – Veja se seu comportamento é adequado às suas metas". Simples, mas eficiente.

As parabenizações minuto também são eficientes por razões motivacionais. É raro encontrar alguém que já comece fazendo tudo corretamente. É preciso haver uma dedicação ao treinamento. "O segredo para treinar alguém a fazer uma tarefa nova é, no começo, vê-lo fazendo as coisas de maneira aproximadamente correta até que ele possa fazer aquilo de forma absolutamente correta". Disciplina não funciona com pessoas que estão inseguras quanto ao que estão fazendo, mas o encorajamento, sim. A congratulação as faz moverem-se na direção certa. Ainda que pareça algo simples, ela é o combustível que conduz uma companhia inteira.

As reprimendas minuto funcionam por serem a forma mais justa de retorno para corrigir o desempenho dos subordinados. Como as metas foram estabelecidas e as expectativas são claras, a pessoa provavelmente vai perceber quando a reprimenda for justa. O gerente será respeitado porque ele "falou a mais pura verdade". A reprimenda é rápida e focada em uma ação específica (não no funcionário como indivíduo), assim, há menos espaço para sentimentos negativos – ela sempre terminará com uma observação positiva e pode ser esquecida logo, ou recebida com leveza.

Gerenciando para liderar

A simplicidade do gerenciamento minuto faz com que ele pareça suspeito aos olhos de algumas pessoas; ainda assim, ele representa mais do que tornar eficientes as relações interpessoais no trabalho. A filosofia de "gastar pouco tempo para obter grandes resultados" vem de uma apreciação funcional acerca da natureza humana.

O gerente minuto dessa história admite que o gerenciamento não poderá ser sempre realizado em apenas um minuto. Essa duração funciona mais como um símbolo para expressar a ideia de que gerenciar pessoas pode ser menos complicado do que pensamos. Não é necessário termos sessões intermináveis para discutir objetivos e dificuldades. Algum tempo deve ser reservado para o estabelecimento de metas, mas, após isso, o contato entre chefe e subordinado pode ser mínimo.

Considere alguns exemplos bem-sucedidos dessa forma de gerenciamento de pessoas. O investidor Warren Buffet (veja p. 65) emprega empresários cujo reduzido número de metas é tão claro que eles raramente precisam ter uma reunião. Eles fazem o trabalho e enviam relatórios periódicos a Buffet. O explorador da Antártica, Sir Ernest Shackleton (veja p. 319), era extremamente respeitado pelos membros de sua equipe justamente porque eles sabiam o que Shackleton esperava deles. Se eles eram reprimidos por algum motivo, havia sempre uma razão clara e racional. Mais recentemente, o chefe da GE, Jack Welch (veja p. 367), explicou seu estilo de gerenciamento como "pontapés e abraços", que eram dados de acordo com as metas previamente mapeadas e rigidamente definidas. Isso não criou um clima de medo – se as pessoas não conseguiam estar à altura dessas metas, elas não podiam culpar ninguém, exceto elas mesmas.

Uma reflexão a mais: as ideias em *O Gerente Minuto* não dizem respeito apenas ao ambiente de trabalho, mas podem ser aplicadas a várias áreas das relações pessoais. Ser "firme, mas agradável", por exemplo, deveria ser a meta de qualquer pai.

Comentários finais

Após décadas de livros espessos dedicados à ciência da administração e ao comportamento organizacional, *O Gerente Minuto* chegou como um sopro de ar fresco para os gerentes. Ele pode parecer simplista, mas foi solidamente baseado nas descobertas mais recentes sobre psicologia comportamental. A ideia de Blanchard e de Johnson era colocar esse conhecimento numa roupagem mais atrativa por meio de uma história.

Atualmente, com as estruturas organizacionais mais planas e a ênfase no trabalho em equipe, seria possível argumentar que o livro é menos relevante, pois parece expressar um modelo de trabalho, o do "chefe e seus subordinados", antigo e hierárquico. Além disso, hoje distinguimos gerentes de líderes – enquanto o último inspira, o primeiro apenas gerencia.

Ainda assim, verdadeiros líderes, como os exemplos citados demonstram, irão achar difícil chegar a qualquer lugar sem ter habilidades básicas em gerenciamento de pessoas. Eles buscarão criar ambientes de trabalho relaxados, nos quais as pessoas tenham todo o tempo necessário para irem atrás de metas importantes. Esse conceito de "relaxamento" cresce porque todos sabem exatamente qual é sua função, havendo transparência e clareza de propósito.

Kenneth Blanchard & Spencer Johnson

Blanchard tem bacharelado em Governo e Filosofia pela Universidade de Cornell, mestrado em Sociologia e Assessoria pela Universidade Colgate e um PhD em Administração e Gerenciamento. Ele é o autor de um texto acadêmico amplamente usado, o "Management of Organizational Behavior: Utilizing Human Resources" ("O Gerenciamento do Comportamento Organizacional: Usando Recursos Humanos", em tradução livre para o português), e atualmente é professor de Liderança e Comportamento Organizacional na Universidade de Massachusetts Amberst. Ele também comanda sua própria companhia de desenvolvimento e treinamento corporativo.

A biografia de Johnson se encontra na página 217.

Mais de 750 mil cópias de *O Gerente Minuto* foram impressas. Seu sucesso inspirou outros *livros, como Liderança e o Gerente Minuto, O Vendedor Minuto* e *O Gerente Minuto em ação.*

5 | Edward Bok

1921
The Americanization of Edward Bok

(A americanização de Edward Bok, em tradução livre para o português)

"Eventualmente, Bok aprendeu que o caminho que levava ao sucesso estava bem aberto: a concorrência era insignificante. Na verdade, trilhá-lo era um pouco solitário. Os companheiros viajantes eram uma companhia excelente, mas muito poucos! Essa foi uma das grandes surpresas de Edward Bok e um dos seus maiores estímulos. Chegar onde outras pessoas não podiam ir, estavam relutantes a ir, ou ao menos não estavam, soava como uma revigorante aventura."

Em outras palavras

Trabalhe para seu próprio sucesso, mas garanta que suas conquistas melhorem a comunidade em geral.

Na mesma linha

Horatio Alger – *Ragged Dick* (p. 19)
Andrew Carnegie – *The Autobiography of Andrew Carnegie* (p. 75)
Orison Swett Marden – *Pushing to the Front* (p. 259)
David J. Schwartz – *A mágica de pensar grande* (p. 303)

Edward Bok tinha seis anos de idade quando, em 1870, sua família chegou a Nova York. Eles viviam razoavelmente bem na Holanda, mas tinham perdido dinheiro em maus investimentos e agora buscavam um recomeço. Sua história é típica das milhões de pessoas que imigraram para os Estados Unidos naquela época, e um dos seus dois filhos ter obtido certa proeminência não é um fato tão significativo. O mais incomum é fato de que o jovem Bok, apesar de ter sido matriculado na escola sem saber falar uma palavra em inglês, veio a ser um dos líderes e formadores de opinião de sua época e um mestre da linguagem.

O livro *The Americanization of Edward Bok: The Autobiography of a Dutch Boy Fifty Years After* (A americanização de Edward Bok: a autobiografia de um garoto holandês após 50 anos, em tradução livre para o português) ganhou o Prêmio Pulitzer por autobiografia. Não se trata do modelo de narrativa "como eu cheguei lá", e sim de uma reflexão sobre a experiência imigratória e sobre em que medida um novo país pode moldar uma pessoa. É um clássico do sucesso porque, ao escrever na terceira pessoa, o autor tenta identificar objetivamente o que permitiu que ele se tornasse um empreendedor. Como ocorre com muitos imigrantes, ele encontrou na necessidade um grande estímulo. Caso já tenha lido bastante sobre a vida de industrialistas, é provável que você ache a perspectiva de Bok sobre sua própria ascensão nova e revigorante.

Deixando sua marca

Os pais de Bok não se adaptaram facilmente ao país adotado. Acostumada a ter empregados, a mãe de Bok não conseguia lidar com o fardo de administrar os afazeres domésticos com recursos limitados, e o pai de Bok não conseguiu arranjar um bom emprego por um tempo. Para ganhar dinheiro e ajudar sua família, Edward Bok iniciou sua trajetória empresarial vendendo água e limonada para as pessoas nos bondes do Brooklin e, após isso, começou a limpar os vidros de uma padaria e foi atendente de balcão ganhando 50 centavos de dólar por semana.

Bok iniciou sua carreira jornalística indo a festas, escrevendo sobre elas e vendendo seus artigos para jornais. Aos 13 anos, abandonou a escola para trabalhar como *office-boy* na Companhia de Telégrafos da União Ocidental, onde seu pai havia conseguido um emprego como tradutor. Preocupado com sua falta de ensino e ansioso para seguir os passos dos homens bem-sucedidos, ele economizou dinheiro para comprar uma enciclopédia biográfica. Tal aquisição foi a base de uma campanha por cartas para ganhar autógrafos de pessoas famosas. Surpreendentemente, ele recebeu cartas de muitas figuras influentes, incluindo os presidentes James Garfield e Rutherford Hayes, o general Ulysses S. Grant e o general William Sherman. Essas cartas foram celebradas nos jornais e, como consequência, Bok conheceu alguns de seus correspondentes, como Hayes, Grant e a esposa de Abraham Lincoln. Bok estendeu sua coleção de autógrafos para os literatos norte-americanos, e veio a conhecer e a tornar-se amigo de Oliver Wendell Homes e Henry Longfellow.

Essa riqueza de informações biográficas encontrou um destino quando Bok percebeu que o verso das figurinhas de celebridades que vinham nos pacotes de cigarro estava em branco. Ele entrou em contato com o produtor das figurinhas e propôs escrever informações sobre a vida de cada celebridade no verso das figurinhas. O produtor concordou, e Bok cooptou jornalistas para ajudarem-no a escrever centenas de biografias resumidas. O mais importante foi que esse pequeno negócio permitiu a Bok desenvolver habilidades editoriais.

Rumo ao sucesso

Quando Bok tinha 18 anos, seu pai faleceu. Para ganhar um dinheiro extra e assim conseguir sustentar sua mãe, ele começou a produzir folhetos de teatro. Sua primeira oportunidade como editor chegou com a produção da publicação local *The Brooklin Magazine*, que cresceu, alcançando um sucesso significante.

De dia, ele ainda trabalhava na União Ocidental, que era dirigida pelo famoso financista Jay Gould. Como parte de seu autodidatismo, Bok havia aprendido estenografia e começou a anotar a correspondência de Gould. Ele também começou a apostar na bolsa de valores com base nas movimentações de Gould. Ainda que estivesse obtendo bons resultados, seu momento ainda não havia chegado e, resistindo aos conselhos do chefão, Bok deixou a companhia para seguir seu sonho de uma carreira em editoração, com o editor Henry Holt.

Durante seu tempo livre, Bok enxergou a oportunidade de criar uma imprensa sindicalizada para vender colunas semanais para jornais ao redor do país. O primeiro colunista foi o estimado pregador e escritor Henry Ward Beecher, que se tornou um grande mentor e amigo. Após isso, Bok expandiu seus negócios para criar o *Woman's Page*, ligado a uma rede de vários jornais. Bok também escreveu uma "carta literária de Nova York" semanal, vendida para 30 jornais. Em seu trabalho diário, Bok havia começado a trabalhar na editora Scribner's Sons, vendendo anúncios de publicidade na *Scribner's Magazine* e conhecendo os trabalhos de Robert Louis Stevenson e de Andrew Carnegie.

Custe o que custar

Em um capítulo intitulado "The Chances for Success" (As chances para o sucesso, em tradução livre para o português), Bok refere-se à crença comum de que o mundo empresarial é uma selva em que todos se empurram para conseguir uma vantagem e na qual a ocorrência de favoritismos é frequente. Surpreso, ele descobriu que mérito era a base para conseguir destaque e que, em vez de competição, o trabalho e a determinação eram responsáveis pelo sucesso.

A maioria dos jovens com os quais ele trabalhou reclamava apenas que ganhavam pouco pelo trabalho que faziam. Ele sempre se espantava como, ao final do horário comercial, os elevadores de seu prédio ficavam lotados! Sua filosofia pessoal era de que, se um trabalho foi designado a ele, ele o terminaria naquele dia, mesmo que isso significasse continuar após o fim do seu horário de trabalho.

Em uma sociedade guiada pelo mérito, Bok ficava desconcertado pela falta de interesse e dedicação das pessoas:

> *"Ele olhou para o topo e, ao invés de encontrá-lo superlotado, se surpreendeu com os poucos que haviam chegado lá; com razão, o topo implorava para que mais pessoas escalassem até ele."*

Por adotar a filosofia de que "o que uma pessoa obtém, nesse mundo, corresponde ao quanto ela trabalhou", ele havia conquistado aos 25 anos mais do que uma pessoa conquista em toda a carreira.

O trabalho de uma vida inteira

Em 1889, indo contra os conselhos dados pelos colegas de Scribner e por sua mãe, Bok assumiu o cargo de editor da *Ladies' Home Journal*, uma revista com circulação de cerca de 440 mil exemplares. Ele aceitou o emprego não porque sabia algo sobre mulheres, mas porque enxergava um enorme potencial nas leituras e publicações femininas.

Bok queria dar à revista um tom mais informal e construtivo, combinado a artigos de alta qualidade. Com seções novas e interessantes, a redação da revista recebia centenas de milhares de cartas. A maioria dessas cartas era respondida, se não publicada, pois, para Bok, a empresa não era apenas uma revista, mas um "serviço de esclarecimento e informação". Essa atenção ao leitor fez com que os assinantes fossem incrivelmente leais e não demorou muito para que a circulação dobrasse. Depois que as novas seções estavam funcionando, Bok incrementou ainda mais a revista incluindo romaces serializados, produzidos por alguns dos melhores escritores da época, como Rudyard Kipling, e não ficção ao gosto de Jane Addams e Helen Keller. Além disso, a inclusão de escritos de presidentes dos

Estados Unidos – primeiro Benjamim Harrison e depois Theodore Roosevelt, amigo de Bok – foi algo completamente novo para uma revista feminina.

Porque a revista fez tanto sucesso? Bok sugere que, além de atrair o apelo popular com as típicas seções sobre moda e assuntos do tipo, ele mirou "constantemente em expandir o escopo e gradualmente aumentar seu padrão". Ele não simplesmente "deu às pessoas o que elas queriam" – a receita convencional para o sucesso comercial – mas tentou direcioná-las a um nível levemente mais alto:

> *"O público norte-americano sempre quer algo melhor do que aquilo que pede, e o homem bem-sucedido, a serviço dele, é quem segue a regra de ouro."*

Em longo prazo ele gerou muita satisfação e lealdade.

Bok usou a *Ladies' Home Journal* não apenas para aprimorar a mente de seus leitores, mas também para sofisticar o ambiente em que eles viviam. Horrorizado com o baixo padrão das casas daqueles que não podiam pagar por um arquiteto, Bok fez uma parceria com um arquiteto para que ele imprimisse plantas pré-fabricadas que poderiam ser usadas pelos construtores. Essa iniciativa foi muito bem-sucedida, e o estimado arquiteto Stanford White declarou que Edward Bok, um editor, havia "influenciado positivamente e de forma mais completa a arquitetura norte-americana de casas do que qualquer outro homem em sua geração". Bok foi além ao imprimir imagens coloridas de interiores de uma casa modelo para inspirar o decorador, e incluiu na revista lindas figuras de pinturas famosas que foram usadas em milhões de casas. Nessa época, a *Ladies' Home Journal* começou a vender um milhão de cópias por edição, um marco para a publicação de revistas.

Bok também sensibilizou o público para o aumento do número de *outdoors*, para a crueldade com que aves eram mortas para retirar penas, e para a secagem das Cataratas do Niágara em prol das companhias de energia. Ele e o dono, Cyrus Curtis, se recusaram a fazer publicidade para fabricantes de remédios patenteados dada a ausência de base científica para suas misturas, o que ajudou a construir a legislação norte-americana de remédios e alimentos. Depois dos editoriais reivindicando melhorias na educação sexual para prevenir doenças venéreas, 75 mil leitores cancelaram suas assinaturas, mas Curtis e Bok perseveraram, pois acreditaram que esse era o caminho certo.

Após fazer o que pôde para contribuir com o esforço norte-americano na guerra, Bok se aposentou como editor da revista 30 anos após ter começado. Na época da sua saída, a publicação vendia 2 milhões de cópias por edição, sendo "a revista mais rentável do mundo". Ela havia se tornado uma instituição nacional.

Depois de sua aposentadoria, Bok escreveu mais livros e se tornou um filantropo, com doações que incluíram a quantia de 100 mil dólares do Prêmio Americano de Paz, o Prêmio de Publicidade de Harvard, a Comissão de Filadélfia e uma cadeira de literatura na Universidade de Princeton. A *Ladies' Home Journal* ainda é vendida atualmente.

Comentários finais

Um imigrante holandês pouco instruído que influenciou uma geração através do mais prosaico dos veículos, uma revista feminina: a história de Bok é um clássico sobre o sucesso obtido após a imigração. A comparação moderna aproximada seria Oprah Winfrey, que, em uma época na qual a programação diurna televisiva estava passando por uma desvalorização, resolveu promover livros e a leitura. Assim como Bok, Oprah não deu às pessoas o que elas queriam, mas sim algo melhor. Pessoas como essas não apenas vendem produtos, como são amadas e respeitadas.

A aposentadoria precoce de Bok – ele tinha apenas 56 anos – surpreendeu a todos, mas ele estava determinado a não morrer trabalhando. Ele acreditava que esse era o destino de muitos norte-americanos, e admitia manter o hábito "europeu" de colocar a qualidade de vida em primeiro lugar. Enquanto considerava o idealismo a melhor característica do país que adotara, acreditava que o ponto negativo dos Estados Unidos era favorecer a quantidade e não a qualidade. Ainda que tivesse inclinação para os cálculos, era o conhecimento e a arte que o inspiravam.

Seguindo o conselho de sua avó de "fazer do mundo um lugar melhor e mais bonito, pois você faz parte dele", Edward Bok certamente atingiu o sucesso, contribuindo para o crescimento do conhecimento e da cultura do povo norte-americano.

6 | Claude M. Bristol

1948
A Força mágica da vontade

"Gradualmente, descobri que existe um fio de ouro regendo todos os ensinamentos e fazendo-os funcionar para aqueles que os aceitam e os aplicam sinceramente, e que esse fio pode ser nomeado por uma simples palavra: crença. É o mesmo elemento ou fator – a crença – que faz as pessoas melhorarem através da cura mental, que permite que outras subam os degraus do sucesso, e que consegue resultados fenomenais para todos aqueles que o aceitam."

"Sem dúvida, nos tornamos aquilo que projetamos."

Em poucas palavras
Todos os grandes feitos começam com um pensamento e são impulsionados à realização pela crença.

Na mesma linha
James Allen – *O homem é aquilo que ele pensa* (50 Grandes Mestres da Autoajuda)
Joseph Murphy – *O poder do subconsciente* (50 Grandes Mestres da Autoajuda)
Florence Scovel Shinn – *The Secret Door to Success* (p.311)
David J. Schwartz – *A mágica de pensar grande* (p. 303)
Wallace D. Wattles – *A ciência de ficar rico* (p. 359)

Claude Bristol foi um jornalista intransigente durante muitos anos, seus trabalhos incluíram matérias como repórter policial e como editor de religião de um jornal de grande circulação. Neste posto, conheceu pessoas de todas as denominações e seitas e, mais tarde, leu centenas de livros de psicologia, religião, ciência, metafísica e magia antiga. Gradualmente, Bristol começou a perceber o "fio dourado" que rege todas as religiões e ensinamentos esotéricos: que a própria crença tem poderes incríveis.

Depois de anos pesquisando sobre o poder do pensamento, Bristol havia suposto que outras pessoas também tinham conhecimento sobre o assunto. No entanto, estava errado. Estranhamente, ele descobriu que a maioria das pessoas passava pela vida sem se dar conta do efeito que o ato de acreditar pode ter quando se tenta alcançar um objetivo: elas sustentavam desejos vagos e, em retorno, obtinham resultados vagos.

Quando Bristol serviu como soldado na Primeira Guerra Mundial, houve um período em que não possuía renda e não podia sequer comprar um maço de cigarros. Ele resolveu que, quando voltasse para a vida civil, teria muito dinheiro. Em sua mente, isso era uma decisão e não um desejo. Assim que retornou para casa, foi contratado por um banqueiro que havia lido sua história em um jornal local. Embora tenha iniciado com um salário baixo, ele manteve constantemente uma "imagem mental de riqueza". Em momentos calmos, ou quando estava ao telefone, ele desenhava cifrões em pedaços de papel que ficavam em sua mesa. Ele sugere que a definição de sua crença, mais do que qualquer outra coisa, ajudou-o a criar o caminho para uma carreira de muito sucesso no mercado de investimentos e negócios.

Bristol compreendeu a veracidade da frase do filósofo William James, "A crença se verifica através de fatos". Assim como pensamentos temerosos atraem situações nas quais você não consegue deixar de pensar (Jó, personagem bíblico, disse: "Aquilo que mais temia me sobreveio"), pensamentos otimistas e boas expectativas inevitavelmente levam a circunstâncias favoráveis.

Crença e destino

Napoleão Bonaparte ganhou uma safira estrelada quando menino, acompanhada da profecia de que ela lhe traria boa sorte e o tornaria imperador da França. Napoleão aceitou a profecia como um fato e, em consequência, para ele, ao menos, sua ascensão tornou-se inevitável.

Bristol conta a intrigante história de Opal Whiteley, a filha de um lenhador de Oregon, que acreditava ser filha de Henri d' Orleans, um nobre que estava na fila para ser rei da França. Havia um diário supostamente escrito por ela, descrevendo seus parentes da realeza, embora a maioria das pessoas acreditasse se tratar de uma invenção. Assim mesmo, quando chegou à casa dos vinte anos, Opal foi vista na Índia, sendo levada numa carruagem luxuosa que pertencia ao Marajá de Udaipur; descobriram que ela estava vivendo na residência real. Um jornalista de Oregon, que conheceu Opal em sua infância, ressaltou: "Foi inexplicável, quase sobrenatural, a forma pela qual as circunstâncias favoreceram os planos dela".

Esses exemplos nos trazem para a maior mensagem de *A Força Mágica da Vontade:* pode-se alcançar praticamente qualquer desejo, e se tornar o que quiser, através da capacidade de desenvolver uma "confiança" inquestionável sobre esse desejo. Bristol afirma tanto sobre Napoleão, como sobre Alexandre, o Grande: "Eles se tornaram super-homens por possuírem vontades fora do comum". Sua crença em você e em seu lugar no mundo são, sem dúvida, os determinantes principais do sucesso.

O servo subconsciente

Segundo Bristol, se puder compreender a relação entre o consciente e o subconsciente, você entenderá o poder da crença. O subconsciente trabalha ininterruptamente para expressar nossos mais profundos desejos e crenças. É um servo fiel que renova, guia e inspira, mas para tirar o máximo proveito do subconsciente é necessário respeitá-lo e acreditar em sua capacidade. Por trabalhar no âmbito do imaginário, é vital que o alimentemos com imagens mentais do que desejamos para que ele possa se empenhar em viver de acordo com a imagem desejada, dando-nos intuições sobre o que fazer, aonde ir e quem conhecer.

De alguma forma, o subconsciente conecta-se a todas as outras partes de nossa mente e, por meio da lei de radiação e atração, pode atrair eventos e pessoas que nos ajudarão a transformar nossos sonhos em realidade. No entanto, apenas encontrará formas de transformar a imagem em realidade se ela for clara e convincente; daí a importância das imagens mentais com as quais o alimentamos. A força da crença não pode funcionar a nosso favor até que a crença se torne efetivamente parte de nós, estabelecida no subconsciente como um fato.

Projetando pensamento e crença

Bristol percebe que todos os grandes estudiosos da eletricidade — Edison, Steinmetz, Tesla, Marconi — interessavam-se por telepatia. Não parecia absurdo a eles que os pensamentos pudessem se mover pelo ar e afetar eventos se fossem suficientemente fortes e claros, como um bom sinal de rádio.

Dessa forma, o autor pega emprestado do movimento Novo Pensamento princípios que sugerem a existência da inteligência em tudo o que existe no universo, e que somos todos ligados por uma espécie de mente universal. Jung tinha uma ideia similar com o seu "inconsciente coletivo". A força do pensamento representa um transmissor para o universo, que entra na mente de outras pessoas e até de objetos inanimados. Quanto mais poderoso for o sinal emitido, mais chances de o mundo ao redor captar e reagir de acordo. Não era impossível que o pensamento humano pudesse ser objeto de estudo das leis físicas do universo, dizia o astrônomo Sir Arthur Eddington, e a física quântica também não descarta essa possibilidade.

Para Bristol, uma pessoa com uma crença forte emitirá certa vibração que irá procurar vibrações parecidas na forma de matéria. Então, ele conclui que não atingimos os objetivos desejados unicamente pela ação, mas, dependendo da qualidade e da intensidade de nossa crença, somos impulsionados a eles.

O poder da sugestão

Segundo Bristol, encantamentos, talismãs e amuletos de qualquer espécie não trazem boa sorte sozinhos; o poder está na crença em sua eficiência. Por que as pessoas cantam, repetem mantras, tocam tambores ou contam grãos? A repetição é uma forma de implantar uma sugestão em nossas mentes, a "magia branca" que nos permite transformar um desejo em uma expectativa. Ao ritualizar ou dar estrutura, a ideia passa de um simples desejo para uma realidade iminente. Agradecemos pelo que ainda está por vir. A "incrível força da repetição do pensamento", segundo Bristol, sobrepõe-se à razão por meio da ação emocional e penetra no subconsciente, onde se torna apenas uma questão de tempo até que o pensamento se efetive. Esse é, certamente, o princípio por trás do sucesso da publicidade e da propaganda.

Bristol inclui um conselho a respeito do mau uso da tecnologia mental associada à forte crença e sugestão: é um poder para ser usado construtivamente, não para dominar os outros. Seu livro é dedicado aos "pensadores independentes de todos os tempos" que procuram usar a crença para atingir objetivos criativos e de afirmação da vida – como o uso do poder da crença para a cura física, por exemplo.

Comentários finais

Maxwell Maltz, autor de *Psicocibernética* (veja em *50 Grandes Mestres da Autoajuda*), disse: "a lei mental é a lei da crença". Com isso, ele explicava que a crença, mais do que qualquer outra coisa, é o que nos move, é o que nos forma.

Pense em alguns dos maiores sistemas de crenças da história: budismo, cristianismo, islamismo, comunismo, capitalismo etc. Para o bem ou para o mal, esses sistemas de pensamento transformaram-se em crenças que formataram nosso mundo. As crenças que você possui sobre si mesmo são fortes o suficiente para mudar o *seu* mundo?

A força mágica da vontade é repetitivo, desconexo, apresenta referências datadas, poucas dicas concretas de como empregar suas ideias, e você pode acabar dizendo: "Chegue logo ao ponto". Alguns leitores também se desencantarão com a natureza pouco científica do livro, que contém uma escassa base bibliográfica. Ainda assim, o curioso é que esse livro pode se revelar mais em uma segunda, terceira ou quarta leitura. Afinal de contas, Bristol sabia que os antigos escritos esotéricos eram propositalmente obscuros para guardar seus segredos dos não iniciados ou daqueles que pretendessem abusar deles. Você pode não amar a leitura do livro, mas tê-lo por perto pode servir como um valioso lembrete do poder da crença.

Também pode ser difícil de digerir alguns dos "produtos da mente", como o autor chama. Ele mesmo era cético, mas entendeu que todos nós possuímos a magia da crença quando queremos desesperadamente que algo se torne realidade. O pianista Liberace disse que o livro mudou sua vida. E, no capítulo "Women and the science of belief" ("Mulheres e a ciência da crença", em tradução livre para o português), Bristol traz à tona os nomes de Marie Curie, Mary Baker Eddy (fundadora da Ciência Cristã), Florence Nightingale, Harriete Beecher Stowe (autor de *A cabana do Pai Tomás*) e a atriz Angela Lansbury como exemplos de pessoas que usaram o poder da crença para atingir grandes feitos. Lansbury disse em uma entrevista: "Quando você aprende como controlar seus poderes subconscientes, não há limites para o que você pode realizar". Os poderes mentais dessas mulheres eram imensos, mas nós também podemos desenvolver a mesma "inteligência da crença" para nossas próprias vidas.

Claude M. Bristol

Nascido em 1981, Bristol serviu como soldado na Primeira Guerra Mundial na França e na Alemanha. Ele trabalhou no jornal do exército Star and Stripes até 1919.

A *força mágica da vontade* foi escrito, segundo Bristol, para ex-militares que tinham que se ajustar à vida civil e tentar prosperar. Foi publicado quando o autor estava com cerca de cinquenta anos e precedeu o sucesso intitulado *TNT: nossa força interior*.

Bristol foi um orador popular, dando palestras para vendedores em clubes e empresas. Faleceu em 1951.

7 | Roger Lowenstein

1995

Buffett: a formação de um capitalista americano

"Em Wall Street, sua personalidade simples o transformou em uma figura celebrada. Numa época em que o mercado financeiro parecia ser tão complexo, Buffett conseguia explicá-lo como um vendedor de loja falando sobre o clima."

"A genialidade de Buffett residia na sua forma de agir — com paciência, disciplina e racionalidade. Essas eram virtudes bastante comuns, mas raras no calor das paixões do mercado financeiro e indispensáveis para qualquer um que quisesse testar sua coragem no mercado de ações. Dessa forma, a carreira e o comportamento de Buffett tornaram-se um guia público de investimento e de como fazer negócios nos Estados Unidos. Buffett sabia de seu papel desde o começo e nutria o curioso hábito de relatar suas aventuras, mesmo enquanto ainda as vivia."

Em poucas palavras

Uma carreira de verdadeiro sucesso no mercado de investimentos requer coragem e personalidade.

Na mesma linha

George S. Clason – *O homem mais rico da Babilônia* (p. 91)
Benjamin Franklin – *O caminho da riqueza* (p.145)
John Paul Getty – *How to Be Rich* (p. 159)
Robert Kiyosaki – *Pai rico, pai pobre* (p. 219)

Atualmente um dos homens mais ricos do mundo, Warren Buffett é também um dos maiores investidores da história. Em cinco décadas, ele transformou uma quantia menor que 100 mil dólares em 35 bilhões de dólares. As ações da sua empresa, Berkshire Hathaway, são negociadas a mais de 70 mil dólares cada, e o próprio Buffett possui 474.998 delas – sem nunca ter se desfeito de nenhuma delas.

Suas estratégias de investimento têm sido discutidas extensivamente, mas quais lições para o sucesso podemos tirar de Buffett como indivíduo? Sua biografia, escrita por Lowenstein, é a única obra séria a seu respeito e, por isso, nos deteremos sobre esse rico e agradável livro.

As sementes da prosperidade

Omaha, em Nebraska, era quase deserta até a década de 1850, mas transformou-se em uma cidade quando Abraham Lincoln instalou o terminal leste da Ferrovia da União do Pacífico. Muito quente no verão e congelante no inverno, a cidade tinha a reputação de ser um deserto cultural.

A família de Buffett já residia na região havia um século, quando Warren Buffet nasceu, em 1930, em circunstâncias modestas. Seu pai, Howard, desejava ser jornalista, mas trabalhava num banco que o demitiu durante a Depressão. A família tinha tão pouco dinheiro que a mãe de Warren frequentemente abria mão de sua parte no jantar a fim de que seu marido pudesse ter uma refeição completa. Esse período de escassez teve um grande efeito sobre Warren. O segundo de três filhos, e o único garoto, Warren era obcecado por números e fatos e desde cedo revelou o desejo de enriquecer. Quando menino, seu livro preferido era *One Thousand Ways to Make $ 1.000* (Mil maneiras de ganhar mil dólares, em tradução livre para o português).

Howard Buffett, mais tarde, seria dono de uma corretora de ações bem-sucedida e também ganharia uma eleição para o Congresso, em 1942, do lado dos Republicanos. Quando jovem, Warren detestava viver em Washington, mas tinha prazer em entregar jornais, trabalho que lhe rendia 175 dólares por semana – equivalente a um salário regular. Isso lhe permitiu juntar os 6 mil dólares que foram a base de sua fortuna.

Ele foi um bom aluno, tendo sido o 16º melhor numa turma de 374 alunos, e foi para a Escola Wharton da Universidade da Pensilvânia. Depois, tentou entrar em Harvard para continuar os estudos, mas não foi aprovado. Esse fato, na verdade, mostrou-se positivo, já que sua segunda escolha, Columbia, contava com Benjamim Graham, o gênio pioneiro de análise do mercado de ações.

Entrando na briga

Antes de Graham, a escolha das ações era praticamente um jogo de azar, mas o professor criou uma metodologia que o jovem Buffett entendeu instantaneamente. Lowenstein colocou desta forma: "Investimentos sem Graham seriam como o comunismo sem Marx – a disciplina mal existiria". O método de Graham era oposto à especulação: ele procurava pelo valor subjacente das ações e por diferenças entre esse valor e o preço cobrado. Se ele comprasse uma ação por um preço muito baixo, estaria virtualmente livre de riscos. A ênfase na pesquisa, análise e em olhar apenas para os números de uma empresa adequava-se perfeitamente à personalidade de Buffett; ele poderia, então, trabalhar sozinho.

Embora seu pai o alertasse sobre entrar no mercado de ações, Buffet começou a trabalhar na corretora dele. Também fez o curso de oratória de Dale Carnegie e aos 21 anos passou a dar aulas de princípios de investimentos no curso noturno da Universidade de Omaha para alunos na faixa dos 40 anos. Mais tarde, foi trabalhar para o fundo de investimentos de Graham em Nova York, mas por querer trabalhar por si e com um fundo próprio, voltou para Omaha.

Começou apenas com o capital próprio e o dos habitantes locais, mas no fim do terceiro ano, seu fundo inicial havia dobrado em valor e, depois de cinco anos, quando a Bolsa de Valores Dow Jones havia crescido 74%, o fundo de Buffett havia crescido impressionantes 251%.

Antes de completar 35 anos, Buffet gerenciava 22 milhões de dólares e tinha uma fortuna pessoal de quatro milhões, o que, para os padrões dos anos 1960, tornava-o rico. Mesmo assim, sua vida pouco havia mudado: ele continuava vivendo na mesma casa modesta que havia comprado nos anos 1950 por 31.500 dólares, e pediu a sua mulher, Susie, que comprasse um carro melhor do que o Volkswagen que possuíam, porque "pegava mal quando ele ia buscar visitantes no aeroporto". Seu escritório ficava na mesma rua em que morava e ele fazia seu trabalho em total sigilo.

Estilo de investimento

Grande parte de seu sucesso vinha do fato de que Buffett não pensava de um jeito tradicional. A chave para ser um bom investidor era reconhecer o valor das ações quando "todo o resto do mundo" achava que elas não valiam muita coisa. Ele não se importava se o valor de mercado de uma de suas ações adquiridas sofresse uma grande queda, pois era óbvio que elas iriam subir novamente.

Quando o *boom* dos anos 1980 iniciou-se, as quotas adquiridas por Buffett a baixo custo durante os anos de estagflação do governo Nixon começaram a subir. Por volta de 1983, ele entrou para a lista dos americanos mais ricos da "Forbes" e seu "investimento pelo valor" começou a atrair muita atenção. Em uma conversa informal, ele disse:

> *"Contarei a você o segredo para enriquecer em Wall Street. [Pausa] Feche as portas. Tente ser ganancioso quando os outros forem receosos, e receoso quando os outros forem gananciosos."*

Essa estratégia "do contra" requeria coragem, mas Buffett não estava disposto a ir pelo caminho mais fácil e antiético de aquisições hostis, *greenmailing* (comprar um número grande de ações para coagir os outros sócios a comprarem as ações de volta) ou ações duvidosas (*junk bonds*). Um bom exemplo foi a aquisição do *Washington Post*, o jornal que havia revelado o escândalo de Watergate. As ações vendiam como se o jornal valesse 100 milhões de dólares, quando na realidade seus ativos valiam cerca de quatro vezes mais. O lado político do jornal atraiu Buffett e ele fez uma amizade que durou a vida inteira com a presidente do jornal, Katherine Graham. Em termos de retorno, os 10 milhões de dólares que a Berkshire Hathaway investiu na companhia tornaram-se 205 milhões de dólares até a data em que Lowenstein escreveu seu livro e, em 2003, a bolada valia 1,3 bilhões de dólares.

Um crescimento tão grande não é algo incomum nas companhias de Buffett. Como investidor, ele era um purista em sua crença de que o Estado e as preocupações econômicas ou políticas nunca deveriam afetar suas decisões sobre a compra de uma ação. Tentar prever algo, segundo ele, é uma perda de tempo – seu trabalho era analisar uma *empresa*, não a economia. Ao avaliar uma empresa, Buffett se preocupava menos com as perspectivas de crescimento ou com o tamanho do lucro; seu foco era o retorno sobre o investimento, ou a porcentagem de lucro por cada dólar investido. "Eu prefiro ter um negócio de 10 milhões de dólares rendendo 15% do que um negócio de 100 milhões de dólares rendendo 5%", disse Buffett. "Tenho outros lugares para investir esse dinheiro".

Buffett corria riscos no sentido de estar disposto a colocar um quarto do capital da Berkshire Hathaway em apenas um negócio, mas não era um apostador, já que procurava por "tiros certos". Ele imaginava o mercado de ações como um cartão perfurado vitalício, o qual você só poderia furar 20 vezes. Com uma restrição como essa, era necessário ter certeza de que as ações nas quais se estava investindo eram as corretas.

A característica mais radical de Buffett era que, uma vez que houvesse escolhido uma ação, ele não se desfazia dela. Vender uma ação que você segurou por muito tempo é como "abandonar sua esposa depois que ela envelhece". Em resumo, isso ressalta a diferença entre um verdadeiro investidor e um negociante. Como Lowenstein coloca:

> *"Buffet sempre quis e sempre se sentiu enriquecido pela continuidade: trabalhar com as mesmas pessoas, ser dono das mesmas ações e manter-se nos mesmos negócios. 'Segurar firme' era uma metáfora para sua vida."*

Algumas de suas maiores participações incluíam See's Candy, as empresas de mídia Capital Cities e ABC, Disney, Gillette, Wells Fargo, Coca-Cola, Salomon Brothers, a seguradora GEICO, e a resseguradora General Re. Perceba que nenhuma dessas empresas envolve tecnologia diretamente. Quando o *boom* das "ponto-com" começou, Buffett foi acusado de ser "ultrapassado" por nunca investir em empresas de tecnologia. Pensou-se que a Berkshire seria afetada negativamente por insistir em investir apenas nas ações da "velha economia". Buffett respondeu dizendo que "nunca havia visto um elétron" e manteve-se usando a mesma fórmula de investimento que sempre empregou. Essa abordagem de investimento, obviamente, já foi validada.

Características pessoais

Diferentemente de figuras supremas dos fundos mútuos como Peter Lynch, Lowenstein observa que Buffett parecia vir de outra época. Ele não tem computador em seu escritório ("Eu sou um computador", respondeu certa vez a um entrevistador) ou mesmo uma calculadora, e passa a maior parte de seu tempo lendo (relatórios anuais, jornais) ou conversando com sócios e velhos amigos. Sua única "concessão à modernidade", observa Lowenstein, é um jato privado denominado "Indefensável". Buffett adquiriu-o apenas porque se cansou de pessoas pedindo dicas de investimentos quando ele voava na classe econômica em voos comerciais.

Seu prato favorito é cheeseburger, e ele é famoso por seu vício em Cherry Coke. Lowenstein diz que Buffett é tão concentrado que não dá atenção ou não tem tempo para as coisas que nós normalmente associamos a pessoas abastadas. Em uma viagem a Paris, ele era um dos menos interessados em turismo, e fica em sua casa na praia em Laguna Beach, Califórnia, por semanas a fio sem chegar perto do mar. Espanta-se constantemente com a magia dos juros compostos e quando sua mulher gastou 15 mil dólares para trocar a mobília de casa, Buffett queixou-se a um parceiro de golfe: "Você sabe quanto isso seria daqui a vinte anos, se aplicado?".

Quando sua mulher decidiu mudar-se para São Francisco para iniciar uma carreira como cantora, Buffett ficou desolado, mas eles não chegaram a se divorciar e até viajavam juntos nas férias; ela o acompanhava em reuniões importantes. Buffett tem uma namorada, Astrid Menks, que Susie já conheceu, e os três conseguem fazer a relação inusitada funcionar como se fosse algo natural. Mudança é o ponto fraco de Buffett, e, da mesma forma que as companhias nas quais investe, as pessoas ao seu redor são "para sempre".

Seus três filhos, já adultos, lembram-se dele em seu escritório decorado com papel de parede feito de papel moeda (o "templo"), sempre lendo. Apesar de não ser um pai muito presente, ele encorajava os filhos a fazer o que gostavam, ao invés de perseguir dinheiro. O capítulo sobre a relação entre pai e filhos é fascinante.

O cidadão Buffett

Para um homem que construiu sua fortuna bilionária, Buffett é extraordinariamente liberal. Ele abandonou o Rotary Club de Omaha (do qual seu pai foi presidente), pois o considerava racista e elitista e também boicotou um clube local que negava a participação de judeus. Vivendo em um bairro predominantemente branco, os visitantes de sua casa também eram incomuns para os Estados Unidos dos anos 1960, ele e Susie frequentemente recepcionavam afro-americanos.

Loweinsten diz: "diferentemente de seu pai isolacionista e não intervencionista, Warren reconhecia a necessidade de um governo".

Ele não ia de encontro à regulamentação e acreditava que os impostos para os ricos deveriam ser maiores. Ele achava que a energia dispensada pelas pessoas em reclamar dos impostos as tirava do foco de seus trabalhos na vida real. Em uma de suas famosas cartas anuais para investidores, ele escreveu que o objetivo do investimento não era pagar a menor quantia possível de dinheiro ao governo, mas conseguir "a maior rentabilidade mesmo depois de pagar os impostos". Saber que você tem que pagar impostos lhe torna mais cuidadoso com seus investimentos.

Quando perguntado sobre o que é necessário para a reforma da Previdência, ele prefere falar da "assistência para os ricos". Não gosta do mercado de opções para executivos por serem excessivamente generosas às custas dos acionistas. Muitos CEOs, com seus pacotes de compensação superinflacionados são "divisões do estado corporativo" – não são verdadeiros capitalistas, mas burocratas. Buffett também alertou contra os excessos das corporações alguns anos antes de Enron e outras corporações supostamente gigantes caírem.

Comentários finais

Mesmo precisando ser atualizado para incluir os mais recentes passos de Buffett dados nos últimos dez anos, o que faz o retrato do grande investidor traçado por Loweinsten tão agradável? Se você não entende nada de investimentos, o livro pode te instruir enquanto conta uma comovente história de uma das grandes mentes de nosso tempo, ao passo que este texto apenas fornece o esqueleto da história. Leia o livro para mais detalhes.

Buffett é interessante porque a forma como vive e trabalha assemelha-se mais a de um artista ou a de um filósofo. Berkshire Hathaway é sua "tela" e sua relação com seus sócios é sagrada. A maioria daqueles que investiram com ele mantém suas ações por décadas e consideram-se membros de uma "tribo privilegiada", nota Lowenstein.

Benjamim Graham disse uma vez que uma das três características básicas de um investidor de sucesso era "personalidade forte". Buffett tem muita personalidade, já que seu estilo de investimento demanda firmeza em suas convicções. Como observa Lowenstein, Buffett atrai porque seu investimento em valores caminha de mãos dadas com ideias como a integridade, lealdade e manter as coisas por um longo tempo. Isso parece estar fora de sintonia com nossa época, mas sua eficiência é provada por meio dos resultados obtidos.

A Fundação Buffett será a mais rica instituição de caridade da história, doando pelo menos 1 bilhão de dólares por ano, depois que Buffett e sua esposa falecerem. Por que esperar, quando há tantos problemas no mundo atual? Caracteristicamente, ele acredita que a mágica dos juros compostos vai tornar a sua fundação ainda mais rica em algumas décadas e, portanto, capaz de fazer mais.

Roger Lowenstein

Apesar de ser um dos acionistas da Berkshire Hathaway, Lowenstein não entrevistou Buffett para o livro, restringindo-se a falar apenas com sua família, amigos e sócios comerciais. Jornalista do Wall Street Journal, Lowenstein vive em Nova Jersey com sua esposa e três filhos.

Outro livro bastante conhecido seu é *Quando os gênios falham: a ascensão e a queda da Long-term Capital Management*.

8 | Andrew Carnegie

1920

The Autobiography of Andrew Carnegie

(A autobiografia de Andrew Carnegie, em tradução livre para o português)

"Nenhum tipo de ação jamais se perde. Ainda hoje, ocasionalmente encontro homens dos quais já não me recordo, mas que se lembram de algum pequeno favor que lhes prestei, especialmente no período em que trabalhava na Companhia Ferroviária e de Telégrafos de Washington durante a Guerra Civil Americana, quando eu podia atravessar as pessoas pela linha, ajudar um pai a contatar um filho ferido ou doente no fronte de batalha, conseguir permissão para que os restos mortais de um soldado retornassem à casa, ou alguma pequena ajuda similar. A esses homens atribuo algumas das mais calorosas recepções e alguns dos mais felizes momentos de minha vida."

"Meu conselho aos jovens é que não só concentrem todo seu tempo e sua atenção no negócio que escolherem para suas vidas, mas também invistam cada centavo de seu capital nesse negócio. Quanto a mim, minha decisão foi tomada muito cedo: pude me concentrar no processo de fabricação de ferro e aço e alcançar a excelência da indústria metalúrgica."

Em poucas palavras

Seja um aprendiz insaciável e assegure-se de que outras pessoas também se beneficiem de sua riqueza intelectual e monetária.

Na mesma linha

Henry Ford – *Minha Vida e Minha Obra* (p. 137)

Benjamin Franklin – *Autobiography* (50 Grandes Mestres da Autoajuda)

John Paul Getty – *How to Be Rich* (p. 159)

Seu avô havia sido o primeiro a estabelecer uma pequena biblioteca na cidade natal de Carnegie, Dunfermline, na Escócia, em uma época em que não havia bibliotecas públicas. Com uma modesta tecelagem, sua família estava longe de ser abastada, mas o amor e o respeito pelo conhecimento acadêmico e pelos livros foram aprendidos desde cedo por Andrew. Mais tarde, já rico, bibliotecas eram a escolha óbvia para que ele exercitasse sua generosidade através de grandes doações.

Embora sem possuir muita educação formal, Carnegie apreciava o valor da mente aberta. Como Benjamin Franklin, ele acreditava que "Os líderes são leitores" e que a riqueza advém do conhecimento profundo e do aprimoramento da mente. Quando sua primeira biblioteca foi construída, pediram que ele desse um brasão seu para colocarem sobre a entrada principal, mas ele não possuía um. Ao invés disso, pediu que fosse colocada uma placa representando o sol e seus raios, juntamente com as palavras "Haja luz!".

Resumo da história de Carnegie

Nascido em 1835, Carnegie aproveitou sua infância no seio de uma grande família. Seu pai mudou-se com a família para os Estados Unidos quando Carnegie estava entrando na adolescência, mas seu sotaque e apreço por tudo que fosse relacionado à Escócia nunca desapareceram.

Em Pittsburg, ele conseguiu trabalho como telegrafista na Cia. Ferroviária da Pensilvânia. Quando a Guerra Civil Americana emergiu, ele foi designado para gerenciar as linhas férreas e os telégrafos do governo americano, tarefa que cumpriu com distinção. Ele era republicano e antiescravagista, e esse trabalho era sua melhor maneira de lutar pela causa.

Além de ser competente no trabalho e de ter facilidade no trato com as pessoas, Carnegie escolheu bem sua carreira. O sistema ferroviário americano estava em franca expansão e ele mesmo comentou certa vez que "a capacidade de produção que possuíam dificilmente conseguiria suprir a crescente necessidade apresentada pela população americana".

Após vender a maior metalúrgica dos Estados Unidos, Carnegie se tornou o homem mais rico do mundo. Passou sua velhice em seu adorado castelo de Skibo, na Escócia, e faleceu em Lenox, Massachusetts, em 1919.

Seu testamento deixava 100 milhões de dólares para a construção de bibliotecas nos Estados Unidos e na Grã Bretanha, além de grandes doações para universidades. Entristecido com a eclosão da Primeira Guerra Mundial, Carnegie, adepto da paz, também doou dinheiro a instituições que promoviam a paz, e estudavam as causas da guerra.

As dicas de Carnegie para alcançar sucesso na vida e no trabalho

Invista em você

Carnegie não gostava das especulações do mercado financeiro. Ele acreditava ser melhor escolher um ramo da indústria, aprender tudo o que fosse possível sobre ele e investir em seu próprio negócio:

> *"Acredito que a estrada verdadeira para o sucesso em qualquer área é dominá-la. Não acredito nas políticas de dispersão de recursos e, pela minha experiência, é raro encontrar um homem que tenha ganhado muito dinheiro... e que se interessasse por muitos mercados diferentes."*

Esse é o poder do foco, sacrificar o que você poderia ganhar investindo em muitos mercados e, em troca, ganhar um nicho de mercado pequeno, mas bem definido.

... mas dilua os riscos

Por ter alcançado sucesso muito cedo, Carnegie ganhou a fama de ser um destemido e imprudente negociador. Essa fama, segundo ele, não poderia ser menos verdadeira. Na realidade, ele nunca arriscou o capital próprio ou o de seus sócios em momento algum: "Quando eu fazia algum grande negócio, alguma grande empresa, como a Cia. Ferroviária da Pensilvânia, estava por trás do empreendimento".

Você não precisa arriscar tudo para pensar e agir grande. Carnegie ensinou a deixar terceiros assumirem os riscos e usar essa reputação para auxiliar sua empresa.

O sucesso advém de mente aberta e simpatia

Carnegie procurou garantir a transparência na gestão de todas as suas usinas industriais. Manteve-as muito bem organizadas, limpas e bem vistoriadas por fiscais do governo. Sempre procurou manter boas relações com seus funcionários, e, geralmente, dava a eles o que queriam com propósito. A famosa greve de Homestead, na qual vários homens morreram, ocorreu quando Carnegie estava na Escócia, e provavelmente não teria ocorrido caso ele estivesse presente nas negociações.

Ele ajudou muitos de seus funcionários a enriquecerem. O gerente Charles Schwab foi o primeiro norte-americano a receber um milhão por ano. No livro *Pense e enriqueça*, Napoleon Hill nota que essa grande quantia de dinheiro não foi adquirida em resultado à perícia técnica de Charles, mas devido a sua capacidade de motivar o grupo.

Como todo grande homem de sucesso, Carnegie era um investigador da natureza humana e sabia que a gerência eficiente da força de trabalho era característica de um verdadeiro líder. Ele dizia: "Eu não entendia as máquinas a vapor, mas tentei compreender um mecanismo muito mais complexo – o homem".

Controle seu humor

> *"Bom temperamento vale mais do que sorte. Os jovens devem aprender que o bom humor pode ser cultivado, e que a mente, tal qual o corpo, pode ser treinada para manter-se na luz, e não nas sombras."*

Releia as linhas anteriores. Essa singela frase de Carnegie resume centenas de livros de autoajuda.

Falar em público é apenas falar

Carnegie tinha duas regras para discursar:

1. Fale *com* pessoas e não *para* pessoas;
2. Seja você mesmo, não tente ser um orador.

Lembre-se dos conselhos de Carnegie e não terá que gastar com nenhum curso. Deve-se acrescentar que "para ser você mesmo", deve passar algum tempo compreendendo quem você é e em que você acredita.

Uma fala sugere tratar o mundo como você gostaria que ele fosse. A fala vem do coração e, portanto, é sempre verdadeira.

Aumente seu círculo de relacionamentos

Entre os amigos de Carnegie estavam Judge Mellon, Matthew Arnold, James Blaine, William Gladstone, o presidente Benjamin Harrison, Mark Twain e Herbert Spencer. Essas relações não eram cultivadas apenas para que ele tivesse conhecidos importantes, mas para que pudesse aprender diretamente com os conhecimentos e experiências desses contatos. Sempre procure pessoas interessantes.

Busque conhecimento e valor, não apenas lucro

Em uma noite, em 1868, aos 33 anos de idade, Carnegie escrevia um memorando endereçado a ele mesmo. Ele vivia no Hotel St. Nicholas, em Nova York, e começou o memorando com a seguinte frase: "33 anos e renda de 50 mil dólares por ano!" e, então, definiu que poderia organizar seus negócios de forma a conseguir a mesma quantia anual, enquanto gastava o restante em "objetivos benevolentes". Tornando-se mais filosófico, ele escreveu suas intenções de aposentar-se aos 35 e, daí em diante, dedicar-se aos estudos e à leitura. Claro que ele não o fez, mas nessas palavras nota-se as sementes filantrópicas que o perseguiram posteriormente. O conhecimento obtido da leitura e do estudo representava um valor real; uma vida boa era aquela que abria a mente – dinheiro sozinho era desprovido de valor.

Viaje para ampliar sua mente

Carnegie adorava viajar, particularmente quando a viagem tinha um elemento de aventura e, por isso, ele incitava os outros a conhecerem melhor o mundo. Seu livro *An American Four-in-Hand in Britain* (Um Americano Engravatado na Grã-Bretanha, em tradução livre para o português) narrava sua jornada a cavalo e carroça por toda a extensão do país. Em suas viagens, ele tentou aprender bastante a respeito das culturas que encontrou – durante sua visita à China, leu Confúcio e, na Índia, os ensinamentos e preceitos de Gandhi e Zoroastro. Tal respeito pelas religiões era uma característica da mente aberta de Carnegie e também de sua crença de que conhecer novos lugares traz às pessoas a capacidade de melhor apreciar o mundo.

Comentários finais

Com seu tom modesto, a autobiografia lembra a de Benjamim Franklin e nos surpreende com uma história sobre quanto sucesso uma pessoa comum pode alcançar durante a vida. Você pode saber dos pormenores daqueles que o ajudaram e transformaram-se em seus mentores – apesar de ter uma mente incomum e ser um homem por vezes cruel, Carnegie sempre foi ansioso para pagar sua dívida com a sociedade e compartilhar seu sucesso. Ele fala com grande ternura de sua infância e de como ficou arrasado quando sua mãe e seu irmão, duas figuras fundamentais para seu sucesso, morreram de febre tifoide. No entanto, seu tardio e feliz casamento proporcionou-lhe um novo modo de enxergar a vida.

Suas doações a bibliotecas foram um dos maiores atos da história e seu nome hoje é mais lembrado pelas doações que ele fazia do que pela forma como enriqueceu. Sua história sugere que a acumulação de riqueza de um indivíduo, se essa pessoa for bem motivada, torna-se uma das melhores formas de mudar o mundo.

9 | Chin-Ning Chu

1992

Thick Face, Black Heart

(Cara amarrada, coração negro, em tradução livre para o português)

"Um dos resultados da leitura deste livro mudará seu conceito de brutalidade. Thick Face, Black Heart *não é um livro sobre brutalidade. Você aprenderá que através da adaptação e da adoção de uma forma não destrutiva de brutalidade, você ganhará a liberdade necessária para atingir seus objetivos de vida."*

"O primeiro contato com Thick Face, Black Heart *é sempre chocante e até mesmo repulsivo, pois ele pode servir tanto ao criminoso quanto ao santo."*

Em poucas palavras

Aceite o "instinto matador" como parte de você.

Na mesma linha

Baltasar Gracian – *A arte da sabedoria* (p. 173)
Thomas J. Stanley – *A mente milionária* (p. 327)
Sun Tzu – *A arte da guerra* (p. 343)

Em 1949, enquanto o exército comunista de Mao se aproximava de Shangai, uma família embarcava no que viria a ser o último voo comercial para fora da China. Chin-Ning Chu, de apenas três anos de idade, havia nascido em um mundo de riqueza, mas quando foi para Taiwan com sua família, teve que recomeçar do zero.

Por volta dos 20 anos, mudou-se novamente, desta vez para os Estados Unidos. Dois livros a acompanharam: o famoso *A Arte da Guerra*, de Sun Tzu, e um tomo mais obscuro, escrito por Lee Zhong Wu, intitulado *Thick Black Theory* (Teoria da Cara Amarrada, em tradução livre para o português). Havia algo neste segundo livro que Chu sabia ser importante. Ela descreve a obra publicada em 1911 como uma "franca discussão a respeito da crueldade e da hipocrisia", que, por representar um desafio tão grande aos poderosos, foi rapidamente banida. O livro seria uma importante fonte para a filosofia de vida e de negócios única de Chin-Ning Chu, expressa em *Thick Face, Black Heart: The Asian Path to Thriving, Winning and Succeeding* (Cara Amarrada, Coração Negro: O Caminho Asiático para Ser Próspero, Vencedor e Bem-Sucedido).

Thick face (cara amarrada)

O que vem a ser expressão "thick face" que compõe o título? Chu apenas combina o conceito asiático de "face" ("rosto social") com o conceito ocidental de "thick skin" (ou seja, a habilidade de suportar críticas) para compor "thick face," que significa uma autoimagem que nos permite ignorar as críticas. Ela observa que se você for capaz de não dar importância às pessoas que não gostam de você, poderá chegar longe.

Chu percebe que "o mundo tem uma tendência a aceitar nossos autojulgamentos". Se você exala autoconfiança, as pessoas vão naturalmente permitir que você tenha sucesso. Duvidar de si mesmo cria uma percepção de incompetência. O exemplo dado é o do Coronel Oliver North e o escândalo Irã-Contra. Pelo fato de ele nunca ter duvidado de que suas ações eram as de um patriota e não um criminoso, o público e os tribunais, por fim, acreditaram nele. "Um homem menos convencido de sua própria justiça teria sido severamente punido por seus crimes e ostracizado pelo público."

Se você acredita que algo é verdade sobre si mesmo, o mundo também acreditará.

Black heart (coração negro)

Enquanto o conceito de "thick face" se relaciona a como os outros veem você, a ideia de "black heart" é sobre a realização de seus objetivos.

Uma pessoa "black heart" pode parecer implacável. No entanto, o excesso de compaixão pode limitar a visão. Se um chefe não for capaz de demitir alguns funcionários, diz Chu, ele pode testemunhar o colapso de todo o negócio. Às vezes, para manter seus objetivos e alcançar o resultado que será o melhor, você deve aceitar ser visto como "mau".

Deve-se reconhecer que todo mundo possui um instinto matador e que, às vezes, temos que recorrer a ele. Existe uma correlação direta, escreve Chu, entre a vontade para usar seu instinto matador e seu sucesso na vida.

Há vários níveis desse tipo de comportamento. Alguns farão de tudo para alcançar um resultado, não se importando com os efeitos disso sobre os demais. Este é o "black heart" dos trapaceiros e dos ímpios, que acabam percebendo que a maioria de seus fracassos deve-se a defeitos de sua própria personalidade. O maior grau de "black heart" é atingido quando você não se deixa levar por seus impulsos ou emoções, e toma iniciativas movidas por seu verdadeiro espírito.

> *"Ao contrário do senso comum, as ações de um homem bom não são sempre gentis, elas também podem ser implacáveis, frias e sem compaixão."*

Chu observa que os melhores cirurgiões são aqueles que se concentram na tarefa em suas mãos, minimizando a dor ao paciente. São cruéis para serem gentis. Este é o "caminho do guerreiro".

Escuridão e luz

Deve-se reconhecer que todos os seres humanos são uma combinação de luz e escuridão. O universo é repleto de opostos que buscam uns aos outros para existir. Para viver a vida plenamente, você deve estimar e utilizar todos os aspectos do seu caráter. Se você se apresentar apenas de forma "doce", fracassará em todas as oportunidades que exigirem de você ser rígido ou mal humorado.

Se você é naturalmente pessimista, tire o máximo disso e não busque adotar uma falsa positividade. Não caia na armadilha, Chu diz, de acreditar que deve mudar a si mesmo para alcançar o sucesso. Você pode ter sucesso do jeito que é.

O problema com a "virtude" é que ela pode levar a uma retidão severa, ou até mesmo violenta. Aqueles que se consideram virtuosos preparam o terreno para uma "caça às bruxas" contra os considerados de poucas virtudes. Uma pessoa "thick face", praticante do "black heart", sabe que a virtude é construída. O que importa é saber se ela tem a coragem de expressar totalmente a sua personalidade na vida e em seu trabalho.

Dissimulação sem falsidade

No Ocidente, as pessoas acreditam em conceitos de bem e mal, preto e branco. Mas a teoria aceita pela maioria das pessoas da Ásia é de que existem muitos tons de cinza.

É necessário aprender que você pode ser bom na arte da dissimulação sem ser falso. Também deve perceber que, às vezes, para alcançar algo grande e digno, é preciso cometer algumas dissimulações.

O livro destaca Abraham Lincoln (ver também p.235) que, em sua demorada ascensão ao poder, seguiu a opinião da maioria sobre a segregação de raças e da escravidão. Ele sabia que se não o fizesse, não chegaria ao poder. No entanto, com uma sólida vitória nas urnas, pôde fazer o famoso discurso de Gettysburg em que proclamou que "todos os homens são criados iguais".

Dharma

A palavra "dharma" vem do sânscrito e significa "apoiar, defender e nutrir". É a lei natural que faz o mundo manter-se unido e em coerência divina.

No plano individual, o dharma é o dever de cada indivíduo de cumprir seu plano de vida. Você não pode ser um soldado e se recusar a lutar, você não pode ser um médico e se recusar a operar. Se você é um escritor, você não pode trabalhar em um banco. Uma vez que você se compromete com o seu dever, o universo tem um mecanismo para protegê-lo e libertá-lo de quaisquer outras preocupações.

"Adharma" é ir contra o seu propósito na vida, o que acarreta maus resultados a você e ao mundo. Chu exemplifica com as ex-líderes das Filipinas e do Paquistão, Corazon Aquino e Bhenazir Bhutto. Aquino adotou o estilo patriarcal de seu marido martirizado. Já Bhutto, o estilo linha-dura de seu pai. Nenhuma dessas estratégias adequou-se à época em que elas governaram e ambas foram mal-sucedidas. Elas não criaram estilos próprios de governo, esquecendo o ensinamento do dharma de "ser você mesmo".

Cedendo

Um dos principais pontos da obra de Chu é que para sobreviver e prosperar "em meio aos astutos e inescrupulosos", você deve adquirir a capacidade de ceder. Uma pessoa "thick face" e "black heart" nem sempre irá revidar caso seja ferida. Ela pode simplesmente aceitar o golpe, desde que a aparente rendição ajude-a a atingir seus objetivos. A poderosa "não violência" de Gandhi é um bom exemplo disso.

No mundo asiático, Chu diz: "os heróis não são julgados por suas proezas em caçar tigres, mas sim por sua força e capacidade de suportar a humilhação de serem suínos".

Descarte o orgulho e o preciosismo se você quiser ter sucesso.

Riqueza

O ideograma chinês para a riqueza é composto por dois símbolos: a concha, um antigo símbolo do comércio; e um símbolo que, traduzido literalmente, significa "brilho", mas implica a singularidade que cada um de nós tem em sermos talentosos ou habilidosos em algo. A riqueza, portanto, vem de vender o que é único em você (em termos de um produto ou mesmo como pessoa). Embora o dinheiro em si seja um mistério, o que melhor expressar o seu brilho inevitavelmente o levará à riqueza e lhe dará uma forma de pensar que atrai a abundância.

Comentários finais

Com um título estranho e a atraente mistura de espiritualidade e brutalidade, *Thick Face, Black Heart* não teria como não chamar a atenção. Sua publicação não foi tanto um sopro de ar fresco, mas sim um terremoto que abalou muito o pensamento convencional sobre sucesso pessoal. Muitos dos autores de sucesso norte-americanos haviam se interessado pela sabedoria oriental e incorporado-a em seus livros, mas Chin-Ning Chu cresceu com a cultura chinesa e só mais tarde absorveu as influências ocidentais.

Apenas algumas das ideias gerais de *Thick Face, Black Heart* podem ser veiculadas aqui. Para conhecer as histórias inspiradoras de liderança e resistência e as anedotas da autora sobre vida empresarial e pessoal na América e Ásia, leia o livro.

Alguns vão achá-lo de mau gosto. Quando, por exemplo, a autora reconta a traição que sofreu de um associado, o leitor pode perguntar-se se ela não atraiu esses eventos para si através de seu próprio "black heart" e de sua assumida arrogância. É Possivel. Mas mesmo assim o efeito predominante do livro é positivo. Muitas pessoas decidem que, para progredir na vida, é mais fácil seguir os passos daqueles que alcançaram bons resultados. Isto pode funcionar por um tempo, mas o resultado será uma pessoa fraca. A filosofia de *Thick Face, Black Heart* permite que você se aproprie do lado negro da sua força interior e case-o à convicção absoluta sobre o tipo de pessoa que você é e a sua vocação.

Chin-Ning Chu

Chin-Ning Chu nasceu em Tienjin, China, e foi criada pela doutrina católica, mas também entrou em contato com ensinamentos budistas, taoistas, e confucionistas. Ela cresceu em Taiwan, mas mudou-se para os Estados Unidos em 1969.

Tornou-se uma respeitada conhecedora das relações EUA--China e EUA-Coreia do Norte, dando palestras, treinamentos e prestando consultoria em todo o mundo. Chu é presidente da Consultores de Marketing da Ásia e do Instituto de Aprendizado Estratégico, uma empresa educacional. Seus outros livros incluem *The Asian Mind Game* (A estratégia asiática, em tradução livre para o português), *The Secrets of the Rainmaker* (Os segredos da mandachuva, em tradução livre para o português), The

Working Woman's Art of War (A arte da guerra para mulheres que Trabalham, em tradução livre para o português), *The Bridge to the Pacific Century* (A ponte para o século do pacífico, em tradução livre para o português) e *Faça menos e conquiste mais.*

10 | George S. Clason

1926

O HOMEM MAIS RICO DA BABILÔNIA

"Na antiga Babilônia, havia um homem muito rico chamado Arkad. Sua riqueza e fama eram conhecidas em muitos lugares. Ele também era conhecido por sua liberalidade, ele era caridoso e generoso com sua família. Ele era liberal com as despesas, mas apesar disso, sua renda crescia mais rápido do que ele conseguia gastar."

Em poucas palavras

Os princípios da construção da riqueza são livres para todos, mas apenas uma minoria aproveita-os em sua vantagem.

Na mesma linha

Warren Buffett (por Roger Lowenstein) – *Buffett: A formação de um capitalista americano* (p. 65)
Benjamin Franklin – *O caminho da riqueza* (p.145)
Robert Kiyosaki – *Pai rico, pai pobre* (p. 219)
Thomas J. Stanley – *A mente milionária* (p. 327)

A Babilônia já foi a cidade mais rica do planeta, conhecida por suas casas decoradas, palácios e grandes muralhas. Seus habitantes criaram fazendas férteis, em locais antes desertos, devido à prática da irrigação. Mas como George Clason cita no fim de seu livro *O Homem mais rico da Babilônia*, a mesma foi o berço das finanças modernas, do dinheiro como meio de troca, dos títulos de propriedade comercializáveis, notas promissórias e onde todas as formas de empréstimos foram altamente desenvolvidas. Sua prosperidade continuou por séculos porque seus habitantes podiam ganhar dinheiro livremente. Mesmo aos escravos era permitido ganhar um pouco de dinheiro e, eventualmente, comprar sua liberdade.

O sucesso da Babilônia inspirou Clason a escrever uma série de contos que demonstram os princípios imutáveis das finanças e os pilares do lucro. Os contos se tornaram muito populares e foram distribuídos por bancos, companhias de seguros e outros empreendedores para ensinar os benefícios de poupar e do trabalho duro. *O homem mais rico da Babilônia* foi uma dessas histórias, e elas foram coletadas e transformadas nesse clássico inspirador que conhecemos hoje.

Escapando da mediocridade

Na primeira história do livro, dois amigos – um construtor de carruagens e um músico – refletiam sobre aonde suas vidas profissionais os havia levado. Embora satisfeitos por terem esposas e famílias jovens, eles lutam para conseguir pagar as despesas, e se perguntam se não há outra maneira.

O assunto da conversa passa a ser um homem com quem eles cresceram e que agora é considerado o homem mais rico da Babilônia. Seu nome é Arkad, e os dois resolvem rever o velho amigo e buscar seu conselho. Eles perguntam a Arkad como o destino o tornou rico. Ele imediatamente os repreende dizendo que o "destino" não contribuiu em nada com seu sucesso; ele explica que eles continuaram pobres "devido ao fato de terem falhado em aprender as leis que regem a riqueza ou não as terem observado".

Ainda menino, Arkad notara que a riqueza não necessariamente trazia felicidade, mas com certeza melhorava a qualidade de vida. Ela permite que os homens decorem suas casas, vistam boas roupas, construam templos para os deuses, naveguem pelos mares e se alimentem de comidas exóticas de terras distantes. Ele resolveu que não seria um homem pobre, mas faria de si mesmo "um convidado para os banquetes de coisas boas".

No entanto, como não possuía nenhuma herança, ele percebeu que deveria se esforçar e estudar formas de enriquecer. Ele começou a trabalhar como copista, escrevendo leis e outros textos em tábuas de argila. Um dia, em troca de uma tarefa particularmente difícil para a qual ele teve que trabalhar a noite toda, Arkad perguntou ao seu cliente, um agiota, se ele poderia lhe ensinar alguns segredos sobre o dinheiro.

Guardando dinheiro

O homem concordou e, pela manhã, revelou seu princípio: "Parte de todos os seus ganhos deve ser guardado para você". Arkad sentiu que a resposta estava aquém do esperado, já que se tratava de uma obviedade – tudo que ganhasse trabalhando já não seria dele? Apesar disso, as despesas acabam consumindo tudo o que se ganha e você vira um escravo do trabalho, trabalhando apenas para sobreviver. Poupando no mínimo 10% de seus ganhos e estabelecendo que essa quantia não será gasta, com o tempo ela começa a render dinheiro sem que você precise se esforçar. Não importa o montante inicial, desde que você se lembre dessa regra de guardar sempre uma quantia, independentemente do ganho. Em pouco tempo, você não sentirá falta de gastar esse dinheiro.

Após alguns obstáculos, as economias de Arkad cresceram, chegando a um montante satisfatório. Isso agradou o velho agiota de tal forma que ele pediu ao jovem para que cuidasse de parte de seu dinheiro. Mais tarde, eles dividiram os lucros. A lição: aqueles que sabem as leis do dinheiro procuram os que também sabem. Muitos dizem que entendem de princípios financeiros, mas os princípios nunca funcionam para eles, porque eles não agem *efetivamente*, mas sabem apenas a teoria.

Ainda assim, o conselho do agiota não é para tornar-se um muquirana. Ele aconselhou Arkad a aproveitar a vida e não se preocupar em guardar tanto, desde que ele aumentasse suas economias de forma contínua.

Sabedoria ou ouro?

Se tivesse que escolher entre ouro ou sabedoria, qual você escolheria? Nós nos encontramos com o rico Arkad mais tarde no livro, quando seu filho Nomasir já é adulto e está pronto para herdar a sua fortuna, no entanto, o pai quer primeiro que seu filho saia pelo mundo e aprenda como ganhar dinheiro por si.

Nomasir recebe três sacos de ouro como um capital inicial, além de uma tábua de argila, com "as cinco leis do ouro" gravadas. Nomasir não deu muita atenção à tábua, o que não foi uma surpresa. Primeiro, ele usou o dinheiro em apostas de cavalo (perdeu a maioria delas), em seguida, fez uma compra com alguém que não conhecia muito bem. Quando a situação saiu dos limites, ele lembrou-se da tábua de argila e suas cinco leis. Em resumo, elas eram:

1. Dinheiro vem para aqueles que economizam.
2. Dinheiro multiplica-se para aqueles que investem.
3. Dinheiro permanece com quem o confia a pessoas sábias.
4. Dinheiro é perdido quando investido em coisas com as quais não se está familiarizado.
5. Dinheiro é perdido com rapidez quando se tenta algum esquema para enriquecer rapidamente.

Percebendo que havia violado essas leis, Nomasir decorou-as. Ele se empenhou para ganhar dinheiro e investi-lo sabiamente. Dez anos depois, voltou para seu pai, que lhe ofereceu um banquete. Ele colocou na mesa três sacos de ouro: um era para devolver o dinheiro que seu pai havia lhe dado, mas os outros dois, ele afirmou, pagariam a sabedoria que havia nas tábuas. Ele disse para aqueles que estavam no banquete:

> *"Sem sabedoria, o ouro é perdido rapidamente para aqueles que a têm, mas com sabedoria, o ouro pode ser protegido por aqueles que não o têm."*

Alguém que não conhece as leis pode gostar de contar com a sorte, mas corre mais riscos de perder seu dinheiro rápido. As cinco leis não somente ajudam a construir uma fortuna, mas o protegem contra a perda da fortuna conquistada.

Vivendo por seus meios

Uma das mensagens importantes do livro, particularmente para nossa era de muitos endividamentos, é que *mesmo* guardando dinheiro, você deve pagar suas dívidas. Sendo assim, 10% para guardar, 20% para os seus devedores e o resto para viver. Muitas pessoas desistem de economizar porque pensam primeiro no peso de suas dívidas. Mas assim que virem o crescimento daquela quantia economizada, elas irão sentir-se motivados a aumentá-la: "Não toque no um décimo que está deixando a bolsa maior".

Numa reviravolta, o livro mostra a descoberta, por um arqueólogo na Mesopotâmia (área em que Babilônia se localizava), de tabuletas de argila com as cinco regras. Elas são enviadas para que um professor as traduzisse, e algo estranho acontece. O professor e sua esposa, ao aplicar as leis das tabuletas de 2 mil anos em suas próprias vidas, melhoraram sua situação financeira. O professor comenta em uma carta: "Quem acreditaria que poderia haver tanta diferença entre seguir um plano financeiro e apenas se deixar levar?".

Mesmo parecendo óbvio, o homem mais rico da Babilônia conseguiu ficar rico porque não gastava além do que podia. Com o tempo, qualquer um que consegue viver gastando apenas 80% ou 90% de seus lucros pode ficar rico.

Comentários finais

Tratando-se de uma ficção que busca instruir, a prosa de *O homem mais rico da Babilônia* não ganhará nenhum prêmio. Entretanto, suas pequenas histórias têm inspirado muitos leitores a poupar e conseguir fortunas, incluindo Robert Kiyosaki (veja *Pai rico, pai pobre*).

As "soluções para as carteiras magras" incluem possuir sua própria casa (pois reduz o custo de vida e aumenta seu aproveitamento) e não apostar. Mais importante, ensina por que você deve se tornar alguém que separa dividendos de investimentos ao invés de meramente ganhar dinheiro do trabalho – fazer o dinheiro virar seu escravo, não vice-versa. Mesmo sendo mais velho, nunca é tarde demais para mudanças. Se você procurar melhorar, será recompensado.

O Homem mais rico da Babilônia pertence ao grupo de livros literários sobre o sucesso que lidam com economia, investimento e propriedades financeiras, áreas em que estipular metas, uma forte ética de trabalho e uma atitude otimista são importantes. Mas como conciliar essas ideias com autores de prosperidade espiritual como Catherine Ponder e Wallace Wattles? Tanto o conhecimento financeiro como a consciência da abundância são necessários para enriquecer de um jeito satisfatório e sustentável. Todo mundo sabe que gananciosos e avarentos, mesmo aqueles muito ricos, não são felizes. Do mesmo modo que "acreditar em Deus como fonte de graça" pode lhe trazer ganhos inesperados, aumentar seu conhecimento das leis e modos financeiros terrenos pode ser benéfico. Com fé e conhecimento você pode gerar fortunas que irão durar, e a sabedoria que você absorver na jornada pode ser usada para ajudar os outros.

George S. Clason

Nascido em Louisiana, Missouri, em 1874, George Samuel Clason cursou a Universidade de Nebraska e serviu o Exército dos EUA na Guerra Hispano-Americana.

Ele começou uma longa carreira no mercado editorial, fundando a Companhia Clason Map, na cidade de Denver, Colorado, onde produziu o primeiro guia de estradas dos Estados Unidos e Canadá. Em 1926, Clason publicou a primeira de um grande número de histórias curtas sobre os segredos do sucesso financeiro. Elas foram mais tarde unidas e tornaram-se *O homem mais rico da Babilônia*, que já vendeu mais de um milhão e meio de cópias.

11 | Robert Collier

1926
The Secret of the Ages

(O segredo das eras, em tradução livre para o português)

"Você é um dos Senhores da Terra, com potencialidades ilimitadas. Dentro de você há um poder que, se adequadamente direcionado, pode o levantar da mediocridade rotineira e colocá-lo entre os Eleitos da Terra – os legisladores, os escritores, os engenheiros, os grandes industrialistas –, aqueles que fazem e aqueles que pensam. Ele repousa em você para que aprenda a usar esse poder, que é seu – a Mente que pode realizar todas as coisas."

"Você não precisa ser prisioneiro do trabalho duro ou das circunstâncias. Há uma maneira de conseguir as coisas que deseja – uma maneira que está em harmonia com as maiores aspirações da raça humana."

Em poucas palavras

Se você tiver um objetivo único e poderoso, terá a coragem para agir de acordo com as suas ideias.

Na mesma linha

Claude M. Bristol – *A força mágica da vontade* (p. 57)
Russell H. Conwell – *Acres of Diamonds* (p. 115)
Napoleon Hill – *pense e enriqueça* (p. 187)
Catherine Ponder – *As leis dinâmicas da prosperidade* (p. 275)
Wallace D. Wattles – *A ciência de ficar rico* (p. 359)

Nas primeiras décadas do século XX, vários livros motivacionais foram publicados – muitos dos quais agora são desconhecidos. *The Secret of the Ages* (O Segredo das Eras em tradução livre para o português) tem permanecido graças às atualizações feitas pela família do autor, mas também devido à sua atraente promessa de revelar antigos segredos sobre o sucesso. Na verdade, o livro traz poucas referências a escritos e culturas antigas, mas, ainda assim, é uma boa introdução para ideias que associamos ao movimento moderno pelo sucesso.

Escrito em uma época em que o interesse público pelos poderes da mente estava crescendo, ele tornou-se *best-seller* combinando uma prosa estimulante à fé no potencial do leitor.

As desconhecidas regiões da mente

Collier guia os leitores por meio de um panorama mental que engloba três níveis: a mente consciente, a subconsciente e a superconsciente. Aos eruditos, é possível tocar uma peça musical perfeitamente mesmo depois de ouvi-la apenas uma vez, ou realizar cálculos matemáticos complexos; talentos como esses não são fruto do consciente.

Você considera a parte consciente da sua mente como sendo o "eu", mas ela representa uma pequena porção da sua mente. Nas pessoas bem-sucedidas, há uma boa relação entre essa parte e o subconsciente, o qual é direcionado para a criação de coisas para a resolução de problemas. A parte subconsciente do cérebro sabe realizar milhões de atividades perfeitamente – o que inclui comandar seu corpo – e fará isso se você permitir. Carl Jung acreditava que o subconsciente, o qual ele denominava inconsciente, continha todo o conhecimento que uma pessoa adquiriu em sua vida inteira, mas também o conhecimento de todas as outras pessoas que já viveram. Essa parte da mente é moralmente neutra e muito aberta a sugestões. Se você alimentar o subconsciente com pensamentos e imagens de abundância e sucesso, ele irá trabalhar para torná-las realidade. Contudo, se você o alimentar com pensamentos negativos, ele criará circunstâncias negativas.

Collier sugere que os sentimentos que nós às vezes experimentamos quando nos direcionamos a algo bom ou nos afastamos de algo negativo – expressados nos termos "anjo da guarda" ou "gênio agradável" – é, na verdade, uma função do subconsciente, aquela parte de nós que está em contato com essa Mente Universal, que tudo vê e tudo sabe. Essa mão invisível – ou o "Eu Maior" –, em vez de ser o reino dos malucos, é confirmada silenciosamente na maioria das experiências pessoais. Se ela for solicitada, a ajuda virá em breve.

Uma aristocracia de pensar e agir

Nós nos preocupamos com o desmatamento das florestas e com o esgotamento do petróleo, Collier observa, mas não nos preocupamos tanto em perder as habilidades mentais quando não usamos nossa mente. As pessoas comem, dormem e trabalham sem perceber quanta saúde elas têm. Todos nós já ouvimos falar que usamos apenas 10% da capacidade do nosso cérebro – informação declarada pela primeira vez, segundo Collier, pelo psicólogo e filósofo William James –, mas, mesmo que esse dado esteja errado, mesmo que usemos 20% da capacidade, um motor ainda fica rodando sem objetivo. Para se tornar um daqueles que pensam e agem, você precisa ir um pouco além das suas capacidades e limites.

Collier cita Orison Swett Marden, que disse que "a maioria dos fracassos na vida são simplesmente vítimas das suas derrotas mentais". Os indivíduos que rastejam na mediocridade fazem isso por não acreditarem em si mesmos. Assim, há sempre uma porta aberta para os "espíritos determinados". Da mesma forma que um pedaço de metal magnetizado consegue levantar um pedaço cujo peso é dez vezes maior do que o seu, uma pessoa altamente magnetizada, carregada de confiança e objetivos, pode fazer dez vezes mais do que uma pessoa que não está tão energizada.

Collier nota que, uma vez que você conquista algo, é mais provável que você faça outras conquistas, porque você adquiriu o ímpeto para ter sucesso. Em uma analogia mais complexa, ele sugere que quando você deseja algo intensamente e acredita que irá consegui-lo, um turbilhão mental, que engloba as coisas, as pessoas e as circunstâncias necessárias para isso, entra em funcionamento. Você desenvolve um impulso que lhe permite continuar conquistando, mas gastando menos energia para isso.

As grandes descobertas, Collier ressalta, vieram de pessoas que *notaram* algo que as outras já estavam vendo. As maiores riquezas foram obtidas por meio de oportunidades que muitos tiveram, mas apenas um *agarrou*. Isso não quer dizer que pessoas malsucedidas nunca enxerguem oportunidades – elas enxergam, mas não têm vontade ou coragem para agir de acordo com essas boas ideias, diferentemente dos chamados vencedores. Elas pensam apenas nos motivos pelos quais algo não pode ser feito, enquanto o vencedor pensa nos motivos pelo qual algo pode ser realizado.

O sucesso precisa ser visualizado primeiro

Collier investiga, de forma implacável, o que conceitos como "vontade", "desejo" e "ambição" realmente significam e como eles podem ser utilizados. Uma questão básica em sua linha de pensamento é que o sucesso precisa ser visto na vida através da formação de imagens.

Por que visualizar algo que você deseja é tão importante para que ele seja conquistado? Collier diz que tudo aquilo que é feito no mundo real é primeiro concebido como uma imagem. Deus imaginou o mundo antes que ele fosse feito, e você também imagina seu futuro antes que ele aconteça. O truque é fazer dessa projeção ociosa de imagens algo objetivo e positivo. Ao olhar para essas imagens várias vezes por dia, você prepara o caminho para que elas entrem em sua vida. Vivendo na miséria, uma mulher projetou uma imagem de uma casa com jardim para que ela e seu filho morassem, e uma loja onde ela pudesse vender artigos variados. Por uma estranha série de eventos, ela conquistou ambos em seis meses.

Há uma lei oculta segundo a qual o poder flui a partir do potencial mais alto em direção ao potencial mais baixo, e não ao contrário. Por isso, imagine sempre o melhor desfecho possível, e a realidade formada irá concordar com a imagem projetada.

Intensidade do desejo e da vontade

"Pode parecer paradoxal" Collier diz, "mas poucas pessoas sabem o que querem". Os seres humanos podem reunir uma série de desejos e vontades, mas se não aprimorarmos, esculpirmos essas ânsias, estaremos sempre à deriva em um mar de não realizações. Ele menciona o seguinte provérbio chinês: "Almas elevadas possuem vontades, enquanto as fracas têm desejos".

Talvez você ainda se lembre da instrução que recebeu quando criança de "ser agradecido pelo que tem", mas atente para o fato de que todas as grandes coisas começam com o descontentamento, com o desejo por algo diferente. O desafio é filtrar nossos anseios e descontentamentos, transformando-os em um *propósito único e poderoso*. Collier sugere que você comece esse processo fazendo uma lista de coisas que você possivelmente venha a desejar, e depois exclua os itens que não vão servir a longo prazo. Caso você não saiba quais desejos são melhores, pergunte: "Isso irá me fazer uma pessoa melhor, mais forte e mais eficiente?".

Quando você tiver chegado ao seu único e abrangente desejo – o Ideal Definitivo – será mais fácil elencar os itens supérfluos de uma forma que aquele pensador que está à deriva nunca conseguirá fazer. Usando uma analogia náutica, Collier diz:

> *"O Ideal Definitivo é como um grão de areia que existe no centro de cada pérola e em volta do qual o material perolado se junta. É a 'grande ideia'; em sua volta, a Imaginação Construtiva edifica, deposita e acumula sua riqueza de material."*

Uma vez que você tenha esse senso de propósito, esteja disposto a pagar o preço por ele. Imponha a autodisciplina e nunca deixe de realizar seu verdadeiro desejo. A longo prazo, não importa que você não seja brilhante, se esse for o caso, porque a lei das médias diz que, se persistir, você colherá recompensas.

Esteja ciente e agradecido pelas mãos escondidas (o anjo da guarda) que o ajuda a atingir seus objetivos. Acredite que você irá alcançá-los da mesma forma como você acredita que o sol nascerá pela manhã. Ainda assim, essa crença não é espiritual, mas racional. Um propósito único pode levar ao conhecimento descontraído, à fé no triunfo futuro, a qual todas as pessoas bem-sucedidas compartilham. Essa gratidão e conhecimento atraem o que você quer, com base no princípio de que "positividade busca positividade": as coisas fluem para a pessoa que já aparenta tê-las.

Comentários finais

Ainda que possa ser classificada como um clássico da prosperidade em sua urgência para convencer leitores acerca de seu sólido potencial, *The Secret of the Ages* é essencialmente uma obra motivacional.

O livro é ilustrado com diversos poemas e versos, e – talvez isso seja esperado vindo de um mestre das cartas de venda e publicidade – há um uso bem liberal a respeito de letras maiúsculas e de pontos de exclamação. Seu estilo é conversacional, e ele não utiliza a repetição como artifício para emplacar uma afirmação no leitor. Se você sentir que falta um pouco de ligação entre os capítulos do livro, é porque cada um deles foi originalmente lançado singularmente, como ocorreu com *O homem mais rico da Babilônia*, de Clason.

No final do livro, há uma seleção de cartas que Collier recebeu ao longo dos anos de pessoas contando como *The Secret of the Ages* mudou suas vidas. Em uma primeira leitura, é difícil entender como o livro teve tanto impacto, pois para o leitor contemporâneo de livros sobre sucesso suas ideias e a linguagem utilizada podem parecer datadas. No entanto, a mensagem de que você pode ser o dono do seu destino ainda é inspiradora, e o livro contém verdades que, se colocadas em prática, irão trazer o sucesso que você deseja.

Robert Collier

Nascido em St. Louis, no ano de 1885, Collier frequentou colégio cristão e foi educado para ser padre. Certo de que uma vida de batinas não era para ele, Collier foi para Virgínia do Oeste e trabalhou por oito anos como engenheiro de mineração.

Depois de mudar para Nova York, ele trabalhou para a editora PFCollier (seu tio havia fundado a "Collier's Magazine") e tornou-se especialista em escrever cópias de vendas, gerando milhões de dólares para a firma. Seu livro *The Million Dollar Sales Letters* (As cartas de venda de um milhão de dólares, em tradução livre para o português) é um clássico sobre marketing.

Após uma doença séria, porém não diagnosticada – a qual Collier acreditou ter curado através do poder da mente –, ele mergulhou na leitura com o objetivo de descobrir as leis e segredos da mente. A fim de tornar o objeto de suas leituras mais acessível, ele escreveu e publicou uma série de livros curtos, *The Secret of the Ages*, reunidos posteriormente em um único volume. Outra série, *The Law of the Higher Potential* (A lei do maior potencial, em tradução livre para o português), é agora conhecida como *Riches within Your Reach* (A riqueza ao seu alcance, em tradução livre para o português). Seus outros livros incluem *Prayer Works* (Orar funciona, em tradução livre para o português) e *The Amazing Secrets of the Masters of the Far East* (Os incríveis segredos dos mestres do leste distante, em tradução livre para o português).

Collier faleceu em 1950.

12 | Jim Collins

2001
Empresas feitas para vencer

"Não importa quão dramático seja o resultado final, as transformações 'de bom a ótimo' nunca acontecem de uma só vez. Não houve uma ação determinante, um planejamento majestoso, uma inovação matadora, um golpe de sorte isolado, um momento milagroso. Pelo contrário, o processo se assemelhava a alguém empurrando um volante pesado em uma direção, virada após virada, criando uma dinâmica até chegar ao momento de grande avanço, e além."

Em poucas palavras

Não fique satisfeito em ser apenas bom ou ótimo. Descubra o que é necessário para ser excelente.

Na mesma linha

Michael Dell – *Dell: estratégias que revolucionaram o mercado* (p. 129)
David S. Landes – *A riqueza e a pobreza das nações* (p. 225)
J. W. Marriott Jr. – *The Spirit to Serve* (p. 267)
Sam Walton – *Made in America* (p. 351)

A maioria das companhias de excelência passou por anos de obscuridade antes que seus resultados chamassem a atenção das outras pessoas. Na verdade, elas se parecem com outras companhias até atingir um "ponto de transição" que deixou aqueles dias para trás.

Os saltos em direção à excelência não ocorreram através de uma revolução. Ao contrário da opinião popular, essas companhias não contrataram CEOs caros para mudar as coisas – essa é a marca de uma companhia mediana. Ainda que os resultados notáveis de companhias excelentes façam com que pareça que elas atingiram rapidamente o sucesso, o salto ocorreu depois de anos de empenho, o que Collins chama de "girando o volante".

A cadeia de drogarias norte-americana Walgreens é uma companhia antiga cujo desempenho acompanhou o mercado por 40 anos. Então, em 1975, ela deixou de ser mediana e obteve um sucesso notável. De 1975 a 2000, seu desempenho superou o da bolsa de valores em 15 vezes. Ele superou, também, o destaque da tecnologia, a empresa Intel, em duas vezes, a elogiada General Eletric em cinco vezes, e a famosa Coca-Cola em oito vezes.

O que explica uma repentina e contínua ascensão de uma empresa que partiu de uma posição mediana? Jim Collins começou um estudo de cinco anos para descobrir isso. A respeito de uma lista de 11 companhias que ele elaborou – e cuja inclusão no *Empresas feitas para vencer* foi baseada em um desempenho superior por pelo menos 15 anos – Collins diz que "um grupo desalinhado seria difícil de achar". Isso inclui Fannie Mae (uma casa de financiamento hipotecário), Gillette (navalhas), Kimberly-Clark (fraldas e papéis-toalha), Kroger (supermercados de desconto), Nucor (siderúrgico), Philip Morris (cigarros, chocolate e café) e Pitney Bowes (equipamentos de BackOffice). Para efeitos de comparação, Collins encontrou, para cada uma dessas companhias, uma companhia que havia permanecido apenas boa (comparando a Walgreens com a Eckerd, por exemplo).

Que conclusões ele obteve a partir dessa pesquisa?

Certo tipo de liderança

Collins não estava muito interessado em liderança quando começou a pesquisa. Queria fugir do complexo que muitos empresários têm, o complexo do "grande líder", isto é, a crença de que contratar um líder dinâmico irá transformar tudo. Ele descobriu, de fato, que liderança é extremamente importante, mas o *tipo* de líder que contribui para o sucesso foi uma surpresa. Líderes de companhias excelentes são uma combinação incomum de ambição e humildade, são "mais como Lincoln e Sócrates do que como Patton e Cesar". Collins descreve Darwin Smith, chefe da Kimberly-Clark como sendo um homem de "uma timidez estranha e ausência de pretensão, aliadas a uma determinação feroz, e até mesmo severa, em relação à vida".

Líderes como esse não possuem uma aparência ambiciosa, pois canalizam sua energia e determinação para assegurar o sucesso a longo prazo de sua companhia. Eles relutam em falar sobre si mesmos; em vez disso, apontam as pessoas que contribuíram para o sucesso e sempre agradecem as dádivas que recebem – Collins se surpreendeu com a quantidade de pessoas que, apesar de terem trabalhado duro, mencionaram a palavra "sorte" como fator do sucesso que obtiveram profissional e pessoalmente. Tais líderes compartilham a paixão pelo produto que sua empresa cria, não importa o quanto ele seja comum. A equipe da Gilette, por exemplo, investiu 200 milhões de dólares no desenvolvimento do Gilette Mach 3, que fez um grande sucesso, justamente por terem se animado com o produto.

Por colocarem a empresa em primeiro lugar, esse líderes "nível 5", como Collins os chama, garantem que seus sucessores – quem quer que sejam – tendam a ser igualmente eficientes, se não mais. Diferentemente, os executivos das companhias usadas como comparação queriam que seu estilo pessoal se destacasse, o que aconteceria se fossem sucedidos por profissionais mais fracos. Líderes "nível 5" têm, intencionalmente, um perfil discreto; eles são "pessoas comuns produzindo, silenciosamente, resultados extraordinários". Ganhar uma fortuna vendendo suas ações para realizar incorporações ou para alavancar aquisições de controle acionário é impensável, nem é preciso dizer. Esses líderes almejam a grandeza futura da companhia que lideram, uma grandeza que eles esperam durar mesmo depois de sua posse terminar. Muitos deles mantiveram escritórios na empresa após terem se aposentado.

Os profissionais certos

Segundo a crença popular, se você quer começar e construir uma empresa excelente, precisa desenvolver o conceito até que ele atinja a perfeição e, após isso, contratar os melhores profissionais que você conhece. No entanto, Collins e sua equipe descobriram que quando os executivos de uma empresa com o perfil "de bom a ótimo" começaram suas transformações corporativas, eles trabalharam invertendo essa crença: "*Primeiro*, eles escolheram os profissionais certos para a viagem (e deixaram os profissionais errados de fora) e, *a partir daí*, decidiram o que fazer".

Os benefícios dessa abordagem? Se você conta com os profissionais certos desde o início, eles poderão se adaptar a qualquer mudança de direção ou estratégia. Você não precisará motivá-los, já que eles compartilham o desejo de alcançar a grandeza, de serem excelentes. Curiosamente, as companhias excelentes não pagam mais do que um bom salário; a remuneração *não* é um fator tão importante para motivar os profissionais quando eles têm algo maior do que dinheiro para ganhar.

Por fim, a cultura das companhias excelentes é "rigorosa, mas não implacável". O rigor significa que todos sabem o padrão de qualidade nos quais eles e a companhia precisam trabalhar. Se esse padrão não for atingido, o profissional precisa ser dispensado. Ser implacável, por outro lado, é uma característica de companhias que são apenas boas. Após refletir um pouco, elas irão acabar com divisões inteiras por meio de reestruturações e despedir milhares de empregados mediante decisões tomadas pelas pessoas nos cargos superiores da companhia. É inerente que esse clima de medo seja improdutivo e desmotivador, enquanto algumas empresas têm um espírito de equipe que desafia os profissionais, motivando-os a fazerem o seu melhor. Elas sabem, como Collins coloca, que "uma visão excelente sem pessoas excelentes é irrelevante".

Honestidade brutal

Empresas excelentes se diferenciam por tomar decisões baseando-se em fatos. Elas não se baseiam em novidades na área de gerenciamento ou em sonhos heroicos de grandeza para conquistar seus objetivos; em vez disso, apostam na autoavaliação contínua.

Collins descobriu que líderes carismáticos podem atrapalhar o sucesso de uma empresa, porque a equipe começa a considerar apenas "o que o CEO vai achar disso", em vez de tomar suas decisões considerando os dados disponíveis. As melhores empresas querem ouvir a verdade, não importa quem a diga. Elas têm uma cultura de questionamento e abertura de opiniões que não é influenciada por espíritos aduladores.

Collins cita Winston Churchill: "Eu... não preciso me entusiasmar com sonhos. *Fatos* são melhores do que sonhos". Churchill também era famoso por "nunca desistir". Empresas excelentes também possuem essa combinação: elas acreditam que irão prevalecer no final, mas estão dispostas a encarar as dificuldades que aparecem pelo caminho.

Uma razão de ser

Empresas excelentes possuem apenas uma ideia ou enfoque que direciona todas as suas ações. Conceitos assim podem demorar anos para serem refinados, mas uma vez que estejam estabelecidos, podem gerar um sucesso enorme devido a sua diferenciação.

O conceito definidor da Walgreens é ter as melhores e mais bem localizadas drogarias, e obter muito lucro de cada cliente. A Wells

Fargo não tentou superar a Citicorp ou o Bank of America para ser o melhor banco norte-americano global. Em vez disso, seu foco foi ser um banco muito lucrativo com foco na região oeste dos Estados Unidos.

Para testar a excelência de uma empresa, Collins conta com um modelo de três círculos. O primeiro círculo refere-se a conscientizar-se sobre em qual área você pode ser o melhor. Isso envolve um apreço realista das suas habilidades; você *não* deve deixar seu ego falar mais alto. Suas habilidades não são necessariamente aquelas atividades nas quais você é competente; o que você tem feito por anos pode não ser aquilo no que você pode ser excelente. O segundo círculo direciona seu motor econômico; isto é, a atividade em que você obtém a maior parte do seu lucro. O terceiro círculo representa a paixão: simplesmente fazer aquilo pelo que você é profundamente apaixonado. Se você conseguir encontrar algo que você ame fazer, que lhe dê lucro e no que você pode ser o melhor, você tem o que precisa para começar uma excelente empresa. Caso você tenha apenas dois dos três círculos, é provável que você seja apenas bem-sucedido, mas não excelente.

Esse livro vale a pena pelo capítulo que descreve o modelo, como ele pode ser aplicado à sua vida e à organização na qual você trabalha. O que exatamente você apoia? Você pode resumi-lo em poucas palavras? Se não pode, seus esforços tendem a ser dispersos e a não terem energia suficiente, como acontece com as empresas "meramente boas".

Usando sabiamente a tecnologia

Collins diz que a base para se tornar excelente nunca é a tecnologia, e sim o gerenciamento.

A tecnologia foi raramente mencionada por executivos de grandes companhias como um fator crucial para o sucesso. A tecnologia não faz a companhia, mas sim a auxilia a desenvolver o que já faz. Mesmo sem o hábito de reconhecer oportunidades, outras companhias escolheram a tecnologia apenas pelo valor que ela tem por si, mas companhias excepcionais investiram em tecnologia de ponta quando isso era adequado à visão escolhida pela empresa.

A avaliação de Collins é que "a tecnologia por si só nunca é a causa principal da excelência ou do declínio de uma empresa". Esse uso da tecnologia, no entanto, é parte da cultura de uma companhia excelente.

Comentários finais

A pesquisa do livro *Empresas feitas para vencer* foi feita sob influência da mania da nova economia. A respeito desses anos, Collins observa: "Nós entramos em um momento memorável na história quando a ideia de tentar construir uma companhia excelente parecia estranha e ultrapassada". Ter uma "cultura da disciplina", uma das características-chave identificadas por ele nas companhias excelentes, parecia, de fato, antiquada. No fim das contas, essas firmas não se tornaram excelentes por estarem na indústria certa no momento certo, mas porque identificaram suas características exclusivas e trabalharam implacavelmente para capitalizá-las.

Essa conclusão é notavelmente semelhante à alcançada por David Landes em *A riqueza e a pobreza das nações*. Landes descobriu que enquanto recursos naturais e geográficos certamente afetaram o desenvolvimento dos países, o que os tornou prósperos foi sua cultura de iniciativa e empenho.

Antes de *Empresas feitas para vencer*, Collins escreveu o celebrado livro *Feitas para durar*, sobre companhias icônicas e visionárias que permaneceram apesar do passar dos anos. Segundo Collins, como livro de receitas para o auxiliar no estágio inicial de excelência de uma companhia, *Empresas feitas para vencer* é, na verdade, introdutório. O valor de *Feitas para durar* é mostrar como se manter excelente.

Collins diz que ele não relaciona seu trabalho necessariamente a companhias ou negócios. Os princípios de *Empresas feitas para vencer* podem ser aplicados a qualquer tipo de organização, e ele diz explicitamente que você pode aplicá-los à sua vida. Você pode se surpreender com o caráter motivacional desses livros; a motivação está em saber que o sucesso pode ser medido, e suas ações, aplicadas metodicamente. Com ambos os livros, você terá uma base de pesquisa para o sucesso muito boa e que coloca os resultados antes do carisma.

Jim Collins

Jim Collins chefia um "laboratório de gerenciamento" em Boulder, no Colorado, onde estuda companhias excelentes e duradouras. Ele faz parte do corpo acadêmico da Escola de Graduação Universitária Stanford de Negócios, e anteriormente ocupou cargos na McKinsey e na Hewlett-Packard.

Seus outros livros incluem *Beyond Entrepreneurship* (além do empreendedorismo, em tradução livre para o português). *Feitas para durar: práticas bem-sucedidas de empresas visionárias* vendeu mais de um milhão de cópias.

13 | Russell H. Conwell

1921
Acres of Diamonds
(Acres de diamantes, em tradução livre para o português)

"Naquela noite, Al Hafed ouviu tudo sobre diamantes e foi pra a cama como um homem pobre. Ele queria uma mina inteira de diamantes. Na manhã do dia seguinte, ele suplicou ansiosamente ao padre que lhe dissesse onde ele poderia encontrar diamantes."

"A grandeza consiste em realizar grandes atos por meios precários – alcançando vários propósitos. Ela consiste nas posições privadas da vida – em ajudar colegas, em beneficiar vizinhos, em agraciar a cidade e o estado de alguém."

Em poucas palavras
O que você deseja – seja lá o que for – está a um palmo de distância, se você estiver disposto a abrir seus olhos e sua mente.

Na mesma linha
Horatio Alger – *Ragged Dick* (p. 19)
Napoleon Hill – *Pense e enriqueça* (p. 187)
Wallace D. Wattles – *A ciência de ficar rico* (p.359)

Russell Conwell viajou uma vez pelo rio Tigre, no Iraque – com um guia que havia contratado em Bagdá e que deveria levá-lo ao golfo Pérsico. Como os barbeiros, esses guias gostam muito de falar, mas a história que esse guia contou, Conwell insiste, é facilmente verificável.

Havia um homem afortunado, Al Hafed, que vivia na margem do rio Indo, possuía uma boa fazenda com pomares e jardins, uma linda esposa e filhos. Ele era "saudável por ser contente". Então, um velho padre o visitou e lhe contou como o mundo foi feito, incluindo a formação de todas as rochas, a terra, os metais preciosos e as pedras. Ele disse ao fazendeiro que, se ele tivesse alguns diamantes, não teria apenas uma fazenda, mas muitas delas. O fazendeiro escutou e, de repente, não era mais tão feliz com tudo o que havia adquirido na vida.

Ele vendeu a fazenda e viajou pela Pérsia, Palestina e Europa à procura de diamantes. Alguns anos depois, ele havia gasto todo o seu dinheiro, e andava maltrapilho pelas ruas. Quando uma grande onda veio do mar e invadiu a cidade, ele se deixou ser tragado por ela.

Já a história do homem que comprou as terras da fazenda é outra. Um dia, quando dava água aos seus animais no córrego que permeia a fazenda, ele notou um brilho na areia úmida. Era um diamante. Na verdade, era uma das maiores descobertas de diamante já feitas na história: as minas de Golconda não forneceram apenas um ou dois, mas acres de diamantes.

Abra sua mente

Nesse pequeno livro, que na verdade é a transcrição de uma longa palestra de Conwell, são relatadas histórias de vida similares sobre a tolice de viajar para encontrar sua fortuna quando ela está no seu próprio quintal ou à sua frente. Ele sugere que as pessoas são, em sua maioria, "pigmeus de seus possíveis eus", pois não estão dispostas a aceitar – ou isso não ocorreu a elas – que possuem grandes poderes não explorados: "As pessoas não atribuem habilidades aos membros da sua família, mas o fazem a outras pessoas. Municípios e cidades são prejudicados porque seus próprios habitantes falam mal delas".

A mensagem de Conwell é que nós não devemos cair na armadilha de pensar que todas as grandes pessoas e empresas estão em outro lugar. Lembre-se de que Henry Ford começou a projetar e construir seu carro em sua própria fazenda, e que construiu as famosas fábricas Ford na região onde ele havia crescido. Não havia nada de especial em Dearborn, no Michigan – ele fez com que a cidade se tornasse especial sem nunca sair do seu quintal. O grande investidor Warren Buffett não concordou em se mudar com a sua família para Wall Street. Ele permaneceu em Omaha, Nebraska, e ganhou milhões estando lá.

A descoberta do serviço verdadeiro

O outro tema abordado por Conwell é que o serviço excelente é básico para a prosperidade. Ele conta sobre o financista John Jacob Astor, o ancião, que repentinamente precisou fazer uma parceria com uma loja de chapéus porque os donos não conseguiam pagar a hipoteca. O que ele fez para levantar esse negócio?

Ele ia para o parque, observava discretamente as mulheres – principalmente as mais confiantes e elegantes – passeando, e tomava notas sobre os chapéus que elas estavam usando. Então, de volta à loja, ele copiava exatamente os chapéus que havia visto. Como resultado, a loja fez muito sucesso e não produziu um chapéu ou boina que uma garota não gostasse. A ideia de fazer chapéus e tentar vendê-los foi substituída pelo lema: "Nós vendemos o que as mulheres desejam".

A partir desse serviço tão básico, um grande sucesso foi atingido, nesse caso, uma loja que lucrou 17 milhões de dólares no século XIX. Você acha que já refletiu sobre isso, mas faça essa pergunta novamente: O que as pessoas *querem*?

O problema da maioria das pessoas, Conwell diz, é que a riqueza delas está "perto demais". Você precisa desenvolver uma mente aberta para perceber o óbvio. Isso nunca acontecerá se você continuar pulando de oportunidade em oportunidade, procurando pela grama mais verde. O serviço genuíno é simples, mas você talvez só entenda o que isso significa quando sua mente estiver tranquila. Sem encontrar um tempo para sua mente se aquietar, você não conseguirá perceber que há madeira nas árvores. Reserve um tempo para meditação, e as respostas virão.

Outra forma de começar é pensar no que *você* precisa. A probabilidade é de que, se você precisa de algo, os outros também precisarão. A mulher que inventou o botão Snap usou-o primeiro em luvas, e ficou rica assim. Conwell enfatiza: "É tendo a mente aberta para as pequenas coisas que o sucesso vem". As melhores mentes pensam de forma simples, e as melhores pessoas, Conwell diz, são sempre diretas. Você não poderá ser bem-sucedido se você não se interessar pelas pessoas e suas necessidades. Segundo Conwell, você precisa se fazer *necessário* para o mundo. O que todas as grandes pessoas têm em comum é o que as faz ser intermediárias para o nível bom: elas fazem os melhores produtos e os fornecem na maior quantidade possível. Não ganhar dinheiro contando apenas com a caixa registradora – isso é serviço.

Comentários finais

O livro *Acres of Diamonds* talvez pareça pertencer a outra era, mas Conwell foi um dos primeiros palestrantes motivacionais norte-americanos, e sua mensagem ainda consegue inspirar. Este livro sai quase de graça, pode ser lido em praticamente meia hora, e traz duas lições das quais de tempos em tempos você deve ser lembrado:

1. Não é necessário procurar longe de si e de suas circunstâncias imediatas para encontrar aquilo que pode semear a sua fortuna.

2. Serviço é a chave do sucesso. Não apenas venda coisas, mas descubra o que as pessoas querem. Isso requer mais reflexão e observação.

Russell H. Conwell

Russell Herman Conwell nasceu no ano de 1835 em Worthington, Massachusetts. Ele cursou a Faculdade Yale e, em 1862, quando ainda nem havia completado 20 anos, fundou uma empresa de soldados voluntários e lutou ao lado dos ianques como capitão comissionado na Guerra Civil.

Após a Guerra terminar, Conwell estudou na Escola de Direito Albany e exerceu a advocacia. Posteriormente, no entanto, trabalhou como repórter para o Boston Evening Traveller. Ele viajou ao redor do mundo para outro jornal, o American Traveller, e com 27 anos embarcou em uma jornada pelo rio Tigre. Sua esposa faleceu quando ele tinha menos de 30 anos.

Em 1882, em sua terceira carreira, Conwell foi convidado a ser pastor de uma igreja batista recém-construída na Filadélfia. Ele ocupou essa função por 43 anos, além de ter se tornado um dos palestrantes mais populares do Liceu e de outros circuitos, e de ter escrito alguns livros. Sua palestra mais popular foi, com certeza, *Acres of Diamonds*, a qual ele ministrou mais de 5 mil vezes e ganhou, segundo dizem, milhões de dólares. Com o dinheiro, ele fundou a Universidade Temple, na Filadélfia. Faleceu em 1925.

14 | Stephen R. Covey

1989

Os 7 Hábitos das Pessoas Altamente Eficazes

"É incrivelmente fácil ficar preso em uma teia de atividades, nos negócios da vida, trabalhar mais e mais duro para escalar a escada do sucesso para, enfim, descobrir que ela está inclinada em direção à parede errada. É possível ficar ocupado – muito ocupado – sem ser muito eficiente."

"Em último caso, quem nós somos comunica de forma muito mais eloquente do que qualquer coisa que nós falemos ou façamos. Todos nós sabemos disso. Há pessoas nas quais confiamos porque nós conhecemos o caráter delas. Independentemente de elas serem eloquentes ou não, de elas usarem técnicas de relações humanas ou não, nós confiamos nelas, e trabalhamos bem com elas."

Em poucas palavras

O primeiro passo na estrada para o sucesso é um bom caráter. O segundo é estar aberto a novas perspectivas. O terceiro é garantir que ações diárias sejam feitas de acordo com objetivos maiores, sabendo que você sempre colhe aquilo que semeia.

Na mesma linha

Warren Bennis – *A essência do líder: o grande clássico da liderança* (p. 27)
Muriel James & Dorothy Jongeward – *Nascido para vencer* (p. 207)
Jim Loehr & Tony Schwartz – *Envolvimento total: gerenciando energia e não tempo* (p. 243)
J. W. Marriott Jr. – *The Spirit to Serve* (p. 267)
John Whitmore – *Coaching para performance* (p. 375)

Importante como obra sobre sucesso e como livro de autoajuda, *Os 7 Hábitos das Pessoas Altamente Eficazes* é o único livro que está incluso tanto em *50 Grandes Mestres da Autoajuda* como neste volume. *50 Grandes Mestres da Autoajuda* destaca os sete hábitos e o impacto do livro, enquanto aqui iremos além dos hábitos por si só, e exploraremos as ideias de Covey sobre uma pessoa bem-sucedida.

Com uma base metodológica, *Os 7 Hábitos das Pessoas Altamente Eficazes* sintetiza magistralmente ideias de alta qualidade pertencentes à literatura sobre o sucesso. É autoajuda porque é o livro que você gostaria de ler quando sente que está apenas patinando na superfície da vida e não está sendo conduzido por valores. É um trabalho sobre sucesso porque lhe relembra que o sucesso real é construído com base na integridade e em princípios atemporais. Com uma estrutura basilar como essa, o céu é o limite para criar e conquistar, e acima de tudo, fazer isso com a consciência limpa.

A pessoa bem-sucedida de Covey

Nós buscamos orientação das pessoas que achamos ter integridade. Por sua preocupação em integrar princípios e ações, *Os 7 Hábitos das Pessoas Altamente Eficazes* é mais um trabalho de liderança do que um livro motivacional.

Ser íntegro significa ter uma essência imutável. Isso permite à pessoa lidar com muitas transformações nos momentos em que outros estariam perdidos. Uma pessoa de caráter ou integridade permanece fiel aos seus valores, desejando ser um bom ouvinte, amar incondicionalmente e procurar a compreensão – em poucas palavras, ser uma *pessoa de sucesso* em primeiro lugar.

A sociedade ocidental nos leva a querer ter muitas coisas, mas não está tão preocupada com o estado do nosso ser, se nós somos a pessoa que acreditamos que deveríamos ser. A mensagem de Covey é de que antes de nós começarmos a agir, precisamos apreciar e refinar aquilo que nós *somos*. Uma pessoa de sucesso, segundo ele, é alguém que:

- Faz e mantém compromissos, além de honrar suas promessas.
- Não demora a admitir seus erros, e o faz abertamente.
- Aprecia a lacuna entre estímulo e resposta. Ou seja, você raramente *precisa* fazer algo. Se você fizer, é por vontade própria.
- Compreende que o tempo é precioso e que ser bem-sucedido é ser você mesmo, mas de forma organizada.
- Está disposto a realizar atividades com as quais os outros não querem ser incomodados, para alcançar um objetivo superior.

Foi uma surpresa para Covey descobrir a segunte declaração feita pelo ex-secretário-geral das Nações Unidas, Dag Hammarskjöld: "É mais nobre se doar completamente a uma pessoa do que trabalhar diligentemente para a salvação das massas". Isso foi marcante para ele porque, em seu trabalho como consultor financeiro, ele se deparou frequentemente com organizações consideradas ineficientes em razão da divergência de visões dos chefes da empresa.

Covey experimentou isso na própria pele quando tentou trabalhar com alguém que possuía um estilo administrativo completamente distinto do dele, e suas diferenças começaram a afetar a organização. Lutando contra seu medo, Covey decidiu sugerir uma reunião para resolver as diferenças com seu colega. Conforme descobriu, o colega queria fazer isso tanto quanto ele. Eles resolveram o problema principal que a organização estava enfrentando, ao invés de continuarem trabalhando em projetos separados. Covey acredita que nós nos tornamos pessoas independentes e bem-sucedidas quando lidamos com problemas enraizados em vez de ir atrás de coisas externas ao problema. Segundo ele:

> *"Criar uma integridade necessária para comandar um negócio efetivo, uma família ou um casamento requer bastante força pessoal e coragem. Não importa quão grandes sejam suas habilidades administrativas técnicas para trabalhar para as massas – elas não podem compensar a falta de nobreza de caráter nos relacionamentos. É importante em um nível muito essencial, de um para o outro, que nós vivamos as leis primárias da vida e do amor."*

O argumento de que o sucesso pode ser mais bem desenvolvido a partir da coragem para interações pessoais diárias também é usado pelo livro *Nascido para Vencer*, de Muriel James e Dorothy Jongeward. Esses pequenos atos servem para além de exibir publicamente suas vitórias – eles podem contribuir para a formação de um indivíduo.

Ao mostrar como você pode refletir objetivamente sobre suas próprias atitudes, Covey ajuda a evitar que você imponha sua visão de mundo aos outros. Somente após compreender o ponto de vista das outras pessoas, após realmente escutá-las, você poderá ser verdadeiramente bem-sucedido.

Enxergando novamente

Covey explica que frequentemente o crescimento pessoal não se dá quando você faz algo novo, mas sim quando você enxerga as mesmas coisas sob uma nova luz. Todos nós temos mapas mentais do nosso mundo, mas nós os confundimos com o território real. Quando nos agarramos a mapas antigos, não conseguimos perceber as demarcações reais do território e nos perdemos. Nesse ponto, a fim de obtermos novamente nosso ponto de vista, nós tendemos a adotar correções ou técnicas externas, mas sem uma mudança interna isso não nos levará muito longe. Nós precisamos alterar nossos paradigmas, as maneiras básicas como vemos o mundo. Paradigmas científicos, como a Terra ser o centro do Universo, de Ptolomeu, são substituídos por novos paradigmas baseados em evidências contraditoras.

Novos paradigmas mudam tudo. Por exemplo, talvez você tenha sempre acreditado que a melhor maneira de fazer as coisas é "vivendo conforme o fluxo" e reagir do melhor jeito possível a eventos externos; seu "mapa" não inclui a possibilidade de moldar sua experiência, de forma pró-ativa, de acordo com os objetivos. Mas se você decidir alterar o paradigma, o mesmo território no qual você anda todo dia de repente se tornará uma nova paisagem, porque ao vê-lo a partir de uma perspectiva diferente, você estará vendo-o pela primeira vez.

Covey cita Albert Einstein: "Os problemas substanciais que nós enfrentamos não podem ser resolvidos da mesma forma como os criamos – as reflexões devem ser diferentes." Enquanto pequenas mudanças em nossas vidas podem ser efetuadas por meio de alterações de comportamento e atitude, as situações maiores devem ser encaradas com uma transformação em nosso eu. Para pensarmos de uma forma absolutamente distinta, precisamos nos tornar também outra pessoa – o que não acontece facilmente. Isso explica porque a unidade básica de mudança de Covey é o hábito, porque o que nós fazemos ou pensamos é a matéria com a qual somos constituídos, e tornam-se as lentes através das quais enxergamos as coisas.

Outra forma de enxergar paradigmas é com o conceito de "roteiros de vida", um diagrama comportamental que nos auxilia a interpretar o mundo e guia nossas ações. A maioria das pessoas aceita roteiros de vida que vêm dos ambientes nos quais elas cresceram, como a família e a sociedade, mas Covey nos faz lembrar que a oportunidade de escrever um novo roteiro – um espaço para tomar decisões com base na verdade – sempre está aberta. Todos nós temos essa porta aberta para do livre-arbítrio, mas as pessoas genuinamente bem-sucedidas querem abri-la mais. Anwar Sadat, o líder egípcio que iniciou o acordo de paz no Oriente Médio, notou que uma pessoa que não consegue mudar "o feitio de seu pensamento" não é capaz de mudar a realidade; apenas aqueles que estão continuamente dispostos a enxergar as coisas através de novas perspectivas têm acesso à verdade.

Sucesso ao criar duas vezes

Covey observa que, quando você constrói uma casa, é preciso ter planos e plantas da casa antes de mexer na terra. A regra do carpinteiro é: "Meça duas vezes, corte apenas uma." Nos negócios, você não pode ficar à deriva esperando lucrar com isso. Cada produto ou serviço precisa ser muito bem pensado, com planejamentos detalhados para o marketing, a equipe e a alocação de recursos. Esse é o estágio da "primeira criação". A maior parte dos fracassos corporativos ocorre devido a uma subcapitalização, à falta de pesquisa de mercado ou à ausência de planejamento – essas são deficiências da primeira criação.

Essa é uma verdade aplicável também para a vida. O sucesso "da noite para o dia" costuma ser o resultado de anos de planejamento, prática, aprendizado e visualização do resultado desejado. É possível que você tenha sorte por outros meios, mas dificilmente seu sucesso será duradouro. Ninguém fica à deriva e, de repente, obtém um sucesso significativo.

O cantor John Lennon disse a famosa frase "A vida é o que lhe acontece enquanto você está fazendo outros planos". Seria insensato moldar sua própria vida da forma como Covey sugere? Ele não diz que você pode evitar as surpresas inevitáveis da vida, mas que o propósito molda o destino. O paradoxo é que saber aonde você quer chegar (Covey sugere que você imagine o que as pessoas irão dizer sobre você quando você morrer, um exercício surpreendentemente valioso) de fato permite que você tenha mais espontaneidade em sua vida, porque você fica mais relaxado em relação à sua direção. Há menos angústia existencial. Você pode ser moldado pelos pensamentos e intenções das outras pessoas e chamar isso de "vida", ou pode adotar a lei da criação dupla para garantir que aquilo que se manifesta como vida tenha chegado a essa existência através de *você*.

Comentários finais

Os 7 hábitos das pessoas altamente eficazes, mais do que a maioria dos trabalhos cujo tema é o sucesso, é um livro de ideias. Ele anunciou uma nova era para o gênero no sentido de retornar para a noção de construir uma essência imutável de princípios individuais, enquanto a ênfase anterior consistia na manipulação do comportamento para alcançar certos objetivos finais.

Ainda que esse aspecto seja pouco discutido, é inegável que *Os 7 hábitos das pessoas altamente eficazes* prenunciou muitos dos elementos que compõem a disciplina de treinamento pessoal, incluindo a busca por uma situação em que todos saem ganhando; ouvir com empatia para que as pessoas resolvam seus próprios problemas; autocuidado e renovação para sustentar a produtividade; manter um equilíbrio entre trabalho e vida. Enquanto ele nunca usa o termo "treinamento", o livro inclui muitos exemplos e anedotas sobre a experiência de Covey como pai, e sua percepção de que "pedir força emprestada gera fraqueza", ou seja, usar sua posição como um parente ou gerente é uma maneira fraca de fazer as coisas. Você não melhora o mundo a sua volta forçando soluções, mas extraindo os melhores momentos dos que estão envolvidos.

É irônico que apesar de *Os 7 hábitos das pessoas altamente eficazes* ser um dos livros sobre sucesso mais desafiadores para ser aplicado e implementado, ele tem sido também o *best-seller* do gênero na modernidade. O livro é um sucesso mesmo na China, onde, em meio a um crescimento voraz de uma economia capitalista nova, as pessoas ainda anseiam o sucesso baseado na integridade. Se há uma mensagem que você deve depreender do livro é a de que você colhe o que semeia, sendo você uma pessoa, um negócio ou uma nação. Não há atalhos para a realização ou para as conquistas duradouras.

Stephen R. Covey

Nascido em 1932, Covey tem um MBA em Harvard e dedicou a maior parte da sua carreira à Universidade Brigham Young, em Utah, onde era professor de comportamento organizacional e gerenciamento corporativo.

Em 1984, fundou o Centro de Liderança Covey, que 13 anos depois participou de uma fusão com a companhia Franklin Quest, formando a Franklin Covey, uma empresa de 500 milhões de dólares que vende ferramentas de aprendizado e desempenho em áreas de liderança e produtividade (confira o site FranklinCovey.com).

Os outros livros de Covey incluem *Liderança baseada em princípios, primeiro o mais importante, Os 7 hábitos das famílias altamente eficazes* e *Vivendo os 7 hábitos.*

Covey possui vários doutorados honorários e foi votado como uma das 25 personalidades norte-americanas mais influentes segundo a revista Time. Ele vive em Utah.

15 | Michael Dell

1999

DELL: ESTRATÉGIAS QUE REVOLUCIONARAM O MERCADO

"Aqui havia um conselho que transformou profundamente o modo como as pessoas trabalhavam – e seus custos diminuíram. Eu sabia que, se você se apoderasse dessa ferramenta – que antes se encontrava nas mãos de poucos – e a disponibilizasse para todos os pequenos e grandes negócios, para os negócios individuais e estudantis, ela poderia se tornar a ferramenta desse século."

"Acredite no que você está fazendo. Se você tem uma ideia realmente poderosa, você precisa apenas ignorar as pessoas que dizem que isso não vai funcionar, e contratar as pessoas que compartilham da sua visão."

Em poucas palavras

O caminho mais simples e descomplicado costuma ser o mais bem-sucedido.

Na mesma linha

Jim Collins – *Empresas feitas para vencer* (p. 107)
Henry Ford – *Minha vida e minha obra* (p. 137)
Sam Walton – *Made in America* (p. 351)
Jack Welch – *Jack definitivo: segredos do executivo do século* (p. 367)

O primeiro empreendimento de Michael Dell se deu em torno de seu gosto por filatelia, quando tinha apenas 12 anos. Ele havia comprado selos em um leilão e percebeu que os vendedores de selos lucravam muito, então reuniu um catálogo com os seus selos e os de seus amigos e os vendeu pelo correio. Dell lucrou 2 mil dólares. Seu empenho em eliminar o intermediário e vender diretamente foi uma prévia do que estava por vir.

Nascido em 1965, em Houston, no Texas, Dell participou do despontar dos computadores pessoais, que rapidamente se tornaram sua verdadeira paixão. Ele passava o tempo em lojas de computadores e conseguiu fazer com que seus pais lhe presenteassem com um PC no seu 15° aniversário. Mas eles ficaram furiosos quando perceberam que Dell havia desmontado imediatamente o computador para descobrir seu funcionamento. Então, por um golpe de sorte, a Conferência Nacional de Computação de 1982 (atualmente Comdex) foi realizada em Houston, e Dell faltou na escola todos os dias para comparecer ao evento que tratava da perspectiva industrial da computação. Esse evento abriu os olhos de Dell, que descobriu as gigantescas margens de lucro envolvendo as vendas de computadores, pelas quais a IBM podia comprar os componentes de um PC por cerca de seiscentos a setecentos dólares e depois repassá-los para revendedores, que cobravam 3 mil dólares por eles.

Germinação nos negócios

Dell também percebeu que qualquer pessoa podia comprar esses componentes e fabricar sua própria máquina. Além disso, a pessoa que vendia um computador na loja geralmente não sabia muito sobre tecnologia. Varejistas lucravam mil dólares por computador, mas não ofereciam um suporte real ao consumidor. A demanda por computadores era enorme e as pessoas não faziam muitas perguntas, elas apenas compravam. Mesmo naquela época, Dell achava que podia construir máquinas melhores e vendê-las a um preço mais baixo – mas seus pais queriam que ele fizesse faculdade e se tornasse médico.

Em seu ano como calouro na Universidade do Texas, Dell comparecia às aulas e, paralelamente, atualizava os computadores de profissionais e empresários. Com notas medianas, ele recebeu a visita de seus pais. Ele conseguiu esconder todos os vestígios de computadores em seu dormitório, mas avisaram-lhe rigidamente que ele deveria deixar a computação e se concentrar nos estudos. Seu pai lhe disse: "Foque em suas prioridades. O que você quer fazer da sua vida?". Para o desprazer de seu pai, ele respondeu: "Eu quero competir com a IBM!".

O diferencial Dell

E então começa a história dos primeiros anos da empresa de Michael Dell, uma das maiores histórias de sucesso de nosso tempo. Dell admitiu prontamente que não se trata nem de memórias pessoais nem da história de sua companhia: o propósito do livro é ajudar a "aperfeiçoar sua vantagem competitiva, independentemente da indústria em que você está ou do papel que você desempenha". Sua história é a de um jogador pequeno que transformou a indústria. Como obra literária, *Dell: estratégias que revolucionaram o mercado* não é brilhante, mas seu valor em nos mostrar como pensar diferente e ter confiança em relação às nossas convicções é essencial para o sucesso. Voltando à história...

No começo de 1984, Dell registrou formalmente a empresa. Com um pequeno anúncio no jornal local, ele começou a vender 50 mil dólares por mês em atualizações, pacotes de atualizações e componentes, e sem contar aos seus pais, mudou-se de seu dormitório para um apartamento de dois quartos. Ele alugou um espaço de escritório de cerca de 93 metros quadrados e começou a empregar pessoas. À medida que o negócio crescia, Dell começou a achar que não devia mais perder tempo na faculdade e trancou seu curso.

Ele estava assustado? "Sim", ele admite, mas o risco era atenuado pelo fato de que estudantes podiam trancar a matrícula por um semestre sem que houvesse penalidades, então a porta estava aberta para que ele voltasse à faculdade. Ele não precisava se preocupar. Em um ou dois anos, sua empresa precisou mudar três vezes de localização, e as atualizações Dell começaram a vender seu próprio PC baseado no chip 286.

Apesar de ser difícil de acreditar, sua ideia de vender equipamentos diretamente pelo correio ou por telefone era uma novidade – quase todo mundo comprava computadores de um varejista ou distribuidor. Ao eliminar o intermediário e lidar com o público e com os negócios de forma direta, ele conseguia economizar muito dinheiro. Além disso, a comunicação direta lhe permitia descobrir exatamente o que cada consumidor queria em relação ao computador atual e suas perspectivas para o futuro. Isso estabeleceu um elemento crucial para o sucesso de Dell: envolver o consumidor na fase de desenvolvimento.

Nas primeiras vendas de computadores, velocidade e desempenho eram tudo. A IBM possuía 70% do mercado com um PC 6MHz 286, então a Dell desenhou e construiu uma máquina de 12MHz pela metade do preço. Como a Comdex mostrou, havia filas de pessoas querendo ver as máquinas, e Michael Dell foi capa da *PC Week*. Ele diz ter aprendido as lições do "tempo de comercializar" e a velocidade na qual a indústria de computadores funciona. Essa combinação imbatível de desempenho e preço resultou em um *boom* corporativo. Em 1986, a Dell lucrou 60 milhões de dólares em vendas, menos de três anos após o começo oficial da empresa. Em 1988, ela se tornou uma empresa de capital aberto.

As lições de Michael Dell para o sucesso

Pense de maneira não convencional

Muitas pessoas disseram a Dell que sua abordagem direta ao vender computadores nunca funcionaria em larga escala. "É divertido fazer coisas que as pessoas acham impossível ou improvável de se fazer". Consequentemente, questionar o pensamento comum tornou-se um elemento básico na cultura dessa firma.

Despreze o *status quo*

Os funcionários da Dell são orientados a pensar como empreendedores ou como se fossem donos da empresa. Dessa forma, eles tendem a assumir mais riscos. Ele diz à equipe: "Não há risco em preservar o *status quo*, mas também não há lucro".

Estabeleça grandes metas que talvez sejam factíveis

No final de 1986, a empresa estabeleceu a meta de lucrar um bilhão de dólares e expandir internacionalmente até 1992 – ano no qual a Dell havia alcançado o dobro desses objetivos. Estabelecer uma meta maior o faz pensar em como você irá conquistá-la.

Ame a mudança

"Ser capa da revista *Fortune* não garante nada a você", diz Dell. Na indústria dos computadores, não se pode contentar com os louros de uma vitória; precisa-se de um clima de transformação contínua, e aprender vorazmente para prever o que está acontecendo e fornecer os equipamentos necessários para a situação.

Dell até navega na internet depois que seus filhos vão dormir para conferir o que as pessoas dizem sobre a sua companhia em salas de bate-papo.

Foque nas suas possibilidades, não na concorrência

Uma dica simples, facilmente esquecida no estresse dos negócios, mas que o ajudará a chegar a soluções criativas: não aja com base no medo; não meça suas ações baseando-se nos outros, mas em um padrão absoluto de excelência.

Comandando a Dell

Dell brinca que ninguém o ensinou na escola a comandar uma companhia bilionária. Seu enorme crescimento tornou-se um problema porque o impediu de enxergar as medidas mais importantes de rentabilidade e fluxo de dinheiro; isto é, o valor em contraste ao crescimento por si só. A solução, por mais óbvia que pareça hoje, foi aplicar uma nova ênfase em fatos e dados, resultando em um foco lapidado em fazer menos coisas e fazê-las melhor.

Ao invés de tentar comercializar uma linha de laptops, por exemplo, a empresa se empenhou no Dell Latitude, o primeiro notebook a contar com uma bateria de íon lítio que teria a duração de um voo de Los Angeles a Nova York. Foi um grande sucesso. Sobre esse período desafiador, Dell diz: "Nós começamos a perceber que é tão importante saber o que nós não vamos fazer como saber o que vamos". Dell abraçou a ideia de vender pela internet antes que qualquer um o fizesse. A especialidade da empresa era a venda direta e por isso a natureza direta, isto é, sem intermediários, era o meio perfeito para seu crescimento. Em junho de 1996, a Dell começou a vender computadores pela internet e em dezembro do mesmo ano, estava faturando um milhão de dólares por dia, enquanto a Amazon.com possuía um giro de estoque de 15 milhões por semestre, e estava perdendo dinheiro. Assim, o modelo corporativo que já estava sendo utilizado recebeu um impulso gigantesco de um meio que se adequava perfeitamente a ele.

Além disso, os fornecedores da Dell começaram a entregar os componentes apenas horas antes de eles serem necessários. Isso representava uma vantagem crucial em uma indústria na qual, em razão da velocidade dos novos aprimoramentos tecnológicos, ficar preso a componentes antigos pode ser desastroso.

Dell também se tornou reconhecido por seu serviço de atendimento em casa em uma época em que, se seu computador apresentasse alguma falha, você precisaria levá-lo a uma loja. Por não ter uma fachada comercial, Dell de certa forma *precisava* oferecer esse serviço. Ser uma companhia de vendas diretas demandava ainda mais trabalho para convencer o público e o mundo corporativo de sua credibilidade. É preciso "prometer menos e fazer mais", como Dell afirma, nunca ser motivado apenas pelo fator tecnológico e garantir que você ofereça aos consumidores o que eles *querem*.

Comentários finais

Escrito durante a lua de mel da internet, sob a influência do forte entusiasmo com a tecnologia característico daquela época, *Dell: estratégias que revolucionaram o mercado* é um clássico porque funciona como um registro desse incrível período e um manual sobre o sucesso. Alguns irão dizer que Dell era apenas um rapaz sortudo sentado em um foguete que decolou, mas ele sobreviveu à badalação em torno da tecnologia e continua produzindo resultados notáveis. Atualmente, a empresa tem uma receita de 39 bilhões de dólares e emprega 40 mil funcionários. É líder de mercado em PCs, com 17,3% do mercado, enquanto a Hewlett-Packard, muito mais antiga, tem 15,8%. É realmente a história de Davi e Golias.

Em sua jornada para fornecer às pessoas produtos cada vez melhores por preços cada vez menores, Dell é um Henry Ford moderno. Assim como Ford fez com os carros, seu objetivo tem sido desmistificar a compra e a operação de um computador. A principal lição de sucesso de Dell é que quanto mais fácil você torna a vida das pessoas, mais valioso você será para elas.

Ainda que *Dell: estratégias que revolucionaram o mercado* decaia quando chega à metade e seja um pouco repetitivo, ele é um livro inspirador caso você esteja pensando em abrir uma empresa. A primeira parte é mais interessante por ser mais pessoal e por capturar a empolgação com a ascensão da empresa, do dormitório da faculdade à capa da *Fortune* das 500 maiores empresas dos Estados Unidos. Diferentemente de alguns manuais sobre o sucesso, não há muitos elementos heroicos no livro. Está implícito que, mesmo sendo um empresário claramente passional, a humanidade de Dell pode ser lida nas entrelinhas.

16 | Henry Ford

1922
Minha vida e minha obra

"Desde o começo, nunca demonstrei muito interesse nos trabalhos de um fazendeiro. Queria trabalhar com algo que envolvesse maquinários. Meu pai não via com simpatia meu gosto pela mecânica. Ele achava que eu deveria me tornar um fazendeiro. Quando saí da escola, aos 17 anos, e me tornei aprendiz em uma loja de máquinas da rede Drydock Engine Works, acharam que eu estaria perdido."

"Boa vontade é uma das poucas coisas realmente importantes na vida. Um homem determinado pode conseguir qualquer coisa que quiser, mas a menos que, em sua busca, ele desenvolva boa vontade, não terá alcançado muita coisa."

Em poucas palavras
Aprimore continuamente seu poder de raciocínio. Imagine algo que o mundo realmente precisa. Faça-o da maneira mais barata possível e venda pelo menor preço possível.

Na mesma linha
Andrew Carnegie – *The Autobiography of Andrew Carnegie* (p. 75)
Michael Dell – *Dell: estratégias que revolucionaram o mercado* (p. 129)
Sam Walton – *Made in America* (p. 351)

Minha Vida e Minha Obra nos leva para dentro da mente de uma pessoa que conseguiu transformar o mundo, mesmo tendo vivido em relativa obscuridade durante os primeiros quarenta anos de sua vida. Esse, no entanto, foi um período importante para que Henry Ford desenvolvesse habilidades interpessoais e técnicas que lhe permitiram a fundação de um grande empreendimento.

Ford foi uma pessoa rara, um inventor que conseguiu produzir sua ideia em massa. Se você algum dia sentir-se desmotivado por alguém dizer que não há mercado para um produto que você imaginou, lembre-se da frase de Ford que diz: "nunca há mercado para novos artigos". Ele via o medo como resultado da dependência de outras pessoas e circunstâncias, e em todas as áreas de sua vida – desde evitar dívidas até a ética de trabalho que era sagrada a ele – Ford era a expressão do que Emerson chamou de "autoconfiança".

A visão

Descrito por sua mãe como um mecânico nato, o ponto alto da infância de Ford foi ver um trator, um veículo movido a vapor e usado para puxar maquinários de fazenda. Esse foi o primeiro veículo que ele viu que não era puxado por cavalos.

Sempre curioso, com 15 anos era capaz de consertar praticamente qualquer relógio e considerou seriamente virar um relojoeiro. Mas a ideia da "carruagem sem cavalos" era boa demais e, sem o apoio de seu pai, Ford começou a construir uma na oficina que havia montado na fazenda da família.

Aos 17 anos, ele começou a trabalhar como aprendiz de operador, qualificando-se antes do tempo e subindo de cargo. Em seu tempo livre, trabalhava em um mecanismo a gasolina e sonhava em construir um "carro universal" que poderia transportar pessoas de maneira confiável e barata.

Aos 20 anos, Ford conheceu o inventor Thomas Edison, que o inspirou; ainda que as pessoas da época dissessem que o futuro estava na eletricidade, Edison aconselhou-o a continuar com seus motores.

O empregador de Ford ofereceu uma grande promoção a ele, em troca de que ele abrisse mão de sua obsessão. Sua reação? "Tive que escolher entre meu emprego e meu automóvel. Escolhi o automóvel, ou melhor, desisti do trabalho – não havia nada que me fizesse duvidar, eu sabia que o carro seria um sucesso. Pedi demissão em 15 de agosto de 1899 e entrei no ramo automobilístico".

... e a realidade

Sem possuir fundos pessoais, Ford associou-se a um grupo de investidores para formar a Companhia Automobilística de Detroit. Ele rapidamente descobriu que seus companheiros estavam mais interessados em lucros rápidos do que em projetar uma máquina melhor e, depois de apenas um ano e 20 carros, ele deixou o grupo.

Quatro anos depois, já com 40 anos, abriu a Ford Motor Company. Na época, contava com uma capitalização de 100 mil dólares, da qual possuía um quarto das ações. Mais de 1.700 carros foram construídos no primeiro ano de funcionamento e o modelo A recebeu uma reputação de confiabilidade. No segundo ano, cedendo às pressões de seus associados, Ford trouxe mais três modelos e subiu os preços. A companhia vendeu menos veículos. Ele percebeu que precisaria conseguir a propriedade da empresa a fim de obter controle total e, com os rendimentos gerados pelas vendas, aumentou sua participação para 50% e, mais tarde, para 100%.

Em 1908 e 1909, a empresa vendeu 10 mil carros e novamente foi pressionada a expandir o leque de opções. Ford tomou o caminho oposto. Em uma manhã de 1909, anunciou que a companhia venderia a partir dali apenas um modelo: o modelo T. Além disso, ele seria disponibilizado em apenas uma cor. "Qualquer consumidor pode ter seu carro da cor que quiser, desde que essa cor seja preto", tornou-se sua frase famosa.

Sucesso

Enquanto muitos acreditavam que vender carros a preços baixos levaria a empresa à falência, Ford esperava que o mercado se expandisse drasticamente. E ele se expandiu. Ford começou a construir a maior fábrica do mundo em Highland Park, e a capacidade de produção saltou de 6 mil para 35 mil carros, enquanto o número de empregados apenas dobrou.

No começo da década de 1920, a companhia empregava 50 mil pessoas e produzia 4 mil carros por dia. Apenas durante o ano de 1921, 5 milhões de carros foram produzidos. Até o fim da década, 15 milhões de carros modelo T saíram da linha de montagem. Era o milagre da produção em massa.

Demanda universal

Os primeiros automóveis foram considerados "brinquedinhos de gente rica", tendo suas vendas baseadas em prazer e *status*. Os Fords eram anunciados com base em sua utilidade. Muitas pessoas podiam justificar o custo da compra se o carro fosse usado para viagens de trabalho ou para levar a família. Os carros também tinham suas vendas baseadas na simplicidade de uso, o que levou à criação da frase "Qualquer um pode dirigir um Ford".

Era o preço, porém, que realmente tornava o modelo T universal. Em 1909 e 1910, ele custava 950 dólares. Dez anos depois, era vendido por 355 dólares. Como isso foi possível? Ford abominava a ideia de tentar conseguir o maior preço possível pelo carro. Ao invés disso, sua estratégia era basear o preço no custo de produção. Se suas fábricas conseguissem produzir mais e mais eficientemente, o consumidor ganharia. Assim como Sam Walton e as lojas Wal-Mart, Ford descobriu que era mais lucrativo vender um grande número de seu produto a um preço mais baixo do que vender menos a um preço maior. Se você conseguir vender um produto de alta qualidade a um preço baixo, através de métodos de baixo custo, "estará atendendo a uma demanda que é tão grande que pode ser chamada de universal", escreveu Ford.

Trabalho e remuneração

Com o número de linhas de montagem crescendo nos Estados Unidos, a noção predominante passou a ser a de que o trabalho repetitivo anestesiava o corpo e o espírito. Ganhando seis dólares por dia, valor muito além da média, os trabalhadores de Ford preocupavam-se menos. Henry Ford acreditava que os altos salários aumentariam a estabilidade da força de trabalho e ajudariam os funcionários a se concentrarem melhor em seus trabalhos, sabendo que suas famílias não passariam por necessidades. Além disso, o valor recebido permitia que os funcionários fossem também consumidores, não apenas dos carros de Ford, mas de outros bens e serviços, aquecendo assim a economia.

Seus métodos de contratação eram diferentes. A empresa não queria saber muito mais do que o nome, a idade, estado civil e se eles estavam dispostos a trabalhar. Não falar inglês e possuir ficha criminal não eram problemas. Eles não contratavam "especialistas", pois eles geralmente sabiam apenas o que *não* se podia fazer; Ford preferia "tolos que se apressavam" em resolver problemas com uma mente aberta.

Cegos, surdos e deficientes mentais, pessoas com apenas uma perna ou braço – todos eram empregados por Ford com a mesma remuneração das pessoas que não apresentavam nenhuma deficiência. Ele escreveu:

> *"Acredito que se uma instituição industrial quer cumprir seu papel inteiramente, deve ser possível que uma parcela de seus funcionários tenha as mesmas proporções que uma parcela da sociedade em geral. Sempre temos conosco os deficientes e os paralíticos."*

Um modo de pensar tão esclarecido é hoje em dia visto como padrão, mas isso não acontecia nos anos 1920.

O ideal de serviço

Nos anos iniciais da indústria automobilística, Ford aponta, não havia assistência técnica. Os fabricantes eram totalmente concentrados em vender, esquecendo-se da construção de uma relação com o cliente, e era considerado bom negócio cobrar muito por peças de reposição, já que o dono não tinha outra opção além de comprá-las.

Ford acreditava que a venda de um carro era apenas o começo de uma relação com o comprador. Ele fabricava seus carros para durarem, mas também se certificava de que suas partes fossem transferíveis entre modelos diferentes, baratas e de fácil instalação. Esse ideal de serviço deve ter parecido loucura aos olhos dos outros fabricantes, mas a confiança que isso criou no consumidor era de um valor incalculável.

Sua experiência precoce com investidores demonstrou que o princípio de "retorno sobre investimento" muitas vezes sabotava a criação de uma empresa com potencial para se tornar grande. Empresas não são máquinas de dinheiro; elas devem oferecer algo que torne a vida das pessoas melhor e, se isso for alcançado, os lucros virão naturalmente.

Comentários finais

Uma grande figura do século XX, Ford combinou duas características frequentemente vistas em pessoas que alcançam grande sucesso: uma ideia original, de longo alcance, que leva consigo potencial para mudar o mundo; e uma obsessiva atenção ao detalhe, que pode enlouquecer alguém.

O lado negro de Ford incluía espionar seus gerentes e acreditar em teorias conspiratórias sobre uma tentativa dos banqueiros judeus de tomar os Estados Unidos. Ele também foi ridicularizado pela famosa frase: "a História é inútil". Essa frase resumia a sua crença de que a educação não devia se basear em memorizar fatos, mas em ensinar as pessoas a pensarem melhor. Embora pagasse bem, Ford notava que a maioria das pessoas preferia trabalhos que permitissem a elas não ter que pensar muito, enquanto sua admiração por Thomas Edison baseava-se na capacidade do inventor de "pensar nas coisas".

Suas conquistas são, sem dúvida, inspiradoras; mas que mensagem Ford queria que levássemos de *Minha vida e minha obra*? A chave dessa questão talvez seja fornecida por alguns comentários no fim do livro sobre o conceito de "uso". Ele aconselha não preocupar-se demais em poupar e investir das maneiras tradicionais. Ele diz:

> *"Você não está poupando quando se impede de ser produtivo. Você está, na verdade, diminuindo o seu capital final; você está diminuindo o valor de um dos investimentos da natureza."*

Refinar sua habilidade de pensar deve ser seu investimento prioritário, já que sempre traz os melhores retornos.

17 | Benjamin Franklin

1758

O CAMINHO DA RIQUEZA

"Muitos, por uma questão de elegância, tornaram-se miseráveis e deixaram suas famílias passando fome; sedas e cetins, escarlates e veludos, como disse Poor Richard, não põem comida na mesa. Não são artigos essenciais em nossas vidas, mal podendo ser chamados de conveniências e, ainda assim, apenas por serem bonitos, muitos querem tê-los. Os desejos artificiais do homem acabam tornando-se mais numerosos do que os desejos naturais."

"Você pode pensar que talvez um pouco de chá, ou um ponche aqui e ali, uma dieta um pouco mais cara, roupas melhores e um pouco de entretenimento de vez em quando não podem fazer mal a ninguém; mas lembre-se do que Poor Richard disse... Cuidado com as pequenas despesas; um pequeno vazamento pode afundar um grande navio... e, mais que isso, tolos fazem banquetes e os espertos o comem."

Em poucas palavras

Diligência e frugalidade constroem a personalidade ao mesmo tempo em que criam riqueza.

Na mesma linha

Horatio Alger – *Ragged Dick* (p.19)
Warren Buffett (por Roger Lowenstein) – *Buffett:a formação de um capitalista americano* (p.65)
Benjamin Franklin – *Autobiography* (50 Grandes Mestres da Autoajuda)
Samuel Smiles – *Ajude-se* (50 Grandes Mestres da Autoajuda)
Thomas J. Stanley – *A mente milionária* (p. 327)

As pessoas costumam associar a figura de Benjamin Franklin com a de um homem de Estado e como um dos redatores da Declaração de Independência Americana, mas seu trabalho foi, por muitos anos, a editoração, especificamente de almanaques.

O recheio de um almanaque é o calendário e, para avivar as páginas, Franklin teve a ideia de preencher os espaços em branco com frases inspiradoras e aforismos. Embora alguns fossem emprestados, outros eram de sua autoria, e eles tornaram-se a plataforma para divulgar sua filosofia caseira de economia e trabalho árduo, mas tornaram-se mais valiosos aqueles que diziam respeito à "busca da riqueza".

Chamado de *Poor Richard's Almanack* (Almanaque do Pobre Richard em tradução livre para o português) – o pseudônimo de Franklin era Richard Saunders –, os volumes de grande venda saíram todos os anos durante um quarto de século.

Ouvindo Father Abraham

O que mais tarde foi chamado de "o caminho da riqueza" era, na verdade, o prefácio do almanaque de 1758. Era um jeito prático de colocar as máximas de Franklin sobre os benefícios da poupança em apenas um lugar, mas o almanaque tornou-se tão popular que foi traduzido para muitas línguas.

O que o tornava agradável e memorável era que Franklin fazia uso de uma forma de contar histórias pela qual Richard Saunders teria ouvido um ancião, Father Abraham, discursando para um grupo de pessoas em uma esquina da cidade enquanto elas esperavam pelo início de um leilão público.

Os homens ali reunidos reclamavam que aqueles "eram tempos difíceis", mas o sábio ancião tentava colocar algum juízo nas mentes deles – citando muito o almanaque. Naturalmente, isso agradava ao autor, que admitia que, enquanto seus escritos haviam lhe rendido algum dinheiro, a aclamação crítica o havia frustrado. Agora, ele tinha a vantagem ainda maior de poder testemunhar suas máximas tornarem-se conhecimento geral. Com essa estratégia, Franklin obtém benefício duplo (como o grande marqueteiro que era) de anunciar seu próprio produto e dar a ele uma grande credibilidade.

Usando a frase clichê de um pequeno comerciante, uma das pessoas do grupo sugere que eles não podem prosperar com tantos impostos. Ao que o ancião responde:

> *"As taxas são muito pesadas, e se aquelas impostas pelo governo fossem as únicas que tivéssemos que pagar, poderíamos facilmente quitá-las; mas temos muitas outras, muito mais perniciosas para alguns de nós. Somos cobrados duas vezes mais por nossa ociosidade, três vezes mais pelo nosso orgulho e quatro vezes mais pela nossa estupidez, e os comissários não podem aliviar ou conceder um abatimento dessas taxas."*

Ele relembra-os de uma frase de 1733 do almanaque: *"Deus ajuda àqueles que ajudam a si mesmos"*.

Trabalho duro e independência

Lembre-se de que se trata dos Estados Unidos pré-revolução, ainda ligado pelo cordão umbilical à Inglaterra. A estridente ética pós-independência e a responsabilidade pessoal que hoje associamos aos Estados Unidos e a autores como Emerson ainda precisava amadurecer.

Os discípulos de Franklin sugerem que seus primeiros escritos refletiam um mundo de novas virtudes nascendo – principalmente virtudes econômicas. Na nova terra, poupança e indústria constituíam as maiores chances de alcançar o sucesso. Com estruturas sociais enfraquecidas, não era mais a classe ou a posição, mas o dinheiro que trazia segurança.

Foi Franklin que disse: "tempo é dinheiro". Father Abraham citava o aviso de Poor Richard: "Tu que amas a vida, não desperdices tempo, pois é de tempo que a vida é feita". Tratava-se da famosa ética protestante de trabalho colocada em prática; ao invés de meramente trabalhar o suficiente para sobreviver e comer, construir um patrimônio era um sinal de graça divina. Franklin não era muito religioso, mas reconhecia que o segredo para uma vida melhor é o desenvolvimento pessoal conquistado através do trabalho árduo. O que importa não é tanto o que se ganha financeiramente, mas o valor e o descobrimento pessoal que provêm do ato de desafiar a si mesmo. Com preguiça não se aprende nada. Acorde tarde e você irá sentir como se estivesse correndo atrás do dia; levante cedo e irá se sentir no comando. *"Dormir cedo e acordar cedo tornam um homem saudável, rico e sábio"*.

Para contrariar a tendência de desejar gratificações instantâneas, Father Abraham novamente cita o almanaque para seus ouvintes: "Água mole em pedra dura tanto bate até que fura, e com paciência e diligência o rato rompeu a corda".

Com uma imagem como essa, é fácil entender a mensagem de virtude e persistência que *O caminho da riqueza* queria passar.

A alegria da frugalidade

Franklin sabia que as pessoas sentiam-se motivadas pelo prospecto de tornarem-se ricas, mas que a economia não era uma ideia que as excitava. Sua solução para isso foi criar frases espirituosas que transmitissem lições sobre a dignidade daquele que poupa, como *"Trabalhe enquanto os preguiçosos dormem e você terá milho para alimentar-se e vender"* e *"Em casa de quem trabalha, a fome espia, mas não entra"*.

As pessoas estão sempre esperando por um golpe de sorte, pois isso as livraria da obrigação de serem cuidadosas com suas despesas diárias. Uma versão moderna de Franklin é Thomas Stanley, que em seus livros *O milionário mora ao lado* e *A mente milionária* revelam que ricos dificilmente jogam na loteria; eles sabem que, depois de um longo tempo, o que foi poupado ao manter-se o custo de vida baixo pode, se investido, somar uma fortuna. Franklin expressa esse fato como "*Uma cozinha farta torna o testamento enxuto*" e "*Tenha cui-*

dado com as pequenas despesas. Um pequeno vazamento pode afundar um grande navio".

Quando as pessoas recebem uma herança ou algum ganho pelo qual elas não tiveram que trabalhar, elas imaginam uma vida de ócio. Como Poor Richard coloca: "*Uma criança e um tolo... imaginam 20 xelins e 20 anos para gastá-los não seriam suficientes*". Aqueles que não souberem apreciar o tempo são os que mais terão problemas financeiros.

A prisão do devedor

O argumento de Franklin é que aqueles que têm dinheiro são mais livres e independentes do que seus vizinhos. *O Caminho da Riqueza* consiste em primeiro eliminar os débitos, o que ilumina o espírito e nos deixa mais confiantes e, consequentemente, mais produtivos. "*Saco vazio não para em pé*", diz Poor Richard.

Ainda assim, Father Abraham, já chegando ao fim de seu discurso, insere um lembrete para que tenhamos moderação. Para que não nos tornemos todos avaros, ele lembra que o trabalho e a poupança "*Podem ser ruins se não tiverem as bênçãos do céu*". Seja caridoso com aqueles que realmente precisarem, pois a única coisa pior do que ser um prisioneiro das dívidas é ser um prisioneiro da própria consciência.

Embora exija trabalho duro e disciplina que somente você pode conciliar, a prosperidade ainda é um presente que todos podem dividir.

Comentários finais

À medida que o discurso do ancião chega ao fim, o leilão começa e as pessoas esquecem de tudo o que ouviram, "*comprando com extravagância*".

Enquanto o caminho da riqueza é bem marcado, poucos estão dispostos a adaptar-se à modesta disciplina que a jornada requer. Ao invés disso, escolhem a estrada brilhante do consumo baseado no débito, que mais tarde descobrimos estar coberta por cipós e espinhos.

Tem sido argumentado que Franklin não seguia seu próprio modelo de economia e indústria, e é verdadeiro que sua fama advém de sua capacidade de assumir riscos e aquisições arrojadas. *O caminho da riqueza* talvez aparente ser voltado apenas para os humildes em tempos difíceis, um curioso ensaio de valor apenas histórico. Mas considere que Warren Buffett, o maior investidor que o mundo já viu, gosta de citar as máximas do livro e vive de acordo com seus princípios de economia, indústria e aversão às dívidas. O sucesso muitas vezes exige visão e que riscos sejam assumidos, mas para cuidar dos detalhes de sua vida e controlar as despesas, é saudável lembrar-se das palavras de Father Abraham.

Benjamin Franklin

Nascido em 1706, Franklin era o filho de um merceeiro e o mais novo entre 17 crianças. Seu primeiro trabalho foi como aprendiz de seu irmão, que produziu um dos primeiros jornais dos Estados Unidos. Na Filadélfia, ele iniciou sua própria gráfica e, com quase 30 anos, começou a publicar os *Poor Richard's Almanacks*, que alcançaram grande sucesso. Com cerca de quarenta anos, ele já era rico o bastante para aposentar-se e cuidar de melhorias civis, como a fundação de uma biblioteca e de um corpo de bombeiros, e suas experiências com eletricidade levaram-no à invenção do para-raios.

Franklin era uma grande personalidade na Assembleia da Pensilvânia, o que o colocou no papel de negociador entre a Inglaterra e os Estados Unidos colonial e, além disso, participou de uma comissão que redigiu a Declaração da Independência. Mais tarde tornou-se embaixador na França. A autobiografia de Franklin não tinha sido terminada quando ele morreu em 1790, mas tornou-se clássico do crescimento pessoal.

18 | W. Timothy Gallwey

1974

O JOGO INTERIOR DE TÊNIS

"O jogador do jogo interior valoriza a arte da concentração relaxada sobre todas as outras habilidades; ele descobre a verdadeira base da autoconfiança e aprende que o segredo para vencer qualquer jogo reside em não se esforçar demais. Objetiva o tipo de desempenho espontâneo que só é possível quando a mente está calma e em harmonia com o corpo, que encontra seus próprios meios surpreendentes de ultrapassar seus limites."

Em poucas palavras

Seu corpo é mais esperto do que você imagina: confie nele para atingir as metas estabelecidas.

Na mesma linha

Mihaly Csikszentmihalyi – *A descoberta do fluxo* (50 Grandes Mestres da Autoajuda)
Jim Loehr & Tony Schwartz – *Envolvimento total: gerenciando energia e não tempo* (p. 243)
Cheryl Richardson – *Take Time for Your Life* (p. 281)
John Whitmore – *Coaching para performance* (p. 375)

Quando Gallwey escreveu *O jogo interior de tênis* nos anos 1970, não havia muitos livros que tratassem do lado mental dos esportes. Acreditava-se que a melhora das habilidades físicas combinada com força de vontade formaria os melhores jogadores.

A experiência de Gallwey como jogador de tênis e treinador, no entanto, mostrava que força de vontade e pensamento positivo não constituíam bases para se conseguir um grande jogo. Você não pode forçar seu cérebro e corpo a adquirir resultados. Ele descobriu que há um caminho muito mais fácil para alcançar um bom desempenho que envolve deixar a inteligência do corpo e o inconsciente expressarem o que sabem. *O jogo interior de tênis* combinou conhecimentos de Gallwey na área de educação com sua experiência no tênis para criar um trabalho verdadeiramente original que, surpreendentemente, virou um *best-seller.* Sua ênfase em igualdade entre professor e aprendiz foi também o que o tornou uma obra inspiradora para treinadores.

Um novo jeito de jogar

O jeito tradicional de um treinador de tênis atuar é criticar todos os detalhes do seu jogo e dar-lhe centenas de instruções sobre o que se deve lembrar ao pisar na quadra. Mas esse não é o jeito que o corpo gosta de jogar. Como jogador profissional de tênis, Gallwey descobriu que pedir aos jogadores que o observassem jogar era mais eficiente do que se ele desse instruções, porque aprende-se mais efetivamente ao deixar a mente inconsciente absorver imagens de bons lances. Sua conclusão foi que "a tentativa consciente – direcionada pela mente consciente – geralmente produz resultados negativos".

Sabemos disso instintivamente pelo fato de que obtemos o melhor desempenho possível quando não estamos pensando de modo técnico sobre nossos movimentos – somos um fluido único de mente, corpo, quadra e raquete. Usamos o famoso termo de Mihaly Csikszentmihalyi, em estado de "fluidez". Num dia bom, isso tudo parece fácil.

Se essa habilidade de dominar "a arte da concentração sem esforço" é a base do jogo interior, como alcançá-la? Ela pode ser criada por vontade própria?

Os dois "eus"

Como jogador e treinador, Gallwey notou que a maioria das pessoas que tem aulas de tênis conhece o jeito certo de se fazer uma tacada. O problema é agir baseado no que você sabe. Uma vez que você tem as habilidades, o seu jogo mental é o problema. Você sabota seu jogo desapontando-se depois de uma tacada ruim, preocupando-se com as consequências de perder, ou chegando a conclusões terríveis sobre suas habilidades.

Gallwey descobriu que, quando uma pessoa entra em quadra, duas estão jogando: o primeiro "eu", aquele que instrui, motiva e calcula estratégias; e o segundo "eu", aquele que realmente joga. O primeiro é o "narrador", a parte de você que grita "Vamos!" para colocar mais intensidade no seu jogo, enquanto o segundo é o "executor", jogando com um banco de memórias de todas as tacadas já feitas. Sem o aconselhamento do primeiro, o segundo poderia jogar brilhantemente. Quanto mais o "narrador" surgir e tomar para si a responsabilidade, forçando instruções para "aprimorar" o jogo, pior o jogo ficará.

Acalmando a mente

A experiência de Gallwey como treinador foi submetida a uma transformação. Ele passou de um treinador técnico, instrutor de "boas" tacadas para um treinador tranquilo que oferece um modelo de bom jogo. Ao invés de criticar ou elogiar seus alunos, ele apenas pedia para que eles o observassem várias vezes, e então deixassem suas mentes e corpos inconscientemente imitarem suas ações. Ao desencorajar julgamentos tanto da parte do próprio estudante quanto do treinador, as habilidades do jogador eram reveladas e seu potencial podia ser totalmente alcançado. Alunos "descobririam" suas tacadas ao invés de "reproduzi-las".

Gallwey cita o mestre zen D. T. Suzuki: "O homem é um ser pensante, mas seus grandes trabalhos são feitos quando ele não está calculando estratégias ou pensando". Sem a distração das instruções, a mente calma consegue as melhores performances. Uma mente inquieta começa a julgar. Nós gostamos de dizer "Essa foi uma tacada horrível" quando, na verdade, trata-se de uma tacada – nem boa, nem má – para a qual demos um significado. Uma vez que tenha dado um significado emocional para algum acontecimento, você torna-se menos capaz de manter-se totalmente atento ao momento seguinte, porque estará tomado pela emoção. Você não será capaz de ver sua jogada claramente, apenas através da neblina de raiva ou desapontamento. Se você conseguir notar o que está acontecendo sem julgamentos, naturalmente manterá a concentração e aproveitará oportunidades. Se continuar julgando-se negativamente, vai adicionar uma imagem negativa sobre você como um todo – o que se torna praticamente uma profecia autorrealizante.

Paradoxalmente, o sucesso vem quando você temporariamente evita julgamentos de sucesso ou falha, mas aquilo que *é*. Sem tais distorções, você pode ser calmamente eficaz. Para alcançar o seu melhor jogo, deve viver cada segundo no presente. Isso é concentração. O modo mais fácil de concentrar-se é notar todos os detalhes do jogo: o jeito que a bola roda, o som que faz quando acerta a raquete, o jeito que seu braço se move para fazer uma tacada, sua respiração. Enquanto isso aparenta ser um devaneio, é na verdade o oposto, porque no momento em que realmente presta atenção em tudo você não se preocupa com o que virá em seguida ou com aquele ponto que foi perdido anteriormente – toda a sua energia estará centrada neste momento, neste ponto. O estouro de energia, criatividade e resolução que advém da existência em determinado momento é o que o escritor Eckhart Tolle chama de "o poder do agora".

Recompensas maiores

O jogo interior de tênis é interessante porque levanta a questão sobre o que é o sucesso. Para Gallwey, ganhar os jogos é menos importante do que controlar o nervosismo em quadra. Jogar o melhor que pode, sem sabotar o próprio jogo com pensamentos pobres – isso é vitória.

Pessoas que só buscam o sucesso mensurável, diz Gallwey, podem ter uma existência unidimensional. É possível passar a vida tão focado em conquistas externas que se esquece de apreciar as maravilhas da natureza, negligencia-se o amor às pessoas próximas e nunca se reflete sobre um propósito mais amplo da vida. É necessário distinguir entre uma compulsão pelo sucesso em prol apenas da vitória e um desejo por sucesso que vai enriquecer sua vida e a dos outros. Como Gallwey coloca:

> *"Vencer é ultrapassar obstáculos para alcançar uma meta, mas o valor da vitória somente é tão bom quanto o valor da meta conquistada."*

Em outras palavras, o propósito do sucesso não é necessariamente a conquista de um objetivo, mas o autoconhecimento que você adquire ao se esforçar por esse objetivo.

O jogo interior de tênis é muito influenciado por ensinamentos orientais, particularmente do Zen Budismo. A premissa de Gallwey é que ao não se prender aos frutos da vitória (ex.: ganhar um troféu), você paradoxalmente torna-se livre para jogar pelo prazer do esporte, em um estado mental mais relaxado e poderoso. Com o desligamento, vencer torna-se mais provável.

Tênis, ou qualquer esporte, é simplesmente o meio pelo qual você aprende elementos significantes, como concentração, diz Gallwey. Trabalhar o seu jogo interior vale a pena, porque você consegue melhorar sua concentração ou manter-se mais tranquilo sob pressão – habilidades que obviamente irão beneficiar todas as áreas de sua vida, não apenas aquilo para o qual você treinou a sua mente. Na linguagem dos anos 1970, Gallwey descreve isso como "insurtabilidade".

Comentários finais

O jogo interior de tênis implantou os alicerces para a indústria de treinamento pessoal de hoje. Trouxe ideias que agora são senso comum em treinamentos, como acreditar que as pessoas podem criar suas próprias soluções; perguntar em vez de instruir; visualizar resultados de sucesso e apreciar o valor de cada momento.

Suas ideias foram importantes para o campo emergente da psicologia esportiva. E o mundo empresarial também se aproveitou disso. O comentário de Gallwey de que "toda atividade humana envolve tanto um jogo externo quanto o interno" explica seu grande impacto. O livro ajudou a pavimentar o caminho para a visão de hoje, segundo a qual trabalhar deveria ser uma maneira de autoexpressão em vez de ser somente uma maneira de ganhar dinheiro, e contribuiu para a aceitação da ideia de que a "concentração relaxada", e não a autopunição, guia ao verdadeiro sucesso.

Há uma surpreendente quantidade de informação nesse pequeno livro – muitas das quais não foram mencionadas aqui. Abrangendo a natureza humana, a forma que cérebro e o corpo funcionam, e o significado de competição e sucesso, *O jogo interior de tênis* pode ser agradável mesmo para aqueles que não têm interesse em esporte.

W. Timothy Gallwey

Aos 15 anos, Gallwey venceu a divisão juvenil no Campeonato Nacional Hardcourt, nos Estados Unidos, e foi campeão do time de tênis enquanto estava na Universidade de Harvard, onde se formou em Literatura em língua inglesa. Serviu como oficial da Marinha dos EUA, e como educador ajudou a fundar um colégio de artes literárias.

Durante uma pausa em sua carreira na educação, Gallwey conseguiu o posto de tenista profissional em um clube, em Seaside, Califórnia. O que havia aprendido enquanto praticava ioga foi aplicado ao treinamento com resultados notáveis. Apesar de não ter sido muito bem recebido pelos treinadores profissionais, *O jogo interior de tênis* surpreendentemente tornou-se um best-seller. Desde então, Gallwey tornou-se um treinador corporativo, ensinando o princípio do jogo interior em empresas como Apple, Coca-Cola, entre outras.

Entre seus outros livros, estão: *The Inner Game of Golf*, *The Inner Game of Skiing*, *The Inner Game of Music* e *The Inner Game of Work* (em tradução livre, respectivamente, O jogo interior do golfe, O jogo interior do esqui, O jogo interior da música e O jogo interior do trabalho).

19 | John Paul Getty

1961

How to Be Rich

(Como ser rico, em tradução livre para o português)

"Afinal, 'riqueza' é tanto uma questão de personalidade, filosofia, visão e atitude, quanto de dinheiro. A mentalidade milionária não é – e nessa época nem poderia ser – meramente uma questão de mentalidade acumulativa. O homem capaz e ambicioso, que busca o sucesso, deve entender que o termo 'rico' tem infinitos significados. Para justificar-se e justificar sua riqueza, ele deve saber ser rico em todas as acepções do termo."

"Ser realmente rico não envolve ter ou não ter fortuna, mas viver através de seus próprios valores. Se esses valores não forem significativos para o indivíduo, não há quantia de dinheiro obtida que possa esconder o vazio de uma vida desprovida de valores."

Em poucas palavras

Viva de acordo com os seus próprios valores, seja fiel a si mesmo.

Na mesma linha

Warren Buffett (por Roger Lowenstein) – *Buffett: a formação de um capitalista americano* (p. 65)

Thomas J. Stanley – *A mente milionária* (p. 327)

How to Be Rich é uma série de artigos que Getty escreveu para a revista *Playboy*. Sua intenção era explicar por que havia se tornado um homem de negócios e, além disso, desmistificar a visão sobre uma vida abastada. Por isso o livro é assim titulado: ele não fala exatamente sobre como "ficar" rico, mas como "ser" rico.

De *wildcatter* a magnata

O pai de John Paul Getty, George Getty, teve uma infância pobre em uma fazenda de Ohio, mas mais tarde conseguiu cursar a faculdade de Direito, financiado por sua esposa. Ele tornou-se um advogado de sucesso em Minneapolis e obteve bons resultados durante a "corrida do petróleo" em Oklahoma.

John Paul nasceu durante essa fase de relativa prosperidade, em 1892, e foi filho único. Escreveu com ternura sobre um estágio que fez na adolescência como trabalhador braçal nos reservatórios de petróleo, que naquela época eram como uma fronteira empoeirada, repleta de homens rudes, onde os salões de jogos eram vistos como a mais moderna melhoria cívica. Uma experiência completamente oposta foi os dois anos passados na Universidade de Oxford no Reino Unido, antes de seu retorno aos Estados Unidos.

Getty havia planejado entrar para o corpo diplomático americano, mas aos 22 começou um negócio próprio como *wildcatter* (um especulador e perfurador de petróleo independente) e deu sorte com alguns poços. Ele estava milionário aos atingir os 24 anos. Decidindo, então, "aposentar-se", ele aproveitou a vida por alguns anos, mas seus pais não aprovavam sua atitude, dizendo que ele tinha o dever de construir um negócio funcional que traria riqueza a ele e uma vida melhor às pessoas.

A corrida do petróleo havia se movido para a Califórnia e Getty decidiu investir em novos poços na região próxima a Los Angeles. Sua empresa rapidamente se expandiu, mas a morte de seu pai, em 1930, foi um grande revés. Diziam que o Sr. Getty havia deixado a John Paul cerca de 15 milhões de dólares, quando, na verdade, a quantia era de 500 mil dólares.

Durante a depressão de 1930, Getty teve uma ideia de integração de empresas petrolíferas abrangendo exploração, refinamento e vendas. Adquiriu ações de petróleo, que estavam muito baratas na época, comprou o Hotel Pierre em Nova York por um preço baixo e começou a difícil aquisição da Companhia de Petróleo Tidewater, na época uma das maiores da Califórnia, processo que durou 15 anos. Depois da Segunda Guerra Mundial, a companhia investiu 12 milhões de dólares em concessões para explorar petróleo na Arábia Saudita. Embora tenha levado ainda cerca de quatro anos e mais 18 milhões de dólares para que os poços começassem a produzir, a essa altura o mundo já havia conhecido as vastas reservas da área e a aposta de Getty revelou-se um sucesso.

Em 1957, a revista *Fortune* nomeou Getty como um dos homens mais ricos dos Estados Unidos, com uma fortuna estimada em um bilhão de dólares. Ele receberia, a partir de então, uma média de 3 mil cartas semanais de desconhecidos que lhe pediam dinheiro.

As dicas de John Paul Getty para alcançar sucesso na vida e nos negócios

Construa sua própria estrada

How to Be Rich foi escrito durante o auge do capitalismo das grandes corporações, quando a espécie "homem-organização" evoluiu para extrair o máximo de seu pequeno papel na máquina corporativa. Getty descreve essa pessoa como "dedicada a cumprir os complexos rituais de preenchimento de memorandos e de culpar terceiros". Diferentemente, o "escritório" de Getty nos primeiros anos nos poços era o banco da frente de um velho carro Ford modelo T.

A maioria dos executivos, observou Getty, preferiria tornar-se bajulador de um superior do que assumir riscos. O que era contraproducente, já que a única segurança real no ambiente de trabalho era reservada àqueles que demonstrassem que poderiam somar valores. Empresários de sucesso, acreditava Getty, eram normalmente rebeldes de alguma forma, e tinham uma riqueza construída a partir da negação do pensamento de senso comum. Como exemplo, Getty menciona sua busca por ações petrolíferas a baixo custo depois da quebra da bolsa de Wall Street não para vangloriar-se, mas como uma forma de demonstrar que um empresário que não segue o senso comum geralmente "obtém fantásticas recompensas".

Tenha uma mente aberta

Getty convidou um socialista assumido para um jantar em sua mansão em Sutton Place, próxima a Londres. Outro convidado, um compatriota americano, ficou horrorizado. Getty não pediu desculpas; na verdade, ele sentiu que estava honrando uma tradição americana de encorajar a discussão. Ouvir opiniões diferentes das suas, acreditava ele, "adiciona sabor, espírito e qualidade de vida revigorante".

Ao escrever sobre o início dos anos 1960, ele corretamente previu que os "dissidentes desaparecidos" retornariam em breve e sabia que o futuro econômico seria brilhante por causa deles. A filosofia de Getty era que a riqueza só poderia ser gerada por pessoas com mentes abertas, pois somente tal abertura intelectual nos permite enxergar possibilidades onde os outros não as enxergam. A alternativa era uma sociedade "embalada em um sono perigoso", incapaz de perceber a diferença entre verdade e ponto de vista, alvo de lobistas e propagandistas. Apesar das aparências, como muitos daqueles que se tornaram muito ricos, Getty era radical em alguns aspectos.

Enriqueça sua vida com arte

Getty humildemente via-se como o mecenas das artes numa escala que o igualava aos Medicis da Florença renascentista, e se divertia ao discutir a falta de conhecimento cultural do americano comum. Ele chamava a arte de "o melhor investimento", não somente por compensar financeiramente, mas pelo prazer de conviver com coisas belas. Para recompensá-los por enriquecer o mundo, o criador de riquezas tem o dever de patrocinar aqueles que vivem da sua arte. Além disso, ele também enxergava os negócios com um viés criativo, notando que aqueles que chegavam ao topo eram "artistas criativos" ao invés de simples "artesãos de negócios".

Sobre o ato de colecionar obras de arte, Getty dissolve o mito de que era um passatempo apreciado por poucos dentre os ricos, mencionando muitos conhecidos que possuíam empregos comuns e haviam constituído excelentes coleções. Qualquer um que tenha dinheiro suficiente pode pagar uma exorbitância na Sotheby, mas o verdadeiro colecionador é um intelectual que aprecia o contexto de cada peça comprada. Como Getty poeticamente explica:

> *"Para mim, elas [as obras de arte] são partes vitais de seus criadores. Espelham as esperanças e frustrações daqueles que as criaram – e o tempo e lugar em que foram criadas."*

O que poderia ser mais fascinante ou enriquecedor?

Encontre os fatos e depois aja

No capítulo intitulado "Tolices e armadilhas dos negócios", Getty explica que muitos erros nos negócios e na vida resultam do fracasso em distinguir um fato de uma opinião ou boato.

Certa vez, ele designou um geólogo para fazer relatórios do potencial de um poço. O relatório dizia que havia pouca chance de encontrar petróleo naquele lugar e, por isso, Getty vendeu o espaço. Mais tarde, a área revelou ser parte da grande bacia de petróleo de Yale. Ainda assim, Getty não culpou o especialista, mas a si próprio por aceitar a primeira opinião sem questionar ou fazer uma segunda consulta.

Homens de negócios frequentemente aceitam como fatos aquilo que ouviram ou leram sem fazer suas próprias investigações ou estudos. Esse fato isoladamente não constitui um problema, mas quando os resultados irão afetar todo o empreendimento e as vidas dos trabalhadores, investigar torna-se um ponto importante. Se você fez uma decisão baseada em fatos, mantenha-a. Tenha coragem para assumir suas convicções. O empresário tranquilo, segundo Getty, é sempre mais eficiente e, se você fez o seu dever de casa, sua decisão terá menos chances de ser desencorajada pela preocupação.

Comentários finais

Getty observa que das dezenas de milhares de americanos que se suicidam todos os anos muitos são classificados como "suicidas econômicos". Seu argumento é de que muitos lutam para conseguir sucesso financeiro, mas quando finalmente o alcançam, percebem que ele não tem significado. As pessoas precisam acreditar que seus esforços estão aumentando seu valor e enriquecendo o mundo de alguma forma, acreditar que estão envolvidas em um verdadeiro esforço criativo, e não só na busca por status.

Getty ganhou a fama de avarento pela famosa história de ter instalado um telefone público no salão de sua mansão em Sutton Place, pois seus convidados estavam usando o telefone dele para fazer chamadas transatlânticas. Mas, conforme o passar do tempo, podemos ver que, não fosse a dedicação de Getty para eliminar desperdício e maximizar recursos, milhões de pessoas não estariam atualmente aproveitando o que ele deixou. Ele é agora, apesar de tudo, mais famoso como colecionador de arte e filantropo. Sua coleção é considerada uma das melhores do mundo – como qualquer pessoa que tenha entrado no Museu de Getty, em Malibu, pode atestar.

Getty era um grande entusiasta do livre mercado, mas não o capitalista radical que muitas pessoas pensam. Ele nunca reclamou dos aumentos de salário, emprestando a visão de Henry Ford de que a força de trabalho que não fosse bem paga não poderia comprar os produtos que você tenta vender. Quanto aos sindicatos, ele respeitava seu direito de melhorar a vida dos trabalhadores e considerava-os uma parte legítima de uma economia produtiva.

Um milionário deve aceitar tudo com bom humor, Getty descobriu. Quando o chamavam de "o homem mais rico do mundo", ele tinha um grande trabalho para explicar aos jornalistas que ele não nadava em dinheiro; aproximadamente toda sua fortuna estava investida em infraestrutura e operações, e ele trabalhava de 16 a 18 horas diárias para manter tudo funcionando. Ele admitia que seus casamentos sofreram e foram à ruína devido à sua dedicação ao trabalho e que havia livros que ele queria ler, mas não tinha tempo. Mas, no geral, refletiu ele, sua vida era excitante e recompensadora.

20 | Les Giblin

1956

Como ter segurança e poder nas relações com as pessoas

"Diversos estudos científicos têm provado que se você aprender como lidar com outras pessoas, você terá andado cerca de 85% do caminho para o sucesso em qualquer negócio, ocupação, ou profissão, e cerca de 99% do percurso para a felicidade pessoal."

"Relações humanas é a ciência de lidar com pessoas de tal maneira que nosso ego e o ego dos outros permaneçam intactos. E este é o único método de entender-se com as pessoas que sempre traz algum sucesso ou satisfação real."

Em poucas palavras

Todos têm fome de valorização e aceitação. Se você puder prover isso aos outros de forma genuína, terá a chave para a influência humana.

Na mesma linha

Frank Bettger – *Do fracasso ao sucesso em vendas* (p. 35)
Dale Carnegie – *Como fazer amigos e influenciar pessoas* (50 Grandes Mestres da Autoajuda)
Stephen R. Covey – *Os 7 hábitos das pessoas altamente eficazes* (p. 121)
Brian Tracy – *Realização máxima* (p. 335)

Para cada pessoa que perde seu trabalho porque falhou em fazê-lo efetivamente, outras duas são demitidas porque não conseguem lidar com outras pessoas de modo apropriado. Nas páginas iniciais de seu clássico da década de 1950, Les Giblin diz:

> *"Se você parar e pensar por um minuto, provavelmente dirá que as pessoas mais bem sucedidas que você conhece e que mais aproveitam a vida são aquelas que 'têm jeito' com outras pessoas".*

Mas como esse "jeito" é adquirido?

Ele sugere que aqueles com as habilidades pessoais mais bem classificadas têm um melhor entendimento da natureza humana; eles não pensam na natureza humana em termos de "boa" ou "ruim" ou como eles gostariam que ela fosse, mas a pensam *como ela é*. Evidentemente, este entendimento sobre o que motiva as pessoas fornece uma percepção maior sobre por que elas agem de determinada forma, permitindo maior facilidade e poder na comunicação.

Reconhecendo a centelha divina

Influência é uma arte, Giblin diz, oriunda do conhecimento da sensibilidade do ego. Ele menciona alguns casos, como, por exemplo, o de um homem que estrangulou uma mulher que havia adormecido enquanto ele falava com ela, ou o de um garoto que roubou um banco para provar sua masculinidade, após ser provocado durante anos sobre seus dentes protuberantes. Quanto mais ferido o ego, mais longe uma pessoa irá para defendê-lo.

Ainda assim, o ego também foi descrito como uma "centelha divina", que nos dá a crença de que podemos realizar grandes feitos. Nós admitimos como garantidos nosso próprio valor e nossa dignidade, e qualquer abordagem ao lidar com pessoas deve levar isto em consideração. Assim como o corpo precisa de comida, as pessoas precisam que este senso de valor próprio seja frequentemente afirmado; alguém rico precisa de elogios tanto quanto quem está oprimido.

Quando não há respeito, o ego pode aumentar para compensar a tentativa de encolhê-lo; é por isso que pessoas dominadoras e que se expressam de maneira autoritária são geralmente reveladas como tendo baixos níveis de autoestima. Mas como se lida com tais pessoas? Caso entre em um diálogo ardoroso com elas, você pode "ganhar a discussão, mas perder o cliente". Giblin diz que combater o fogo com fogo apenas instigará a outra pessoa. Partindo da premissa de que "um cachorro faminto é um mau cachorro", a única maneira de influenciar alguém que causa problemas é alimentar o ego dele, por encontrar algo – mesmo pequeno – com o qual você possa elogiá-lo genuinamente. Embora seja frequentemente dito a nós para recorrermos à razão de alguém para convencê-lo de algo, na verdade a razão não é um grande fator de persuasão.

Giblin conta a história do General Oglethorpe, que não obteve sucesso com seus argumentos lógicos para persuadir o Rei George a financiar uma nova colônia na América – até que ele chamou a atenção para o fato de que nenhuma das colônias tinha o nome do rei. Assim, o Estado da Geórgia foi criado, completamente financiado pela percepção dos desejos do ego. Se você quer que alguém faça algo por você, pense sempre em um motivo pessoal pelo qual este alguém estaria disposto a fazê-lo, algo que afirmará a identidade dele. "Homens e mulheres que mais influenciam outras pessoas são os homens e as mulheres que *acreditam* que as outras pessoas são importantes", afirma Giblin.

Como convencer

Giblin faz referência a três psicólogos de Yale que descobriram, através de uma série de testes com pessoas, que a melhor maneira de fazer ideias serem aceitas é *calmamente apresentar os fatos*, sem ameaças ou tentativas de impor uma discussão. As pessoas gostam de construir suas próprias opiniões. Ele comenta sobre outros pesquisadores, da Universidade de Nova York, que passaram centenas de horas observando vendedores enquanto trabalhavam, e também assistindo a debates na Organização das Nações Unidas, para ver quem ganhava as discussões e o porquê disso. A conclusão deles foi que os profissionais na ONU tinham menos êxito em fazer suas posições serem aceitas, pois eles tentavam vencer a oposição através da discussão. Um erro básico ao se tentar convencer outra pessoa de algo, os pesquisadores descobriram, é atacá-la (o ego dela). Isto pode forçar uma vitória até certo ponto, não uma em que o outro passa a entender as coisas da mesma maneira que você. Giblin diz:

> *"Diga a um homem que suas ideias são tolas e ele as defenderá ainda mais... Utilize-se de ameaças ou táticas para intimidá-lo e ele simplesmente fechará a mente para suas ideias, não importa quão boas elas sejam."*

As "Seis regras já verificadas para ganhar discussões" de Giblin incluem a número 5: "Fale através da terceira pessoa". As pessoas não necessariamente darão ouvidos ao *seu* argumento sobre algo, mas elas escutarão a terceiros imparciais. É por isso que advogados apresentam testemunhas para convencer um júri, e o motivo pelo qual comentários de clientes são empregados para vender um produto. Um meio, que não pressiona tanto, para fazer pessoas pensarem do mesmo modo que você é usar a opinião comum ou a de especialistas.

A regra número 6 é "Deixe a outra pessoa proteger seu orgulho próprio". Giblin nota que frequentemente as pessoas mudarão de opinião para pensar do mesmo modo que você, exceto por uma circunstância: elas já se comprometeram com a posição delas e não podem ou não irão voltar atrás. Mas "aquele que convence habilidosamente" é sempre capaz de encontrar uma brecha pela qual a outra pessoa pode avançar graciosamente, resgatando-a de sua própria argumentação.

Obtendo simpatia

Estudos sobre indivíduos bem-sucedidos revelam um denominador comum: a habilidade com palavras. Eles são bons em falar trivialmente sobre assuntos gerais e em engajar as pessoas nas conversas. Aqueles que não são tão bem-sucedidos têm medo de dizer algo idiota, então tendem a não falar tanto. Giblin menciona o autor inglês John Ruskin, que disse que escrevia bem somente quando não tentava escrever bem. O mesmo se aplica a conversas. Para que elas sejam boas, devem ser tranquilas, e para que elas sejam tranquilas, deve haver uma quantidade razoável de fala com bom humor, em tom leve. Até mesmo Shakespeare não temia ser trivial.

Um apresentador de programa de televisão tem a habilidade de fazer pessoas se sentirem à vontade por causa de seu bate-papo leve e despreocupado, mas ninguém pensa nele como sendo um tolo – ele possui uma habilidade incomum. Ele faz as pessoas falarem ao perguntar a elas sobre um assunto que certamente as interessa: elas mesmas. Deve-se começar leve, como uma centelha, mas depois pode crescer para uma fogueira de ideias e divertimento. Não tema falar trivialmente sobre assuntos gerais; no mínimo, é uma maneira de descobrir informações interessantes. "As pepitas e joias nas conversas surgem apenas depois de muita escavação dos minérios de segunda classe", observa Giblin.

Mais um conselho para a conversação: como qualquer elemento que ameace a autoestima é perigoso, nunca se deve ser sarcástico. Giblin indica uma pesquisa que mostra que as pessoas não gostam de ser motivo de piada, mesmo para amigos próximos, mas nunca mencionarão isso, pois faz parecer que não sabem levar na esportiva.

Como motivar outros

A melhor maneira de executar alguma tarefa não é pedir ao outro que a faça por você, diz Giblin, mas pedir que ele ajude você a pensar sobre como executá-la. Isso faz com que as pessoas se sintam valorizadas pelo seu intelecto, não somente pela sua força, e serão motivados a demonstrar sua inteligência. Winston Churchill, Giblin conta, disse: "Eu descobri que a melhor maneira de fazer alguém *adquirir* uma virtude é *atribuí-la* a ele". Deixe a pessoa entender que você pensa que ela pode fazer algo, e ela o fará.

Comentários finais

À primeira vista, este livro é um bom exemplo de manual sobre técnicas de personalidade superficial que associamos com as décadas de 1950 e 1960. Na verdade, ele se assemelha mais a *Como fazer amigos e influenciar pessoas*, de Dale Carnegie, na sua insistência em genuinamente valorizar a importância dos outros e reconhecer o foco na habilidade com pessoas para o sucesso.

Pode parecer o tipo de livro que apenas alguém que trabalha com vendas compraria, mas esta suposição pode privar você de conselhos e ideias que poderiam ser vitais para seu sucesso. A maioria de suas referências está ultrapassada, mas o livro resiste ao tempo, pois as pessoas não mudam. Para ser um especialista sobre o sucesso, você tem que ser um estudante da natureza humana, e *Como ter segurança e poder nas relações com as pessoas* é altamente valioso como um guia sobre as pessoas *como elas são*.

Les Giblin

Através de suas "instruções sobre relacionamentos humanos" e outros círculos de estudo, Giblin trabalhou para aprimorar habilidades interpessoais em muitas das maiores companhias americanas e centenas de grupos de vendas e marketing. Ele é um antigo vendedor, dentre os melhores, e foi Vendedor do Ano em 1965.

Entre outros livros, escreveu também o best-seller *Habilidade com as pessoas. Como ter segurança e poder nas relações com as pessoas* vendeu mais de meio milhão de cópias.

21 | Baltasar Gracian

1647

A ARTE DA SABEDORIA

"21. Regra para ter sorte.
A sorte tem suas regras, e para os sábios ela não é tão cega... Quem pensar direito, porém, terá eficazmente um único plano de ação: virtude e prudência; pois a sorte e o azar se acham na prudência ou na precipitação."

"65. Gosto elevado.
Conhecemos a grandeza do talento de alguém por suas aspirações. Só algo grande pode satisfazer uma grande capacidade."

Em poucas palavras
Faça distinções, procure por sutilezas e nuances. Sucesso exige observação detalhada da natureza humana e refinamento do eu.

Na mesma linha
Chin-Ning Chu – *Thick Face, Black Heart* (p. 83)
Sun Tzu – *A arte da guerra* (p. 343)

A arte da sabedoria deve ser lido por todo estudioso contemporâneo do sucesso. Você pode estar familiarizado com *O Príncipe*, de Maquiavel, mas a obra relativamente obscura de Gracian é muito mais adequada para se ter sucesso na vida diária, é filosoficamente mais rica e também é, de maneira geral, de leitura bem mais agradável. Diferentemente de *O príncipe*, o livro não pede que você construa seu sucesso sobre outras pessoas; ao invés disso, superioridade e influência são alcançados através da observação e refinamento pessoal.

Traduzido pela primeira vez para o inglês como *The Courtier's Manual: Oracle and the Art of Prudence*, esta obra de um padre jesuíta espanhol tem sido discretamente influente entre os que têm conhecimento dela, pelos últimos 300 anos. Foi imitada por Le Rochefoucauld, cujo livro *Maxims(*Máximas, em tradução livre para o português), de 1665, seguiu o mesmo estilo de análise sucinta de Gracian, e o ensaísta inglês Joseph Addison considerou uma obra de grande valor. Friedrich Nietzsche escreveu, "A Europa nunca produziu nada mais fino ou mais complexo sobre sutilezas morais". Arthur Schopenhauer traduziu o livro para o alemão e o considerou "um livro para toda a vida".

Uma nova edição, com excelente tradução e introdução de Christopher Maurer renovou o interesse por Gracian e é a utilizada neste comentário.

Tornando-se substancial

Antigamente um nome popular feminino na língua inglesa, Prudence (em português, "prudência") está agora fora de moda. Mas, segundo a maioria dos dicionários, ser prudente significa ser astuto, sábio, perspicaz e arguto. Sua raiz latina *prudentia*, significa presciência.

Sem essas qualidades, é provável alguma vez sermos bem-sucedidos? Gracian impulsiona cada um de nós a nos tornarmos "uma pessoa de substância". Dos 300 aforismos que compreendem seu livro, considere o de número 175:

"Homem de peso.

Quem não é se conforma com aqueles que também não são. Infeliz é a superioridade não baseada em substância... Só a verdade pode proporcionar uma verdadeira reputação, e só a substância é que lhe dá sustento. Um embuste exige muitos outros, e logo toda a construção medonha, fundada no ar, desmorona."

Toda época terá suas corridas do ouro, surtos de crescimento e fenômenos populares de grande adesão, mas a afirmação de Gracian que "só a substância é que lhe dá sustento" deve ser recordada. Na literatura do sucesso, Benjamin Franklin expôs esta noção, e Stephen Covey fez disso a base de *Os 7 hábitos das pessoas altamente eficazes*.

Paciência e sucesso

O aforismo número 55 é o "saber esperar":

> *"Vagueie pelas vastas dimensões do tempo rumo ao centro da oportunidade. A hesitação sábia tempera os acertos e amadurece os segredos. A muleta do tempo é mais poderosa que a clava de aço de Hércules... A sorte dá recompensas maiores àqueles que esperam."*

Isto é bastante evidente, mas a maneira como Gracian o diz conecta você novamente com o poder de aguardar pelo momento certo. Embora envolva autodisciplina, o resultado final é ver seus interesses serem lentamente elevados.

Os famosos e brilhantes são atraentes, mas as alturas elevadas que eles sobem os fazem suscetíveis a quedas. Aquilo que as pessoas amam irracionalmente, Gracian diz, elas também podem acabar odiando com a mesma paixão. Como ele diz em outra ocasião:

> *"Exceda-se na perfeição, mas seja recatado ao mostrá-la. Quanto mais brilhante a tocha, mais ela se consome e menos*

dura. A fim de conquistar a verdadeira estima, evite a superexposição."

Você é uma pessoa que sabe como esperar, ou você é uma tocha brilhante? O que você está fazendo com sua vida durará? No aforismo número 57 Gracian escreve:

> *"Ponderação traz segurança. O que tiver bem feito, o terá feito com rapidez adequada. O que se faz de imediato logo se desfaz, mas o que deve durar uma eternidade também leva muito tempo para ser feito. Só a perfeição tem valor, e só o certo perdura... E assim é com os metais: o mais precioso deles demora mais para ser fundido, e pesa mais."*

Dominando você mesmo e conhecendo seus talentos

Sem autodomínio, você nunca pode ter controle sobre os outros, diz Gracian. A essência do poder é o autoconhecimento, e uma grande parte disso é inteligência emocional. Busque ser uma pessoa refinada o tempo todo, evitando a vulgaridade da paixão sem controle.

> *"52. Nunca perder o controle.*
>
> *Deve enfatizar a prudência em não perder o controle. Assim se portam os grandes homens, pois a magnitude dificilmente se abala. As paixões são os humores da alma, e qualquer excesso indispõe a prudência. Se a moléstia sai pela boca, sua reputação estará em perigo. Tendo completo domínio de si próprio na prosperidade como na adversidade, ninguém irá censurá-lo, mas admirá-lo."*

A filosofia de Gracian consiste em encontrar a "vantagem" que o separará do restante. Embora competente em suas funções como capelão, confessor e administrador, ele sabia que não tinha talento especial nesses papéis. Ele percebeu que sua verdadeira função era como um cientista do sucesso e do caráter, e procurou os acadêmicos, os cultos e poderosos para resumir o conhecimento deles, e suas próprias observações, em uma essência valiosa. Esta não era uma atividade reconhecida na época e no local em que Gracian vivia, e de fato a igreja tentou impedir que ele publicasse seus textos.

Quase falando consigo mesmo, um dos aforismos de Gracian é "Conhecer sua melhor qualidade, seu principal atributo". Descobrir a área na qual você se destaca é uma tarefa central na vida; sem este esforço você gastará seu tempo imitando outros.

Comunicando-se

Como escritor, Padre Gracian era talvez tendencioso sobre o poder da boa escrita. No entanto, ele entendia que, se você pudesse se comunicar com sutileza, sua posição seria melhorada em grande medida. A pessoa bem-sucedida é sempre um mestre em convencer os outros, seja através da escrita ou pessoalmente. No 14° aforismo, Gracian observa:

> *"O mau jeito estraga tudo, inclusive o que é justo e razoável. Já a maneira correta repara tudo: abranda uma negação, adoça a verdade e até faz a velhice parecer bonita. O como das coisas é muito importante, e um comportamento correto conquista a afeição dos outros... Fale e comporte-se bem, e promoverá seu sucesso."*

A Arte da Sabedoria tem, aparentemente, alguma popularidade entre os lobistas por suas percepções sobre como apresentar as coisas bem, mas tais pessoas não devem se esquecer de que Gracian aconselhava a nunca exagerar. E, para o tagarela, ele ofereceu a visão de que, seja algo bom ou ruim, seu pronunciamento se beneficiará pela brevidade. Fazer as coisas durarem apenas o tempo necessário induz a uma confiança que a pessoa arrogante e os prolixos nunca conquistam.

Comentários finais

Estas são apenas algumas das 300 máximas de Gracian. Se você quiser mais do que uma visão superficial, adquira o livro.

A Espanha, na qual o padre viveu, passava por um longo período de declínio político e estava bem menos estável do que já tinha sido. Alguns dos aforismos aparentam vir de uma posição de medo, e *A arte da sabedoria* pode parecer muito cínico em algumas ocasiões. De maneira geral, no entanto, o livro é atemporal em sua tentativa de expor a verdade sobre ação e motivação humana, "a maneira que as pessoas são, ao invés do modo que elas gostariam de ser ou aparentar ser".

A mensagem de Gracian é que boas pessoas não se colocam em posição desvantajosa por serem boas, mas pela sua ingenuidade otimista. Sua tarefa é difundir adiante a bondade que você tem enquanto age no mundo.

Apesar da igreja não ter gostado dele publicar tal obra mundana e política, o manual de Gracian, com sua ênfase na razão e no intelecto, é bastante jesuíta. Para um homem do clero, é surpreendente que haja poucas regras morais rígidas e invariáveis no livro, apenas – como Maurer nota – "a convicção de que para a perfeição ser alcançada, deve-se adaptar às circunstâncias". A mente severa pode ganhar algumas batalhas, mas apenas a mente mutável e atenta é bem-sucedida de forma duradoura.

Baltasar Gracian

Nascido em 1601 em Belmonte, uma vila na região espanhola de Aragão, durante sua adolescência Gracian viveu em Toledo e Saragoça, estudando filosofia e literatura. Ele ingressou na ordem jesuíta aos 18 anos e permaneceu nela pelo resto de sua vida. Em diferentes épocas de sua vida foi capelão, professor, administrador e confessor (padre particular) para aristocratas, e também foi reitor e vice-reitor de diversas escolas jesuítas.

Seus trabalhos anteriores incluem a investigação das qualidades ideais de líderes políticos, *El héroe* (O herói, em tradução livre para o português) e *El politico* (O político, em tradução livre para o português). No entanto, *El criticón* (O crítico, em tradução livre para o português), é considerada sua obra-prima. Um romance satírico que contrasta a vida primitiva com "civilização", quando o terceiro volume foi publicado sem a permissão da ordem jesuíta, Gracian foi dispensado de seu posto em Saragoça, e exilado para uma pequena cidade no interior. E naquele local faleceu, em 1658.

22 | Earl G. Graves

1997

How to Succeed in Business without Being White

(Como ser bem-sucedido nos negócios sem ser branco, em tradução livre para o português).

> *"Dinheiro faz com que as pessoas escutem. Quando você o tem, então você possui algo que os outros querem e precisam. Quando não o tem, torna-se invisível. Suas necessidades se tornam irrelevantes. Seu sucesso, ou a falta dele, é problema seu. Como podemos fazer fortuna quando há tantos obstáculos até as oportunidades? Se você ficar atento aos desafios sobre os quais falamos, será difícil que neguem oportunidades a você. Se ler e seguir as recomendações deste livro, você construirá suas próprias oportunidades apesar das perturbações, ódio e ignorância que encontrar pelo caminho."*

Em poucas palavras

Reconheça e utilize seu histórico para chegar aos seus objetivos, e lembre-se de oferecer algo em retorno.

Na mesma linha

Les Giblin – *Como ter segurança e poder nas relações com as pessoas* (p. 167)

Nelson Mandela – *Longa caminhada até a liberdade* (p. 251)

Em 1991, Nelson Mandela, na época recentemente liberto, viajou para os Estados Unidos, e encontrou-se com um grupo de pessoas de negócios afro-americanas de destaque no país. O líder do grupo era Earl Graves. Como resultado deste contato inicial, Graves arranjou um acordo para criar uma concessão de 100 milhões de dólares, para engarrafar e vender o refrigerante Pepsi na então nova África do Sul. Além do acordo obviamente ter feito bastante sentido em termos de negócios, Graves o destacou como uma evidência de quão longe o empreendedorismo negro tinha ido, não simplesmente nos Estados Unidos, mas internacionalmente.

O próprio Graves é um símbolo da transição do foco dos Estados Unidos negro, de direitos civis, para o aumento do poderio econômico. A era de John F. e Robert Kennedy, e depois Lyndon Baines Johnson, foi uma época inebriante para afro-americanos, pois tudo indicava que a lei protegeria o direito deles de ter uma vida próspera, junto com todos os outros. *How to Succeed in Business without Being White: Straight Talk on Making It in America* transmite o entusiasmo deste período, mas também reflete sobre as difíceis realidades de tentar fazer negócios em meio à prolongada desconfiança e preconceito.

Todavia, a mensagem geral de Graves lembra a famosa frase de Nietzsche: "aquilo que não nos mata, nos faz mais fortes". Ser negro é uma vantagem, pois afro-americanos têm de ser melhores que a média para se destacar, um fato que foi útil para o sucesso de muitos da minoria.

Entrando no jogo

Graves cresceu no Brooklin, em Nova York, seus pais eram descendentes de imigrantes de Barbados. Na Universidade Morgan State, em Baltimore, entre 1953 e 1957, ele cursou administração como seu bacharelado, o que alguns de seus colegas e até mesmo professores acharam ridículo. Embora isso tenha sido apenas há cerca de 60 anos , a área dos negócios era supostamente para brancos. Mas Graves tinha uma tendência para o empreendedorismo e seu pensamento era "o basquete também já foi um esporte de homens brancos".

Após se formar, ele se tornou capitão das forças especiais do exército americano, e, mais tarde, corretor de imóveis, mas a política o chamou. De 1965 a 1968 ele trabalhou na equipe de Robert Kennedy; Kennedy era então senador de Nova York e preparava-se para sua candidatura à presidência. Robert Kennedy tinha sido, claro, defensor dos negros nos Estados Unidos durante a administração de seu irmão.

A experiência de trabalhar com Kennedy chamou a atenção de Graves para o poder e riqueza da elite branca americana. Embora estivessem lado a lado, para Graves, ele parecia ter vindo de outro mundo. De acordo com ele, Kennedy nunca levava consigo uma carteira ou dinheiro, de fato dificilmente parecia ter que pensar em dinheiro. Para alguém que foi criado em um ambiente desprovido, isto claramente inspirou Graves até na programação política, e ele começou a ver como a riqueza poderia ser psicologicamente emancipadora para os afro-americanos.

Se Kennedy não tivesse sido assassinado e fosse eleito presidente, Graves sem dúvida teria se juntado à equipe dele, em uma alta posição. Com a tragédia, Graves acelerou o desenvolvimento da ideia sobre uma publicação que focasse no avanço econômico negro.

Após uma década de reformas dos direitos civis sob o poder dos democratas, o desenvolvimento comercial progredia de acordo com o esperado, e Graves considerou que era o momento certo para lançar uma revista que celebrasse os empreendimentos comerciais negros. Embora originalmente tivesse sido imaginado como um boletim informativo, *Black Enterprise* cresceu e tornou-se uma revista comercial plenamente desenvolvida com anúncios publicitários, e em dez edições se tornou rentável.

Despertando para o poder econômico negro

Graves descrevia seu empenho em épocas anteriores para convencer os executivos brancos do marketing de grandes companhias, de que eles deveriam publicar na revista. A resposta comum era, e em alguns casos continua sendo, "Pessoas negras não compram carros luxuosos/computadores/planos variados de seguro/seguros financeiros". Frequentemente diziam a ele: "Não queremos que nosso produto seja associado a afro-americanos".

Um exemplo que ele dá é o esforço feito para conseguir que a Mercedes-Benz americana anunciasse na *Black Enterprise*, mesmo mostrando estatísticas que comprovavam ser cinco vezes mais provável que negros abastados comprassem uma Mercedes, se comparados a brancos abastados. Ele acabou por recorrer à pessoa com o cargo mais alto da companhia na Alemanha, e só então as propagandas dos carros começaram a ser publicadas em sua revista. Convenientemente, nos dias de hoje Graves faz parte da diretoria da companhia DaimlerChrysler.

Racismo, ele descobriu, era mais provável que acontecesse nos níveis intermediários de uma organização do que no topo, mas era encontrado em todo lugar, tanto em formas óbvias quanto sutilmente. Graves relata o que tende a acontecer quando um homem negro senta-se na primeira classe de um avião: a pessoa branca ao seu lado geralmente presume que ele é alguém de destaque nos esportes ou no mundo do entretenimento, mesmo se, como no caso de Graves, ele esteja próximo à idade da aposentadoria!

Afro-americanos compreendem 12% da população dos Estados Unidos e ganham mais de 400 bilhões de dólares anualmente, mas como um artigo da *Black Enterprise* (de 26 de agosto de 2003) apontou, os negros nos Estados Unidos só ganham 59% daquilo que os brancos ganham, o que corresponde a apenas 2% a mais do que em 1963.

Em uma época na qual muitas leis de ação afirmativa estão perdendo sua força, Graves fornece um argumento poderoso que mostra que fazer negócios ainda pode ser difícil para pessoas que não são brancas. A famosa marcha pelos direitos civis em Washington celebrou seu quadragésimo aniversário, mas havia na ocasião algum sentimento nostálgico, pois ainda há muito a ser feito.

Graves acredita que a resposta está em criar mais comércios pertencentes a negros, e fazer com que esses comércios trabalhem uns com os outros quando possível. Ele admira-se como irlandeses e judeus americanos construíram, a partir de seu senso de identidade, um alçamento para níveis mais altos da vida americana, e observa que um senso de identidade coletiva é crucial para o sucesso nos negócios.

Muitas pessoas não estão cientes de que há uma rede de negócios pertencentes a negros, e Graves gosta de destacar algumas das histórias de sucesso. Elas incluem, para exemplificar:

- Percy Sutton, proprietário de um famoso teatro e apresentador.
- Clarence Avant, presidente da Motown Records.
- Howard Naylor Fitzhugh, professor de administração e primeiro no programa de MBA da Universidade de Harvard.
- O falecido Arthur Gaston, fundador da companhia de seguros Booker T. Washington.
- John Johnson, editor das revistas *Ebony* e *Jet*.
- Travers Bell e Willie Daniels, cofundadores da Daniels & Bell, a primeira firma de investimentos pertencente a negros listada na bolsa de valores de Nova York.
- Oprah Winfrey, produtora e apresentadora de televisão.
- Ann Fudge, varejista de alimentos e bebidas.
- O falecido Ron Brown, secretário do comércio do ex-presidente Clinton.

Claro, desde que Graves escreveu seu livro, Colin Powell e Condoleezza Rice se tornaram figuras do alto escalão na administração do governo Bush, e figuras dos negócios como Franklin Raines (diretor-executivo da gigante Fannie Mae, empresa de financiamento imobiliário) estão fazendo afro-americanos parecerem mais comuns no topo do mundo corporativo.

O livro possui uma grande quantidade de dicas para o sucesso, incluindo seções sobre rede de comunicação de negócios, comprar e colocar em funcionamento uma franquia, criar um plano de negócios e atrair financiamentos.

Este material será útil para qualquer um que esteja começando nos negócios ou buscando a expansão e, de fato, a introdução escrita por Robert L. Crandall, diretor-executivo aposentado da American Airlines, sugere que o livro poderia ter sido chamado simplesmente *How to Succeed in Business* (Como ser bem-sucedido nos negócios, em tradução livre para o português).

Comentários finais

A experiência de Graves e sua lição para todos nós é que, embora o dinheiro seja um grande nivelador, não enxerga cor e é culturalmente neutro, e ainda vale para manter suas ligações a comunidades que podem prover apoio psicológico, assim como orientações nos negócios.

Este livro é revelador não apenas para afro-americanos, mas para qualquer um que tenha falhado ao avaliar o tamanho do poderio econômico negro. Como nota Peter Schwartz em *Cenários: As Surpresas Inevitáveis*, a imigração está alterando o modo de ser de sociedades tradicionalmente brancas, como os Estados Unidos, a Grã-Bretanha, o Canadá e a Austrália. Há uma chance que, no futuro, pessoas brancas estejam não apenas em inferioridade numérica em muitos campos, mas também em desvantagem. Um dos excelentes pontos de Graves é que, se você for bem-sucedido nos negócios sem ser branco, desenvolverá uma grossa armadura para a defesa e um grau de confiança e criatividade que seus colegas brancos podem nunca ter precisado desenvolver.

Um dos mais vendidos na lista dos jornais *New York Times* e *Wall Street Journal*, o livro de Graves não é a única obra deste tipo. Considere também *Why Should White Guys Have All the Fun?* (Por que os brancos ficariam com toda a diversão?, em tradução livre para o português), do financista negro de Wall Street, Reginald F. Lewis, e dois livros de Dennis Kimbro, *Think and Grow Rich: A Black Choice* e *What Makes the Great Great* (respectivamente, Pense e enriqueça: uma escolha negra e O que faz os grandes, grandes, ambos em tradução livre para o português).

23 | Napoleon Hill

1937
Pense e enriqueça

"Nós vivemos em um mundo de extrema fartura, tudo aquilo que o coração poderia desejar, sem nada no caminho entre nós e nossos desejos além da falta de um propósito definido."

"Eu tive o afortunado privilégio de analisar ambos o Sr. Edison e o Sr. Ford ano a ano, durante um longo período e, portanto, a oportunidade para estudá-los de perto, assim eu falo com conhecimento real quando digo que não encontrei nenhuma qualidade exceto a persistência em qualquer um deles, a qual, mesmo que remotamente, sugeriu a fonte principal das suas realizações estupendas."

Em poucas palavras
A riqueza surge ao aumentar seu poder de pensamento e desenvolver a habilidade de acessar a inteligência do universo.

Na mesma linha
Napoleon Hill & W. Clement Stone – *Sucesso através de uma atitude mental positiva* (p. 195)
Robert Kiyosaki – *Pai rico, pai pobre* (p. 219)
David J. Schwartz – *A mágica de pensar grande* (p. 303)
Wallace D. Wattles – *A ciência de ficar rico* (p. 359)

Qualquer livro com as palavras "riqueza" ou "sucesso" em seu título possui uma chance melhor que a média de vender bem; dinheiro e realizações externas são básicos para o nosso tempo, assim como a posição hierárquica e a honra foram durante a Idade Média. Um título cativante pode explicar um movimento inicial rápido de compra de um livro, mas nos últimos 65 anos *Pense e enriqueça* vendeu mais de 15 milhões de cópias por todo o mundo. Por quê?

Hill se recusou a aceitar que sucesso era domínio da sorte, dos antecedentes de alguém ou dos deuses, e queria apresentar um plano concreto para o sucesso que dependesse inteiramente de você mesmo. O livro também vendeu bastante porque não trazia simplesmente as idéias concebidas por Hill, mas uma condensação de segredos para o sucesso de centenas dos homens mais bem-sucedidos dos Estados Unidos (não havia muitas mulheres magnatas na década de 1930), a começar pelo seu patrono, o magnata do aço, Andrew Carnegie (ver p. 75). Carnegie deu a ele cartas de apresentação para pessoas como Henry Ford, Thomas Edison, e F. W. Woolworth, e Hill passou 20 anos sintetizando as experiências e percepções desses homens. A missão era simplesmente saber "como os muito abastados se tornaram assim", e sua abordagem sistemática do sucesso tornou-se em 1928 *A lei do triunfo*, constituído por oito volumes.

Pense e Enriqueça é um modelo resumido desta obra maior, escrito durante o período em que Hill foi consultor de Franklin D. Roosevelt. A linguagem tem uma energia rigorosa, e as páginas iniciais fazem alusão a um segredo que o livro contém, mas não explica claramente. Hill sugere que "quando o segredo revelar-se, pare por um momento e aproveite, pois esse será momento decisivo mais importante da sua vida". Tente resistir a isso! O livro não possui obscuridades ou complexidades, estabelece as coisas que "funcionam", e deixa outras, apropriadamente, à esfera do mistério.

Dinheiro e o espírito

Próximo ao final de *Pense e enriqueça*, Hill admite que a principal razão pela qual ele escreveu o livro foi "o fato de que milhões de homens e mulheres ficam sem ação pelo medo da pobreza". Se tratava dos Estados Unidos da década de 1930, ainda marcado pela Grande Depressão, quando a maioria das pessoas estava preocupada em evitar a pobreza, ao invés de pensar em enriquecer. Porque o livro de Hill não se limitava a evitar a pobreza, mas ousava ser sobre tornar-se incrivelmente próspero, pode ter sido para sempre categorizado, na opinião de alguns, como um manual de cobiça, mas foi exatamente isso que tornou a obra atraente.

A ligação de entre valores espirituais e a obtenção de dinheiro é algo que pessoas que não são dos Estados Unidos podem ter dificuldades para levar a sério ou até mesmo compreender, mas é a pura expressão da moralidade americana. A geração de riqueza é um produto da mente, combinando raciocínio, imaginação e tenacidade. Hill achava que a singularidade, expressa por uma ideia ou resultado refinado, em todos os casos eventualmente chegaria à recompensa monetária.

O conceito, que todos os bens e realizações conquistados vêm da mente é rotineiro nos dias de hoje – é a base da era do conhecimento e da informação. Mas em 1937 Hill já falava sobre "indivíduos capazes de gerar capital intelectual" e de marketing pessoal, de você mesmo como fornecedor de serviços. As características intelectuais do livro já estão evidentes no seu título: "Pense e enriqueça", efetivamente o lema não só da época de Hill, mas de nosso próprio tempo.

Desejo

Hill conta a história de Edwin C. Barnes, que foi à porta de Thomas Edison certa vez e declarou que seria sócio dos negócios do inventor. Foi dado a ele um trabalho menor, mas ele escolheu não enxergar a si mesmo como meramente outra engrenagem do sistema de negócios de Edison, imaginando-se como um sócio que não intervém. Ele eventualmente tomou este papel. Barnes sabia intuitivamente o segredo do sucesso, da propensão a acabar com todos os vínculos com o passado, assegurando não haver recuos para uma vida prévia medíocre. Ter um propósito definido sempre rende resultados, e Hill inclui um método de seis passos, desenvolvido por Andrew Carnegie, para fazer "desejos intensos" se tornarem realidade.

Hill aconselha a não se preocupar se os outros pensam que suas ideias são malucas. Amigos de Marconi o levaram a um hospital para doentes mentais, por ele acreditar que poderia enviar "mensagens através do ar" (ele inventou o rádio). A famosa frase de Hill é "Aquilo que a mente do homem pode conceber e acreditar, ela pode alcançar", mas sua importante percepção é de que não é exigido mais esforço para se ter ambições elevadas na vida do que para aceitar uma existência de miséria e carência. Ele menciona o verso:

"Eu trabalhei como um serviçal,
Apenas para descobrir, consternado,
Que qualquer salário que eu tivesse pedido para a Vida,
Ela teria me dado de boa-vontade."

Inteligência Infinita

Uma característica que define esse clássico é sua consideração pelo inefável, e a sugestão de que a mente em harmonia com a Inteligência Infinita (o universo, ou Deus) é a fonte da riqueza. Hill entendeu que consciência não estava restrita ao cérebro; ao invés disso, o cérebro era um elemento da grande mente unificada. Portanto, estar receptivo a esta mente maior era ter acesso a todo o conhecimento, poder e criatividade.

Ele menciona os retiros de Edison ao porão dele, onde, com a ausência de barulho e luz, ele simplesmente "receberia" suas ideias. Uma pessoa receptiva a este âmbito é comparável a um piloto, voando bem acima de onde pessoas comuns estão em atividade. Tais visões permitem-lhes enxergar além das restrições do espaço e tempo regulares.

O subconsciente: nosso vínculo com a Inteligência Infinita

Hill ilustra o conceito de Inteligência Infinita através da analogia com um receptor de rádio. Da mesma forma como você pode receber mensagens importantes se você estiver sintonizado a ele, pensamentos que você tem de si mesmo são efetivamente irradiados para o mundo através do subconsciente, retornando ao local de origem conforme suas "circunstâncias". Ao compreender que as suas experiências importam apenas por causa de como você as percebe e passando a dominar seus próprios pensamentos, você pode controlar o que se infiltra em seu subconsciente. As reflexões do que você realmente deseja se tornam melhores, e "transmitem", no âmbito do infinito, claras mensagens desses desejos.

Posto que todo pensamento tende a encontrar seu equivalente físico, você cria as condições apropriadas para manifestar seus desejos. Este é o motivo pelo qual é importante anotar o dígito exato de quanto dinheiro você quer possuir. Esta quantia, uma vez bem arraigada em seu subconsciente, é removida da mente consciente e das incertezas dela, e auxilia a moldar suas ações e decisões em direção à sua concretização.

O conceito se estende à prece. A maioria das pessoas perde as esperanças na prece porque ela não funciona para elas, mas Hill acreditava que fazer isto era essencialmente uma falha de método. Seja o que for que você busca através da prece, há pouca chance de ocorrer se tratar-se de um desejo articulado através da mente consciente. O que você deseja não pode permanecer neste nível – deve se tornar parte do seu ser inconsciente, quase existindo fora de você mesmo, para que tenha efeito real.

Comentários finais

Esta é uma pequena amostra de Hill. Outros capítulos de *Pense e enriqueça* abrangem fé, persistência, tomada de decisões, procrastinação e criação de uma organização de pessoas ao seu redor. Há também o clássico capítulo sobre "o mistério da transmutação sexual", que argumenta que a energia por trás de todas as grandes realizações é sexual. Um tanto do livro pode parecer duvidoso, mas se você pensar que empresários de fato se baseiam nele, não levará muito tempo para perceber sua importância. Os multimilionários Richard Dobbins e Barrie Pettman (*The Ultimate Entrepreneur's Book*, O livro absoluto do empreendedor, em tradução livre para o português) e o magnata do mercado imobiliário John McGrath (*You Don't Have to Be Born Brilliant,* Você não tem que nascer brilhante, em tradução livre para o português), juntamente com muitos outros, reconhecem a obra de Hill como uma séria ferramenta geradora de riqueza.

Como os leitores confirmarão, o livro vai além do dinheiro. Na porção inicial, Hill empenha-se em definir "rico" em termos de amizades de qualidade, harmonia familiar, bons relacionamentos no trabalho e paz espiritual. Mais adiante, ele adverte para que você não recorra a uma posição ou força autoritária, observando que muitos líderes importantes começaram como excelentes seguidores e que você tem de aprender como estar a serviço, antes de poder realizar seus objetivos.

No entanto, a ideia central de Hill, de que a fonte da riqueza não é material, precisa ser plenamente apreciada. Ainda tendemos a nos preocupar com nossos níveis de escolaridade ou quantidade de dinheiro mais do que com bens abstratos, tais como persistência, visão antecipada e a habilidade de conectar-se com o infinito e moldar o subconsciente. Pessoas bem-sucedidas se esquivam de atribuir suas riquezas ou influência a tais habilidades "espirituais", mas Hill sabia da importância delas. É por isso que este livro continua a ser lido por décadas, em meio a crises e crescimentos econômicos. A fonte da riqueza nunca para de fluir e está além dos limites do tempo.

Napoleon Hill

Hill nasceu em 1883 em uma choupana com um quarto, no condado de Wise, na Virgínia; sua mãe faleceu quando ele tinha apenas 10 anos. Ele, aparentemente, era um dos garotos menos refinados daquela região, mas sua nova madrasta o encorajou a estudar. Aos 15 anos ele começou a escrever artigos para jornais locais.

Em 1908, enquanto estava trabalhando para a revista *Success*, de Orison Swett Marden, Hill entrevistou Andrew Carnegie. O industrial o convidou para a sua propriedade, onde, durante o período de três dias, Carnegie falou sobre sua ideia de que os princípios do sucesso deveriam estar estabelecidos de forma escrita, para que qualquer um pudesse segui-los. Carnegie desafiou Hill com uma questão: se ele estaria ou não disposto a passar os próximos 20 anos em busca deste objetivo. Hill respondeu "sim", ainda que seu trabalho, culminando em *A lei do triunfo*, nunca tenha sido financiado por seu mentor.

Hill trabalhou para o presidente Woodrow Wilson como consultor de relações públicas, e retornou à Casa Branca durante o mandato de Roosevelt, auxiliando a escrever os famosos "discursos políticos de caráter amigável e não oficial" aos americanos em transmissões radialísticas, à época da Grande Depressão. Ele também foi conselheiro pessoal de Manuel Quezon antes de esse tornar-se o primeiro presidente das Filipinas.

Com W. Clement Stone, Hill lançou a revista *Success Unlimited* e escreveu o best-seller *Sucesso através de uma atitude mental positiva* (ver p.195). Sua última obra completa foi *paz de espírito, riqueza e felicidade*, de tom mais filosófico e autobiográfico. Após sua morte, em 1970, *Think and Grow Rich: A Black Choice*, destinado ao público afro-americano, foi finalizado por Dennis Kimbro, a partir das notas de Hill. Michael J. Ritt, presidente da Fundação Napoleon Hill com base no Illinois, narrou a vida de Hill em Uma Vida Rica (com Kirk Flanders).

24 | Napoleon Hill & W. Clement Stone

1960

SUCESSO ATRAVÉS DE UMA ATITUDE MENTAL POSITIVA

"Você nasceu para ser um campeão, e não importa quantos obstáculos e dificuldades surjam em seu caminho, eles não têm um décimo do tamanho daqueles que já foram superados no momento em que você foi concebido".

"Para alcançar qualquer coisa que valha a pena na vida, é imperativo que você aplique a AMP (Atitude Mental Positiva), independentemente de outros princípios para o sucesso que você empregue. AMP é o catalisador que faz qualquer combinação de princípios para o sucesso funcionar para se chegar a uma finalidade compensadora."

Em poucas palavras

Propensão para enxergar o lado bom de cada decepção pode parecer um clichê, mas é uma marca de pessoas bem-sucedidas.

Na mesma linha

Andrew Carnegie – *The Autobiography of Andrew Carnegie* (p. 75)
Benjamin Franklin – *Autobiography* (50 Grandes Mestres da Autoajuda)
Napoleon Hill – *Pense e enriqueça* (p. 187)
Norman Vincent Peale – *O poder do pensamento positivo* (50 Grandes Mestres da Autoajuda)

Henry Ford teve a ideia de um novo motor a gasolina, que envolvia oito cilindros dispostos em um único bloco. Ele sabia que tal motor, caso fosse produzido, seria um grande sucesso. Ele pediu aos seus engenheiros que o desenvolvessem, e eles então lhe responderam que aquele motor não poderia ser feito. "Produzam-no de qualquer maneira", disse Ford aos engenheiros. Eles voltaram sem um motor que funcionasse, mas Ford insistiu para que continuassem tentando até obterem algo.

O Ford V8 se tornou um dos motores mais bem-sucedidos da história, posicionando a companhia bem à frente de seus concorrentes. Hill e Stone mencionam este caso porque demonstra como atitudes diferentes podem gerar resultados completamente diferentes. Você pode ter um ponto de vista negativo ou positivo sobre qualquer circunstância da vida.

Este conceito foi demonstrado cientificamente por Martin Seligman. Em seu clássico *Learned Optimism* (Otimismo aprendido, em uma tradução livre), ele utilizou o termo "estilo explicativo" para descrever as diferenças entre pessoas, conforme o significado que elas atribuem a eventos. Ao estudar pessoas que trabalham com vendas, ele descobriu que, enquanto alguém desta área é desencorajado por uma série de rejeições, outro acredita que está se aproximando da pessoa que dirá "sim". Otimistas, ele descobriu, têm estatisticamente melhores desempenhos.

O grande princípio do sucesso

Napoleon Hill e Clement Stone eram grandes estudiosos do sucesso, mas no único livro em que escreveram juntos, eles decidiram focar a "atitude mental positiva". Após anos estudando pessoas de sucesso, Hill e Stone perceberam que tal atitude era o único elemento comum a todos eles.

Aqueles que conseguem o que querem têm uma filosofia profundamente arraigada, a do "É possível ser feito", enquanto que o resto da população tende a acreditar no oposto, focando-se no medo ao invés da fé. Pessoas bem-sucedidas estão continuamente se perguntando "E se?" e estabelecendo objetivos difíceis para si mesmas. Elas têm uma atitude diferente diante do fracasso, o qual elas veem mais como uma resposta do que como alguma opinião permanente sobre elas.

Outro atributo dos bem-sucedidos que Hill e Stone encontraram foi que eles "esforçam-se mais, dão 110% de si". Thomas Edison, por exemplo, administrou 10 mil experimentos diferentes antes de ter inventado o bulbo de iluminação incandescente. Muitas vezes, é quando você tenta "mais uma vez" que o sucesso vem, enquanto uma atitude mental negativa leva você a desistir justamente antes da escuridão se iluminar.

Os autores listam 17 "princípios do sucesso", mas sugerem que a atitude positiva é o elemento de ligação que junta todos eles. Ser positivo é sempre abraçar a vida; sucesso, a felicidade e a riqueza são atraídos para aqueles que são cheios de vida. Atitudes negativas somente repelem essas graças.

Muitas coisas podem ser ditas sobre uma pessoa que se torna bem-sucedida, mas uma personalidade agradável é vital, não apenas pelo modo como os outros enxergam você e se eles gostam ou não de lidar com você, mas também pela sua própria autoconfiança. "Quando a atitude que temos sobre nós mesmos é grande, e nossa atitude em relação a outros é generosa e tem compaixão, nós atraímos porções também grandes e generosas de sucesso", escrevem os autores.

Aprender para ter sucesso

Escrito muitos anos após o *Pense e enriqueça* de Hill, *Sucesso através de uma atitude mental positiva* inclui histórias de muitas pessoas cujas vidas foram transformadas após a leitura daquele primeiro título, tais como a do campeão australiano da natação, Dawn Fraser. Enquanto *Pense e enriqueça* é um gerador motivacional que se originou de um estudo de 20 anos de duração sobre os homens mais bem-sucedidos

dos Estados Unidos, *Sucesso através de uma atitude mental positiva* é mais maduro, com ênfase na obtenção do sucesso em qualquer área da vida.

O livro possui muitas referências a figuras dos negócios que não são tão bem conhecidas nos dias de hoje, tais como Edward Bok (1863–1930), o imigrante holandês que se tornou um famoso editor e gerenciador da produção de publicações (ver p. 49), e Henry Kaiser (1882–1967), um filantropo industrial e da área da construção naval. Além disso, os autores reservam uma quantidade significante de espaço para as realizações e pensamentos do industrial Andrew Carnegie (ver p. 75), que encorajou Hill a dedicar 20 anos ao estudo de pessoas bem-sucedidas.

Embora seu valor básico esteja no conceito da atitude mental positiva, o livro fica mais interessante pelo modo como observa a literatura do sucesso: todos, de Samuel Smiles (*Ajude-se,* ver *50 Grandes Mestres da Autoajuda*) e Orison Swett Marden (*Pushing to the Front,* ver p. 259) a Horatio Alger (*Ragged Dick*, ver p. 19) são discutidos, assim como alguns dos contemporâneos, como Claude Bristol (*A força mágica da vontade,* ver p. 57) e Frank Bettger (*Do fracasso ao sucesso em vendas,* ver p. 35). Assim mesmo, Hill e Stone reservam seu maior reconhecimento para a Bíblia, e incluem uma lista de citações bíblicas para mais inspiração.

Alguns devem querer saber como se pode discutir a Bíblia, manuais de vendas e *Pense e enriqueça* ao mesmo tempo, mas Hill e Stone não veem ironia nisso. A literatura do sucesso pode ser ampla porque ela está ligada a um elo precioso: a ideia de viver de acordo com as expectativas de suas potencialidades, de todas as maneiras.

Comentários finais

Sucesso através de uma atitude mental positiva contém uma quantidade considerável de ideias motivacionais antiquadas. No entanto, as leis psicológicas que auxiliavam o sucesso na década de 1950 eram as mesmas que as de hoje, e a habilidade de manter uma perspectiva positiva sob pressão ainda vale uma fortuna no mundo dos negócios. O próprio Stone recorreu a isso, durante a Grande Depressão, quando seu negócio de seguros ia mal e ele precisava encontrar uma saída. Ele inesperadamente encontrou o livro *Pense e enriqueça,* de Hill, e sua exigência sobre a "certeza de objetivos" o ajudou a mudar as coisas.

Os dois autores se conheceram apenas em 1952, época em que eles podiam olhar retrospectivamente sobre muitos anos de fracasso e sucesso, e então traçar algumas lições. A primeira, eles concordaram, era que você realmente poderia se tornar uma pessoa melhor e mais bem-sucedida simplesmente por escolher manter-se positivo.

Nelson Mandela (*Longa caminhada até a liberdade*, ver p. 251) é um dos grandes exemplos de atitude mental positiva em ação. Não importava o que lhe acontecesse, ele acreditava que um dia seria liberto da prisão e guiaria seu povo à paz. A vitória de Mandela é um exemplo daquilo que Hill e Stone chamam de "agravamento da inspiração", a motivação que você vivencia quando ocorre algo que você sente que não deveria estar acontecendo. Mas enquanto algumas pessoas serão consumidas pela fúria ou depressão, outras estarão determinadas a fazer reparações construtivas.

Eleanor Roosevelt (ver p. 295), que superou uma infância trágica e muitos empecilhos para se tornar a "primeira-dama do mundo", é outro grande exemplo de alguém que conscientemente escolheu encarar as coisas de maneira positiva.

Nós podemos conhecer a frase "se a vida lhe dá limões, faça uma limonada", mas nós realmente entendemos o quanto uma atitude mental positiva pode transformar nossas vidas? O modo como explicamos as coisas para nós mesmos é talvez o fator mais importante na questão de se seremos ou não bem-sucedidos em algo, pois enquanto todos encontram empecilhos pelo caminho, um grupo bem menor de pessoas é capaz de aceitar esses empecilhos rapidamente e prosseguir, sabendo que as coisas devem logo mudar para melhor, como inevitavelmente acontece. Eles descobriram um segredo do sucesso, que "o otimismo é poder".

W. Clement Stone

Stone nasceu em 1902. Seu pai morreu quando ele ainda era uma criança pequena, deixando a família sem dinheiro. Na adolescência, tornou-se vendedor de jornais nas ruas de Chicago para ajudar sua mãe a pagar o aluguel. Mais tarde se mudou para Detroit, para se juntar à mãe nas vendas, de porta em porta, de seguros de acidentes e de vida, espalhando as sementes para uma fortuna feita com seguros. Ele se tornou o fundador e presidente da Companhia de Seguros Combined, que inicialmente prosperou durante a Grande Depressão por meio da venda de seguros de viagem para as muitas pessoas transitando através dos Estados Unidos.

Um respeitado filantropo, é dito que Stone doou 275 milhões de dólares para a caridade e esteve envolvido nos Clubes Boys and Girls por muitos anos. Ele também era um colaborador significativo do partido Republicano, e atraiu controvérsias por seu apoio financeiro na administração de Nixon.

Conhecido por seu bigode bastante fino e gravatas borboletas, seu outro trabalho bem conhecido é *O sistema de sucesso que nunca falha*. Ele morreu aos cem anos. Esta biografia é parcialmente baseada no obituário de Harold Jackson, no Guardian, de 17 de setembro de 2002.

A biografia de Napoleon Hill está na página 193.

25 | Tom Hopkins

1982

O GUIA OFICIAL PARA O SUCESSO

"Vencedores quase sempre fazem o que eles consideram ser a coisa mais produtiva a cada momento; perdedores nunca fazem tal coisa. Quando você observa o que vencedores e perdedores fazem, de fato, momento a momento, a diferença dessas duas divisões da raça humana, na verdade, é bem pequena. Mas os resultados dessas pequenas diferenças continuam se somando a todo instante, até que chegam a um tamanho crítico."

"A coisa mais valiosa que você pode possuir é a imagem de si próprio como um vencedor no grande jogo da vida, como contribuinte da melhoria da humanidade, como alguém que alcança objetivos que valem a pena. A menos que você tenha esta imagem de si mesmo, nada digno de posse ficará com você por muito tempo."

Em poucas palavras

Crie um objetivo nobre para a sua vida e, então, use todos os instantes para alcançá-lo.

Na mesma linha

Frank Bettger – *Do fracasso ao sucesso em vendas* (p. 35)
Stephen R. Covey – *Os 7 hábitos das pessoas altamente eficazes* (p. 121)
Brian Tracy – *Realização máxima* (p. 335)

A história pessoal de Hopkins é similar àquela de Brian Tracy e Frank Bettger, pois sua rota ao sucesso foi através de vendas. Seu livro *How to Master the Art of Selling (Como dominar a arte de vender*, em tradução livre para o português) pode ter vendido 1,4 milhão de cópias, mas *O guia oficial para o sucesso* é seu livro mais abrangente para pensar o êxito pessoal da vida em geral. Embora tenha apenas 170 páginas, foi um dos títulos mais proeminentes sobre sucesso da década de 1980 e ainda hoje é lido.

Ainda que o livro contenha centenas de boas ideias, aqui nós comentaremos duas ou três que se destacam. A primeira se relaciona a conquistar uma nova compreensão sobre como nós utilizamos nosso tempo, e a segunda, às "autoinstruções" que nós podemos usar para programar a nós mesmos para o sucesso.

Momentos que se complementam para toda uma vida

Se você acredita que a realização de toda uma vida é o resultado de visão e objetivos audaciosos, você está correto. No entanto, você pode errar em considerar a obra-prima somente após ela já estar pronta; a obra final é provavelmente o resultado de anos de pequenas "pinceladas", aqueles momentos de produtividade que parecem insignificantes no instante em que ocorrem, mas que se desenvolvem em algo grande.

Se fosse possível levar apenas uma coisa do livro de Hopkins, deveria ser esta frase:

> *"Vencedores quase sempre fazem o que eles consideram ser a coisa mais produtiva a cada momento; perdedores nunca fazem tal coisa."*

Isso não significa que a pessoa bem-sucedida é continuamente frenética, porque algumas vezes a coisa mais produtiva que se pode fazer é descansar, admirar o pôr do sol ou conversar com seu companheiro. Isso quer dizer que vencedores sabem valorizar cada momento, e se pressionarão a fazer coisas que outros não teriam a autodisciplina necessária para realizar. Hopkins não o menciona, mas o leitor é lembrado da afirmação de Frank Bettger: "A maioria dos homens bem-sucedidos que eu conheci é absolutamente implacável com o próprio tempo".

Da mesma forma, para fazer uma analogia financeira, uma quantia em dinheiro que tem seu interesse reinvestido ao longo do tempo parece crescer espantosamente (a mágica do interesse dos juros compostos), assim, na vida, o efeito cumulativo do trabalho diário – se ligado a um objetivo claro – parece produzir resultados maravilhosos. Naturalmente, pode ser difícil se tornar uma pessoa extremamente produtiva repentinamente e superar os hábitos de toda uma vida. Assim, Hopkins nos oferece sua "dúzia de ouro", 12 palavras que você deve repetir a si mesmo três vezes por dia, para que você se lembre de gastar seu tempo produtivamente. Esta autoinstrução diz: "Eu devo fazer a coisa mais produtiva possível a todo instante fornecido".

Inicialmente, a autoinstrução pode parecer como uma sentença cruel (no sentido aprisionador da palavra), mas logo você irá considerar que o comprometimento é libertador. Você se sentirá com mais energia porque os resultados de sua nova atitude servirão para motivá-lo ainda mais. O propósito gera energia.

Programando o sucesso

Hopkins diz que todas as pessoas vivem de acordo com instruções. Estas se dividem em três categorias:

1. Aquelas instruções fornecidas pela configuração do seu cérebro – o instinto.
2. As compelidas a você durante a sua infância – "faça isso e não faça aquilo".
3. Aquelas que você criou para si mesmo – autoinstruções.

Enquanto cientistas ainda estão tentando investigar como e por que a autoinstrução funciona, o ponto alarmante de Hopkins é que se você se nutriu apenas com instruções negativas de como viver, *suas realizações serão negativas*. Dado aquilo que você disse a si mesmo, você pode apenas "ter sucesso ao falhar". Isto deixa você com a compreensão de que, do modo como você vive o dia a dia, não há, na verdade, muita liberdade de escolha, pois você está simplesmente agindo da maneira como você disse a si mesmo que poderia ou deveria agir.

No entanto, você pode ser liberto se buscar alterar as instruções, e se essas instruções são todas de natureza positiva, será difícil *não* ser bem-sucedido nas áreas em que você deseja ser. Isso é o que Hopkins quer dizer quando ele fala sobre "inverter nosso botão do 'perder' para 'ganhar'".

Nós supomos que pessoas bem-sucedidas têm muita confiança por causa de seus sucessos, mas talvez nós tenhamos concebido a ideia inversamente: elas se tornaram bem-sucedidas porque eram generosas na avaliação de si próprias desde o início. Foi a crença em si, sua autoinstrução de que "você alcançará seu objetivo, será uma estrela", que fez toda a diferença, não um evento de sorte. Nós todos temos sorte algumas vezes, mas aqueles que estão determinados a ser bem-sucedidos, de qualquer forma serão capazes de aproveitar o máximo dela, porque eles praticamente esperam que a boa sorte ocorra.

Hopkins sugere que seja escrito, em cartões, dez autoinstruções que representam o tipo de pessoa que você quer ser. Se você trabalha com vendas, por exemplo, Hopkins sugere: "Eu quero sempre passar uma impressão agradável, porque eu entendo do meu negócio, visto-me profissionalmente e sou delicado com as pessoas". Não importa se essas coisas são verdadeiras naquele momento; a questão é repetidamente instruir a você mesmo, e com a sensação de que são fatos, depois de um tempo elas tornar-se-ão. Depende de você criar instruções para cada área de sua vida, e carregá-las com você para todo lugar: elas representam um novo você, bem-sucedido.

Além das metas para um objetivo maior

"Prepare-se para o trauma do sucesso", Hopkins aconselha. Ele nota o padrão de pessoas que ficam deprimidas ou perdem o sentido do propósito, uma vez que elas alcançaram um objetivo maior. Você deve continuamente criar novas metas para que você seja feliz.

Um modo de reter um senso de realização contínuo e autêntico, Hopkins diz, é criar um objetivo maior além das metas específicas que você busca alcançar. Utilizando-se de um excelente exemplo, ele escreve:

> *"O grande objetivo de Jonas Salk não era se tornar o mais importante do laboratório para que pudesse ser qualificado para um benefício. Ele fixou-se em derrotar a poliomielite."*

Se sua visão está fixada em uma tarefa alguns níveis acima de você mesmo, você será uma ameaça ao seu chefe. É muito melhor ser uma pessoa "percebida como alguém que pode realizar grandes feitos", cujos objetivos maiores atraem você para a realização deles, acumulando credibilidade conforme você progride. O benefício adicional desta visão mais ampla é que ela auxilia você a colocar os pequenos obstáculos e inconveniências do dia a dia em perspectiva.

Comentários finais

Após uma breve introdução do herói de Hopkins, Norman Vincent Peale, *O Guia oficial para o sucesso* começa sem rodeios, quase como se você o tivesse aberto no meio, e termina sem declarações grandiosas. Diferentemente de algumas obras da literatura do sucesso, o livro é repleto de conselhos práticos e sem muitos discursos motivacionais. Também há uma lista de indicação de boas leituras no final, destacando muitos dos clássicos do sucesso e da autoajuda das décadas de 1960 e 1970.

Em suma, embora o livro de Hopkins tenha mais de 20 anos, é ainda um útil manual de êxito pessoal, e, se você vir uma cópia à venda, saiba que vale a pena adquiri-la.

Tom Hopkins

Depois de abandonar a faculdade, Hopkins trabalhou com construção antes de ingressar na área de vendas. Os seus primeiros esforços como vendedor renderam a ele uma média de apenas 42 dólares mensais. Após um curso de treinamento, ele transformou seu empenho em vendas, tornando-se um corretor imobiliário de destaque, e é hoje um dos melhores instrutores de vendas do mundo.

Hopkins escreveu 12 livros, incluindo o best-seller *How to Master the Art of Selling* (Como dominar a arte de vender, em tradução livre para o português) e Guia para excelência em vendas. Ele vive no Arizona.

26 | Muriel James & Dorothy Jongeward

1971

Nascido para vencer

"É necessário coragem para ser um verdadeiro vencedor – não um vencedor no sentido de derrotar alguém por sempre insistir em chegar à frente, mas um vencedor em reagir à vida. Demanda coragem vivenciar a liberdade que surge com a autonomia; coragem de aceitar intimidade e contato direto com outras pessoas; coragem de manter a posição em uma causa impopular; coragem de escolher autenticidade ao invés de aprovação – e fazer isto repetidamente; coragem de aceitar a responsabilidade por suas próprias escolhas; e, de fato, coragem de ser a pessoa única que você realmente é."

Em poucas palavras

Amplie seu entendimento do sucesso para que inclua autoconhecimento e maior ligação com outros. Você tem tudo que precisa dentro de si para ter sucesso.

Na mesma linha

Stephen R. Covey – *Os 7 hábitos das pessoas altamente eficazes* (p. 121)

Abraham Maslow – *Motivação e personalidade* (50 Grandes Mestres da Autoajuda)

Cheryl Richardson – *Take Time for Your Life* (p. 281)

Eleanor Roosevelt (por Robin Gerber) – *Leadership the Eleanor Roosevelt Way* (p. 295)

James e Jongeward escreveram *Nascido para vencer* imaginando que teria um público de leitores modesto e acadêmico na área da psicologia. No entanto, após pouco mais de 30 anos de sua publicação, ele havia vendido mais de 4 milhões de cópias e foi traduzido para 18 idiomas. Em seu prefácio à edição comemorativa do vigésimo quinto ano, as autoras explicaram o sucesso do livro pelo desejo dos leitores de quererem compreender o que faz as pessoas "funcionarem", se é algo nelas mesmas, nos membros de suas famílias ou em seus colegas de trabalho. O livro não apenas fornece percepções valiosas sobre por quê nós fazemos o que fazemos, mas complementa com profundidade a literatura do sucesso por suas distinções refinadas sobre o que cria um vencedor.

Tornando-se um adulto

Nascido para vencer fundamenta-se em duas áreas da psicologia: na análise transacional, desenvolvida pelo Dr. Eric Berne (autor do *best-seller Os jogos da vida*), e na terapia da Gestalt, desenvolvida por Frederick Perls. As autoras combinam as duas em um conjunto de ideias que busca criar uma pessoa responsável, plena – um "vencedor".

Análise transacional é baseada na ideia de que todos possuem três "estados do ego" que produzem tipos diferentes de comportamento: o Pai, o Adulto, e a Criança. No estado do Pai, você sente a necessidade de ser crítico ou irromper pré-julgamentos. No estado da Criança, você age impulsivamente, de maneira agitada ou indefesa. No estado do Adulto, você é responsável, plenamente consciente e racional.

A função primária da voz do Adulto é reconhecer a realidade e tomar decisões. James e Jongeward descrevem o Adulto como o "administrador executivo da personalidade". Algumas pessoas passam grande parte de suas vidas adultas evitando tomar decisões, então quando elas finalmente precisam decidir algo, é aterrorizante. Elas podem ter que desafiar a voz interna do Pai, alertando-as dos riscos, ou a voz da Criança, que não quer deixar para trás seu casulo protetor. Mas todos chegam a estes momentos. Vencedores os compreendem e crescem, perdedores evitam a oportunidade e retrocedem.

Gestalt é uma palavra alemã que em linhas gerais significa "uma totalidade organizada". Terapia Gestalt é sobre integrar a personalidade e desenvolver a autoconsciência, para que as pessoas sejam capazes de enxergar seus padrões e comportamentos inconscientes. Por exemplo, uma pessoa cuja identidade está envolvida em ser um "bom samaritano" pode estar barrando outro lado dela mesma, o lado que às vezes se enfurece. Você tem que ter consciência das suas polaridades, e estar disposto a sentir coisas que você pode considerar não serem "boas" ou próprias de você mesmo. A pessoa saudável, a vencedora, estará mais disposta a expressar mais aspectos de si no momento apropriado. Ela confiará mais em sua própria intuição, e desejará se renovar mental e fisicamente, para fornecer mais e crescer.

Liberdade para escrever seu próprio roteiro

Juntas, a análise transacional e a terapia Gestalt auxiliam a pessoa a viver plenamente consciente no presente e a ser responsável pela sua própria vida. Apesar de isso poder soar um tanto quanto autoajuda, é difícil imaginar como você poderá ser considerado bem-sucedido sem essas duas coisas. Embora você possa pensar que seus jogos e posturas causam pouco impacto, de forma cumulativa eles fazem uma grande diferença no seu caráter, criando uma resistência à realização de seu potencial. Ao se tornar mais objetivo sobre como você lida com as pessoas e como elas agem com você, estará mais liberto. Se, anteriormente, jogos e posturas paralisaram o seu sucesso, agora você pode ver essas atitudes por aquilo que elas realmente são e se centrar em seus objetivos.

As autoras discutem "roteiros da vida", os planos que você, consciente ou inconscientemente, possui para viver a sua vida. A vida é frequentemente como uma peça de teatro, e humanos adotarão papéis baseados naquilo que foi dito a eles, por suas famílias ou culturas, sobre eles mesmos. Nós começamos a vida, Perls disse, "escravizados por nossos pais", mas algumas pessoas permanecem assim durante toda a vida. Gostemos dela ou não, temos uma história para atuar que pode nos convir ou não, e o ser humano maduro sentirá a necessidade de, em algum momento, trocar de roteiro, como uma cobra troca de pele, e escrever sua própria história.

Ocasionalmente, o roteiro que temos não se adapta ao roteiro cultural da época, e nós temos que manter nossa posição, como Galileu, Martinho Lutero ou Rosa Parks, correndo o risco de punição ou até mesmo morte. Mas até definirmos de fato nosso propósito pessoal, independente da criação, cultura ou genes, nós permanecemos sendo menos do que poderíamos ser.

Tornando-se um vencedor

James e Jongeward descrevem um vencedor como sendo "crível, confiável, receptivo e genuíno, tanto como indivíduo quanto como um membro da sociedade". Como vencedores não estão ocupados com eles mesmos, suas energias podem ser concentradas em contribuir com uma causa maior. Quando lidam com outros, se esforçam para preservar a dignidade dessas pessoas e não se interessam em ganhar a todo custo. Assim mesmo, eles são bem-sucedidos em sua habilidade de produzir situações em que todas as partes "saem ganhando", devido a uma compreensão superior de todos os lados envolvidos. Vencedores não temem a intimidade, e podem ser a pessoa mais espontânea do grupo, pois eles não estão inertes em seu modo de ser. Vencedores estabelecem objetivos para eles próprios, para serem capazes de viver no presente.

Nós literalmente "nascemos para vencer", dizem James e Jongeward. Possuímos todo o necessário dentro de nós para obtermos sucesso. Ainda que saiamos indefesos do útero, alguns prosseguirão para a completa independência e não terão medo de executar plenamente sua função em comunidade, enquanto outros – os "perdedores" – nunca aceitarão totalmente a responsabilidade por suas vidas. Tais indivíduos vivem no passado ou no futuro, e, porque eles nunca se dão ao trabalho de consolidar seus objetivos, não fazem bom uso de seu tempo.

Perdedores aprenderam a lidar com experiências difíceis da infância manipulando ou causando dano a outros, negando a verdade a eles mesmos. Tentam controlar pessoas, ou fazer o papel de vítima, ou o da pessoa distante e indiferente, para preservar uma sensação de identidade. Para outros, no entanto, este conjunto de padrões mentais ("disfarces") apenas os fazem aparentar falsidade.

James e Jongeward resumem a tragédia do perdedor da seguinte forma: "Perdedores são pessoas que repetem, fazendo isso não só com seus próprios erros, mas frequentemente repetindo os lapsos de suas famílias e também as falhas de suas culturas". Pessoas vencedoras observam, escutam e aprendem, e então são capazes de concentrar coragem para mudar quando se faz necessário.

Comentários finais

Nós todos tivemos a experiência de sabotarmos nossos objetivos por não estarmos no controle do que dizemos e de como reagimos. A pessoa bem-sucedida tem a determinação para descobrir as causas dessas reações automáticas e alterá-las, sabendo que o autoconhecimento pode evitar ações similares no futuro.

"Sucesso" pode ter sido convencionalmente considerado como a habilidade de se manipular outras pessoas e eventos. Napoleão, por exemplo, era conhecido por ter dito: "Circunstâncias – o que são circunstâncias? Eu *crio* circunstâncias". A questão é se você quer ter este tipo de sucesso ou aquele do tipo que Abraham Maslow descreveu como "autorrealizado", isto é, o sucesso vivenciado por pessoas que alcançam coisas no mundo, e que também estão muito confortáveis com elas mesmas e têm a capacidade de doar e contribuir.

Nascido para Vencer pode ser classificado como um livro de autoajuda, mas seu título o apresenta como essencialmente um livro sobre sucesso, diferente da maioria deste gênero. Embora a literatura sobre o sucesso trate, à primeira vista, de feitos externos, na verdade sua principal preocupação é a realização do potencial de cada um, a busca para você seja o melhor que você pode ser.

O ideal de James e Jongeward da pessoa completa, que conscientemente integrou todos os seus "lados" e não precisa mais travar jogos com outros, é certamente o tipo de pessoa de que o mundo precisa hoje.

Muriel James e Dorothy Jongeward

Muriel James é psicoterapeuta, com título de doutorado concedido pela Universidade da Califórnia, no campus de Berkeley, onde, no corpo docente de extensão, lecionou por muitos anos. Ela também é orientadora psicológica de casais e de assuntos familiares licenciada, instrutora de análise transacional e antiga presidente da Associação da Análise Transacional. Dentre seus 17 livros estão *It's Never too Late to Be Happy: The Psychology of Self-Parenting, Hearts on Fire: Romance and Achievement in the Lives of Great Women e The OK Boss* (em tradução livre para o português, respectivamente, Nunca é tarde demais para ser feliz: a psicologia da autopaternidade, Corações flamejantes: romance e realização na vida de grandes mulheres e O chefe OK).

Dorothy Jongeward é professora, orientadora e consultora de administração, especialista em comportamento organizacional. Ela também trabalhou na Universidade da Califórnia, Berkeley; é ativa nos círculos de estudos sobre análise transacional e orientadora psicológica de casais e assuntos familiares licenciada. Seus outros livros incluem *Everybody Wins: Transactional Analysis Applied to Organizations* e, também com Muriel James, *Winning Ways in Health Care e Winning with People: Group Exercises in Transactional Analysis* (em tradução livre para o português, respectivamente, Todos ganham: análise transacional aplicada às organizações, Vitórias na saúde e Vencendo com as pessoas: grupo de exercícios em análise transacional).

27 | Spencer Johnson

1998

Quem mexeu no meu queijo?

"Ele sabia que tinha aprendido algo útil sobre prosseguir com seus amigos ratos, Sniff e Scurry. Eles simplificavam a vida. Não analisavam ou complicavam demais as coisas. Quando a situação mudava e o queijo tinha sido mexido, eles mudavam juntamente com o queijo. Ele se lembraria disso."

"Ele percebeu que o modo mais rápido de mudar é rir de sua própria insensatez."

Em poucas palavras

A habilidade de não apenas aceitar a mudança, mas de criá-la, é uma marca do indivíduo dinâmico.

Na mesma linha

Susan Jeffers – *Tenha medo... e siga em frente* (50 Grandes Mestres da Autoajuda)
J. W. Marriott Jr. – *The Spirit to Serve* (p. 267)
Ernest Shackleton (por Margot Morrell e Stephanie Capparell) *Shackleton – Uma lição de coragem* (p. 319)

Um grupo de velhos amigos de escola está reunido para o jantar, e o assunto da conversa chega ao tema mudanças: na carreira, em relacionamentos e na vida familiar. Um dos presentes defende que as mudanças não o chateiam mais, desde que ouviu "uma historieta engraçada" chamada "Quem mexeu no meu queijo?". Desta maneira engenhosa, Spencer Johnson introduz o leitor à sua fábula sobre como lidar positivamente com mudanças.

A história envolve quatro personagens que vivem em um labirinto: os ratos Scurry e Sniff, e dois duendes, Hem e Haw. Tudo vai bem porque eles acharam uma imensa fonte de sua comida favorita: queijo. Hem e Haw até mudaram a casa para ficar mais próxima daquela fonte, que se tornou o centro de suas vidas. Mas eles não perceberam que ela estava diminuindo, e ficaram arrasados quando chegaram até o local em uma manhã e verificaram que o queijo se foi.

Aqui é o ponto em que a história se divide em duas. Scurry e Sniff rapidamente aceitam a perda do queijo e vão para fora do labirinto, à procura de outras fontes. Os duendes, porque construíram suas vidas ao redor do grande queijo, sentem que são vítimas de algum tipo de fraude ou roubo. Mas isto só piora as coisas, uma vez que o apego que tinham pelo queijo só aumenta a fome. Enquanto isso, os ratos seguem em frente e acham mais queijo.

Haverá outros queijos

A fábula captura bem aquele momento que acontece após você perder o seu emprego ou depois do término de um relacionamento, quando você acha que é o fim do mundo. Todas as boas coisas estavam na situação passada, e tudo que o futuro possui é o medo das incertezas. Mas a mensagem de Johnson é que, ao invés de ver mudanças como o final de algo, você deve aprender a vê-las como um começo. Isto já foi dito para todos nós, mas às vezes falta motivação. Para fazer com que ele mesmo aceitasse a realidade, Haw escreve isto na parede do labirinto: "Se você não mudar, você pode ser extinto".

Ainda que Johnson não o mencione, o leitor é relembrado de pessoas como o explorador Sir Ernest Shackleton, de quem o "queijo" era a esperança que seus homens seriam os primeiros a atravessar a Antártida a pé. Quando seu navio, carregando todos os homens, suprimentos, e equipamento, foi lentamente esmagado pelo gelo, ao invés de entrar em pânico, Shackleton logo aceitou o que tinha acontecido; sem reclamar, ele se concentrou no que poderia ser feito para que seus homens saíssem de lá vivos. (ver p. 319).

Uma mudança repentina pode colocar você em uma espiral de ódio de si mesmo e depressão, porque todo o seu senso de identidade tinha sido construído ao redor das circunstâncias antigas. O conselho surpreendentemente poderoso desta história é, no entanto, que você não deve se levar tão a sério assim. Estar disposto a rir de sua situação pode ter um efeito libertador, mesmo nas piores situações. Você pode se admirar e mesmo se divertir com quão fraco o apego tornou você.

Em uma tentativa de se inspirar, Haw escreve outra pergunta na parede do labirinto: "O que você faria se não estivesse com medo?". Ele persiste e, contra todas as expectativas, começa a gostar da caça por mais queijo. Ele não tem ideia de onde está indo, mas se sente muito bem só por se mexer. Ele também descobre algo para ajudá-lo que os ratos não têm: o poder de "visualizar criativamente" o descobrimento de mais queijo. Este uso da imaginação para criar um sentimento de confiança e esperança torna-se o seu salvador.

Sentindo medo e prosseguindo assim mesmo

Um livro sobre como lidar com as mudanças é talvez melhor categorizado como um livro de autoajuda, mas dado que as mudanças são um fato básico da existência, ter consciência delas deve ser crucial para o sucesso. A natureza das mudanças é que você nunca pensa que elas vão acontecer com você, mas tal negação impede você de aproveitar mais cedo as oportunidades de queijos novos, ou mesmo mexer no seu queijo antes que outros o façam.

Isto não é tanto porque a vida é breve (há médicos que acreditam que muitas pessoas no século XXI viverão saudáveis por mais de cem anos), mas porque tudo se vai rapidamente. Para que a vida não seja desperdiçada, ela exige certo grau de risco e aventura. Se você está disposto a viver dessa forma, as mudanças perdem o seu horror. De fato, uma pessoa que progride cria mudanças propositalmente, porque o mundo não está agora da forma como ela queria. O que Hem e Haw descobrem é que passar pelos seus medos torna você livre. Aqueles que procuram continuamente a segurança, ironicamente, ficam travados pela possibilidade de perdê-la.

Comentários finais

Enquanto *Quem mexeu no meu queijo?* lida com as mudanças em todos os aspectos de nossas vidas, dada a quantidade de escritórios em que o livro circula, seria justo dizer que sua mensagem principal está relacionada ao trabalho.

A maioria dos empregados vive sob essa condição porque prefere a segurança de um salário fixo sob a proteção aparente de um empreendimento maior. Para outros, o maior benefício pode ser na maior parte do dia não precisarem pensar de verdade; eles "realizam tarefas". Mas tal dependência restringe o crescimento pessoal da mesma forma que um servo medieval, quando concedido um teto sobre sua cabeça no feudo, dificilmente se afastava do terreno por mais de alguns quilômetros, e nunca poderia esperar ser uma pessoa verdadeiramente independente.

O valor de *Quem mexeu no meu queijo?* pode ser apreciado tanto pelo gerente quanto pelo trabalhador: o chefe pode fazer com que a equipe de trabalho o leia para se preparar para uma mudança organizacional, ou para a diminuição da empresa; e o empregado pode achar que o livro é um estímulo para entender um mundo empregatício muito mais fluido, no qual, mesmo escolhendo permanecer como empregado, pode-se estar mentalmente no controle.

Isso pode parecer interpretar demais o livro de Spencer Johnson, com menos de cem páginas, que muitas pessoas vão considerar banal. De fato, há livros mais inspiradores sobre como lidar com as mudanças, mas a lição deste é fácil de lembrar: Você tem um "grande queijo" na sua vida que você acredita que vai durar para sempre?

Spencer Johnson

Johnson tem formação na área da medicina. Recebeu seu diploma de bacharelado em psicologia da Universidade do Sul da Califórnia e sua certificação de médico da Royal College of Surgeons.

Ele trabalha como diretor médico de comunicações para a Medtronic, que inventou os marca-passos, é médico pesquisador no Instituto de Estudos Interdisciplinares (um grupo de pensadores especialistas) e consultor para a Escola de Medicina da Universidade do Sul da Califórnia.

Com Kenneth Blanchard, Johnson escreveu o best-seller *O Gerente Minuto,* e escreveu outros livros da série "Um Minuto". Ele também é o criador da série infantil *ValueTales*, baseada nas lições de vida de pessoas famosas, e também autor do livro-presente motivacional *O precioso presente*. Johnson começou a contar a história de *Quem mexeu no meu queijo*? há mais de vinte anos, mas ela só foi publicada por insistência de Kenneth Blanchard. Os editores afirmam que foram vendidas mais de 12 milhões de cópias.

28 | Robert Kiyosaki

1997

Pai rico, pai pobre

"Ambos os homens eram bem-sucedidos em suas carreiras, depois de trabalhar duro por toda a vida. Ambos ganhavam substancialmente. Mas um tinha tido dificuldades financeiras por toda a vida. O outro iria se tornar o homem mais rico do Havaí. Um morreu deixando dezenas de milhões de dólares para a sua família, a caridade e sua igreja. O outro deixou contas a serem pagas."

"Regra número um. Você deve saber a diferença entre um ativo e um passivo, e comprar ativos. Se você quer ser rico, isto é tudo que você precisa saber."

Em poucas palavras

Aprenda como o dinheiro poderia funcionar para você; desaprenda a ideia de que é você quem deve trabalhar para o dinheiro.

Na mesma linha

Warren Buffett (por Roger Lowenstein) – *Buffett: a formação de um capitalista americano* (p. 65)
George S. Clason – *O homem mais rico da Babilônia* (p. 91)
Benjamin Franklin – *O caminho da riqueza* (p. 145)
Thomas J. Stanley – *A mente milionária* (p. 327)

Pai Rico, Pai Pobre tornou-se um *best-seller* durante a explosão da internet, no final da década de 1990. Muitas ideias e negócios desapareceram quando a bolha estourou, mas este livro se manteve porque não tem nada a ver com frenesis do mercado, mas tudo a ver com nossas atitudes pessoais quanto ao dinheiro.

O título do livro vem dos dois "pais" de Kiyosaki: o seu verdadeiro, que trabalhou duro por toda a vida como educador no Havaí; e o pai de um amigo, que tinha empresas e trabalhava para si mesmo. Aos nove anos, o jovem Kiyosaki decidiu seguir o conselho do "pai rico", e *Pai rico, pai pobre* é o resultado desses ensinamentos

A corrida de ratos

Os pais de muitas pessoas dizem, ou ao menos dão a entender fortemente, que a razão que temos para estudar muito na escola é para que possamos entrar em uma universidade, e então conseguir um emprego estável. Este caminho é visto como aquele que leva ao sucesso financeiro, e qualquer outra coisa é arriscada ou estranha demais para se considerar.

Aceitando esse senso comum, baseado no medo, muitos de nós acabamos "trabalhando para o sistema". Um ambiente de trabalho mediano tem certa sensação de desespero velado. As pessoas reclamam sempre sobre os seus chefes ou do quanto ganham, mas a alternativa de sair do emprego parece ainda pior. Caso realmente decidam sair, elas já têm outro emprego ajeitado para que haja uma transição suave de um salário para outro.

Graças ao nosso medo, diz Kiyosaki, pelo resto de nossas vidas nós provavelmente dependeremos de um salário e de um empregador. Conforme você contrai uma hipoteca, dívidas e tem filhos, sua dependência só cresce, e assim também cresce o seu medo de tentar algo novo. Porque você não pode se arriscar com o que já tem, o dinheiro da aposentadoria é colocado em fundos mútuos que enfatizam a segurança, e também têm pouco retorno. E porque você está trabalhando todo o tempo para conseguir aumentos que cubram a inflação e os juros da dívida, você não tem tempo para descobrir investimentos alternativos. Para concluir, diz Kiyosaki, você trabalha de janeiro até o meio de maio só para pagar os seus impostos. Se você terminar com o suficiente para sobreviver na aposentadoria, você estará de parabéns.

Esta é a "corrida de ratos".

Bens e responsabilidades

Você sabe a diferença entre dinheiro e riqueza? Dinheiro é o *resultado* da riqueza ou de valor real, e, às vezes, apenas um símbolo dele. O que é real é o que gerou o dinheiro: um negócio com retorno maior que os custos, uma propriedade com aluguel maior que a hipoteca e a manutenção, uma obra criativa que dê *royalties*.

Os pobres e a classe média trabalham com a ideia de que o dinheiro (normalmente o salário) é o que interessa. Isto é "segurança". Mas os ricos não se concentram no pagamento por um serviço – eles estão mais interessados em algo que crie dinheiro, mesmo quando eles não estão por perto. Ao invés de procurar por empregos, eles ficam à procura de bens que serão uma fonte de renda. Como o pai rico disse ao jovem Kiyosaki, "Se você buscar dinheiro e segurança, é apenas isso que você vai conseguir". Você pode conseguir "dinheiro", mas não a *fonte* do dinheiro.

A diferença fundamental entre ricos e pobres e a classe média é que os ricos sabem a diferença entre ativos e passivos. Qualquer coisa que gere dinheiro – que realmente ponha dinheiro no seu bolso – é algo benéfico. Todo o resto que você pensa ser um bem, seja a sua casa, seu carro, ou seu conjunto caro de clubes de golfe, é muito provavelmente uma responsabilidade. Eles tiram dinheiro do seu bolso.

Você pode identificar alguém que não sabe muito sobre dinheiro quando essa pessoa se vangloria sobre quanto ganha em seu emprego. Para os astutos, salários são quase irrelevantes. O que interessa é a renda vinda des bens que nem precisam de você por perto para gerar dinheiro.

Alfabetizado e educado

Você se descreveria como alfabetizado? Sua resposta pode ser "claro". Mas você sabe ler um balanço? O pai rico disse a Kiyosaki que a contabilidade são "histórias em números", e se você pudesse ler essas histórias, teria uma grande vantagem. Alfabetização financeira é tão importante quanto a alfabetização literária. "Analfabetismo, tanto em palavras quanto em números, é a base das dificuldades financeiras", ele disse.

As pessoas perguntam frequentemente a Kiyosaki: "Como eu começo a ficar rico?", e ficam desapontadas ao ouvir a resposta: antes de fazer qualquer investimento, eduque-se sobre todas as opções e oportunidades. Quanto mais você souber, melhores serão as suas decisões. Falta de educação financeira, aliada ao desejo de riqueza rápida, leva ao desastre. "A maioria das pessoas, na sua ânsia em ficar ricas, estão tentando construir um prédio como o Empire State em uma laje de três centímetros", ele diz. Que tipo de conhecimento de base você tem?

Um dos pontos fascinantes de Kiyosaki é o mito que a especialização é o caminho para a riqueza. A ideia é que se você souber mais e mais sobre algo, você será pago mais e mais pelo seu conhecimento. O perigo com isso é que você pode ficar cego para os aspectos do negócio da sua profissão. A maioria de nós "torna-se o que nós estudamos". Quer dizer, se você estuda culinária, você se torna um *chef*; se você estuda medicina, você se torna um clínico geral, ou um especialista. Conforme você passa a saber mais sobre o seu campo, você se torna valioso, de fato – a quem quer que lhe empregue. Kiyosaki alerta que você pode passar tanto tempo se educando que se esquecerá de "cuidar das sua própria vida".

Certifique-se de que o conhecimento sobre finanças não seja deixado de fora de seu aprendizado.

Desenvolvimento pessoal e o enriquecimento

A chave para controlar dinheiro é controlar as suas emoções. Quantas pessoas ganharam na loteria ou receberam dinheiro de algum modo inesperado, só para perder o dinheiro de novo, em um ano ou dois? Nessas situações, quaisquer deficiências na educação financeira ou no autocontrole são amplificadas.

Tornar-se rico envolve autocontrole e a habilidade de separar as emoções de medo e ganância de uma boa decisão de investimento. Pode parecer estranho, mas autoconhecimento é vital para o seu futuro financeiro. A prosperidade está entremeada com o crescimento pessoal e esse é um dos segredos da riqueza no século XXI.

O pai pobre de Kiyosaki ficou alarmado quando ele entrou na Xerox como vendedor. Pessoas da classe média e com boa educação, não iam para as vendas. Mas Kiyosaki era tímido e pensou que o treinamento de vendas o tornaria menos tímido. Ele sabia que pessoas bem-sucedidas não tinham medo de rejeição, e que para avançar na vida você tem que ser bom em vender, seja você mesmo ou alguma coisa. Uma vez ele estava sendo entrevistado por uma jornalista, também escritora, que havia lhe perguntado sobre como ela poderia tornar-se mais bem-sucedida. Ele disse-lhe que deixasse o jornalismo por um ano, e fosse trabalhar como vendedora. Ele deu a ela a escolha de ou tornar-se uma autora de livros de boa venda, ou uma autora de livros de boa escrita. Ela não gostou da ideia.

Kiyosaki fez muitos cursos e seminários; um, que lhe custou 300 dólares, rendeu um milhão, quando ele aplicou suas ideias. Se ele não estimulasse sua mente e seu aprendizado, sabia que ficaria parado. As oportunidades vêm de novas ideias. Dinheiro gasto com o autoaperfeiçoamento é sempre um investimento sábio.

Comentários finais

Este livro faz você pensar. Ele faz você refletir não somente sobre investimentos e ativos, mas sobre toda a sua atitude, sobre o trabalho e a vida. Nós todos ouvimos que o mercado de ações é movido por "medo e ganância". Kiyosaki afirma que, para a maioria de nós, medo é a maior influência na nossa vida econômica. Nós somos moldados pela nossa atitude em relação ao dinheiro, e nossa atitude em relação a ele é moldada pelo medo. Se nós pudéssemos mudar nossa atitude quanto ao risco e a riqueza, poderíamos começar a pensar, agir, e viver como os ricos. Mas antes nós precisamos nos tornar financeiramente inteligentes.

Alguns dos conceitos principais foram descritos aqui, mas apenas alguns. Se você pensa a sério sobre melhorar sua situação financeira a longo prazo, e está disposto a admitir que você sabe pouco, você deveria comprar o livro de Kiyosaki.

Robert Kiyosaki

Kiyosaki cresceu no Havaí, onde seu pai foi chefe da educação para o governo.

Depois da faculdade em Nova York, ele trabalhou para a Standard Oil, no embarque de navios-tanque, e como vendedor para Xerox, e perto dos 25 anos se tornou fuzileiro naval, indo ao Vietnã como oficial e piloto de helicóptero. Ele também começou a comprar e vender apartamentos e a investir na bolsa, e em 1977 introduziu nos Estados Unidos, com sucesso, as "carteiras de surfista", de nylon e velcro.

Sua empresa, a Cashflow Technologies, com sede em Phoenix, no Arizona, vende produtos educacionais sobre negócios ao redor do mundo. Outros livros de Kiyosaki incluem *Aposentado jovem e rico* e *Independência financeira: guia do pai rico*.

29 | David S. Landes

1998

A RIQUEZA E A POBREZA DAS NAÇÕES

"Redondo, completo, aparentemente sereno, inefavelmente harmonioso, o Império Celestial ronronava por mais centenas de anos, impenetrável e imperturbável. Mas o mundo prosseguia."

"A sociedade da América do Norte de pequenos proprietários rurais e trabalhadores relativamente bem pagos foi um viveiro da democracia e da iniciativa. Igualdade criou autoestima, ambição e prontidão para entrar e competir no mercado, um espírito de individualismo e combatividade."

"Se nós aprendemos alguma coisa da história do desenvolvimento econômico, é que a cultura faz toda a diferença... mas a cultura, no sentido de valores internos e atitudes que guiam uma população, assusta os estudiosos."

Em poucas palavras

O sucesso genuíno nunca é um acidente. Os prósperos têm uma cultura de progresso que combina curiosidade e dedicação persistente.

Na mesma linha

Jim Collins – *Empresas Feitas para Vencer* (p. 107)

Estudiosos do sucesso – se eles levam a sério a descoberta de seus segredos e padrões – devem estar preparados para o trabalho em lugares inusitados. Nossas leituras levaram-nos ao mundo corporativo; agora vamos procurar as pistas que o sucesso deixa no mundo das nações. Este comentário é um pouco mais longe da maioria, mas espera-se que ele recompense o tempo a mais de leitura.

Europa medieval

O mundo nunca foi um lugar de oportunidades iguais, David Landes nota. Clima e geografia ("desigualdades da natureza") deram deficiências a alguns países, especialmente nas regiões mais quentes, enquanto terras temperadas têm o benefício de chuvas regulares, bom solo, florestas de madeira resistente, frio suportável, sem contar as condições certas para a criação de gado. Tais elementos suscitaram sociedades mais estáveis e maior taxa de desenvolvimento econômico, e foram fatores importantes no lento crescimento da Europa na Idade Média.

Mil anos atrás, ninguém poderia prever o domínio continental da Europa. Ela estava sob o ataque dos vikings ao norte, dos mouros ao sul, e dos húngaros ao leste, e estava defasada intelectual e tecnicamente, em comparação ao conhecimento do mundo árabe e da civilização chinesa.

Mas a Europa tinha algo que seria de grande valor: era herdeira das tradições romana e grega clássicas, por mais imperfeitas que tivessem sido, de democracia e meritocracia. Em contraste, a cultura política das civilizações ao redor era primariamente despótica; Landes as descreve como "operação de extrair à força", quando precisavam de mais, não hesitavam em simplesmente tomar à força do seu próprio povo. A Europa teve o seu quinhão com governantes tirânicos, mas seu conceito de propriedade privada deu motivação e encorajou a iniciativa. O cristianismo medieval também deu limite ao comportamento dos governantes, já que eles eram subordinados a Deus e não podiam abusar do povo o quanto quisessem. Uma boa ordem cristã significava um processo regular, o governo pela lei, e a proteção da propriedade conquistada justamente.

Tudo isso tornou a Europa diferente. A roda d'água, os óculos, relógios confiáveis e o livro impresso foram invenções medievais da Europa. Gutenberg publicou sua Bíblia em 1452 e já em 1501 havia milhões de livros na Europa. Enquanto isso, a China imperial estava calma em seu isolamento e não se preocupava em aprender nada novo, particularmente se viesse dos "bárbaros". Os governantes chineses eram "obcecados pelo controle", como se diz hoje, controlando tudo e exigindo obediência total. Iniciativa era vista como uma ameaça.

Assim, a Europa ultrapassou a China ao refinar e adaptar muitas de suas inovações. Diferentemente da China, diz Landes, "A Europa era uma aluna". Apesar de sua estrutura feudal de reis e rainhas, nobres e camponeses, a Europa medieval tinha cidades e regiões vibrantes e independentes. Era essencialmente um livre mercado – não só de produtos, mas de *ideias.* Alfabetização não era somente um luxo para os ricos, diz Landes: os europeus liam, escreviam e publicavam, tanto cidadãos comuns quanto membros do governo. A força que impulsionava era o desejo de manter registros e também a *curiosidade.*

Todas as nações que se dão bem mostram o que Landes chama de *buildup* – o acúmulo de conhecimento e *know-how* ao logo do tempo; e o *break-through* – alcançar o ponto a partir do qual as coisas passam a seguir por si mesmas. Ele identifica três fatores que podem ser responsáveis pelo sucesso da Europa, e que a tornaram o lugar para a revolução científica, e depois para a revolução industrial:

1. Autonomia da interferência da Igreja ou do Estado para pesquisa intelectual.
2. Criação de um sistema amplamente aceito de fornecer conhecimento.
3. A criação da rotina da pesquisa como uma atividade aceita: a "invenção da invenção".

A Grã-Bretanha no século XIX

Por que a revolução industrial aconteceu na Grã-Bretanha? Primeiramente, Landes sugere, o país tinha desenvolvido uma infraestrutura social, intelectual, e política que fomentava a iniciativa: um sistema seguro de diretos de propriedade, ensino básico e superior, a liberdade essencial do povo. Nessas coisas os britânicos estavam melhor que qualquer outra nação na Europa. A Grã-Bretanha tinha outra vantagem: tinha sofrido relativamente poucas restrições religiosas, resultando em um influxo de pessoas valiosas do continente, tais como drenadores e fazendeiros holandeses, mercadores judeus, e artesãos huguenotes franceses. Católicos ingleses não podiam se tornar membros do parlamento ou ir à universidade mas eram livres para prosperar.

Apesar de seu famoso sistema de classes, era mais possível a ascensão social na Grã-Bretanha do que em qualquer outro lugar da Europa, e certamente do que fora dela. Napoleão desdenhou da Inglaterra como a nação dos sapateiros – e de certa forma ele estava certo, porque a Grã-Bretanha era um país que tinha crescido por meio do consumo. Itens eram feitos para as pessoas medianas comprarem, não só para os ricos; o que é, claro, uma marca da economia moderna. Ainda assim, não era possível predizer que a Grã-Bretanha, conforme entrava no século XIX, seria a fonte de força industrial do mundo. Como Landes coloca, "A Grã-Bretanha tinha os meios; mas então a Grã-Bretanha se fez por conta própria". Há uma grande distância entre ter a capacidade ou o conhecimento, e colocá-lo em ação. A superioridade do país "não foi dada por Deus, nem um acaso, mas como resultado de trabalho, criatividade, imaginação, e iniciativa".

Espanha Imperial e Portugal

Voltando um pouco no tempo, enquanto a China se fechava em si, no século XV, Espanha e Portugal estavam se arriscando e comercializando na costa da África e indo até as Índias. Em sua cobiça por ouro e prata, os espanhóis também se depararam com os incas. O Império Inca era impressionantemente eficiente, mas seus governantes eram déspotas e a cultura, diz Landes, "destituía as pessoas comuns da iniciativa, autonomia, e personalidade". Essencialmente socialista, o rei era o "grande distribuidor": toda a terra era dele. O império uniu diversos povos e estabeleceu uma língua comum, mas porque seu contato com o mundo exterior era limitado (também não tinham registros escritos), ele julgou mal as intenções dos espanhóis, e se considerou poderoso demais para ser vencido (uma ideia comum entre os impérios).

Landes chama os espanhóis de "cleptocratas", muito mais interessados em tomar do que criar, e frequentemente em nome de Deus. Essa combinação de ganância e retidão resultou em horríveis crueldades e exploração. No entanto, ela atingiu seu objetivo: os mercados abertos no Novo Mundo viram vasta riqueza voltar para eles, e Madri tornou-se a cidade mais rica da Europa.

Por que, então, a Espanha decaiu? O dinheiro não foi investido, mas gasto em luxo e guerra. Porque o país não tinha recebido sua nova riqueza por meio de algum tipo de indústria, Landes sugere, não passou pela cabeça colocá-la em uso produtivo. "Riqueza não é tão boa quanto o trabalho, nem tesouros são tão bons quanto as rendas", ele diz. A Espanha carecia do respeito pelo trabalho que os holandeses, ingleses, franceses e genoveses tinham desenvolvido, e tinha a crença fatal em sua superioridade religiosa e social. Ela precisava de estrangeiros para negociar e fazer o trabalho, e o trabalho manual era depreciado.

A visão de Landes é que a Espanha ficou pobre porque tinha dinheiro demais, enquanto outros países precisaram desenvolver o hábito de trabalhar, que gerou uma riqueza mais durável. Enquanto a Espanha estava decidindo como gastar o seu ouro, em outros lugares da Europa as pessoas estavam aprendendo como fazer tecidos, forjar ferro, usar madeira, processar óleo de baleia e extrair carvão – produtos que são menos excitantes, mas o trabalho necessário para produzi-los garantia que os resultados não seriam esbanjados.

O sucesso de Portugal foi uma surpresa. Sendo uma nação de apenas um milhão de pessoas no século XV, tinha colônias que iam desde as Índias Orientais à Índia e ao Brasil, a famosa "metade do mundo" dividida com a Espanha. Mas atirou no próprio pé ao adotar o fundamentalismo cristão de seus vizinhos maiores. Os judeus que tinham fugido da Espanha para Portugal para evitar a perseguição viram-se na mesma situação, com perseguições deixando muitos mortos e o resto forçado a converter-se ao cristianismo. Este foi um erro terrível, já que os judeus eram os comerciantes vitais na economia e estavam entre os melhores cientistas. Eles fugiram em multidões, e Portugal, diz Landes, "caiu em um abismo de intolerância, fanatismo e pureza de sangue". A inquisição portuguesa inspirou-se na espanhola, queimando heréticos, e tornou-se pior quando as coroas espanhola e portuguesa foram unidas sob Filipe II.

Portugal perdeu a liderança científica e voltou-se para si próprio, com toda a educação e o conhecimento controlados rigorosamente pela Igreja. Portugal apoiou-se em seu império, mas perdeu muito terreno nas ciências vitais da astronomia e da navegação, e tornou-se menos produtivo na agricultura. As novas ideias e tecnologias associadas com a Reforma Protestante naturalmente passaram despercebidas. Nos anos de 1700, diz Landes, Portugal "tinha se tornado um país retrógrado, fraco".

Assim apresenta-se a fórmula simples, repetida muitas vezes na história e certamente aplicável à Espanha e a Portugal: mente fechada = fracasso econômico.

A cultura importa

O livro de Landes foi publicado no mesmo ano que o *best-seller* de Jared Diamond, *Armas, germes e aço*, que argumentava que a afortunada geografia da Europa tinha sido o fator principal de seu sucesso. Ele é, na maior parte, convincente – mas Diamond realmente não explica o motivo de haver tanta desigualdade na prosperidade do mundo *moderno*. Landes defende que a geografia tenha sido muito importante no desenvolvimento das nações, "seria um erro ver a geografia como o destino". A Europa teve sorte, de fato, mas "sorte é só o começo".

Alguns historiadores, Landes diz, procuram uma "história multicultural, globalista, igualitária, que diga algo (preferencialmente bom) sobre todos". Nesse esquema, o sucesso europeu/norte-americano é visto como um golpe de sorte. Mas se isso for verdade, como explicaremos a industrialização e a prosperidade de países asiáticos como a Malásia, Cingapura, e a Coreia do Sul desde a Segunda Guerra, enquanto a maior parte da África e dos países da América do Sul ainda permaneciam estagnados ou regredindo? O progresso desses países é meramente acidental?

Tal argumento certamente ignora os esforços das *pessoas* que fizeram com que isso acontecesse – e só algumas dessas pessoas são líderes e membros do governo. Outra tese: talvez os outros países não *quisessem* se industrializar e adotar as instituições ocidentais; eles são, com justiça, contra qualquer tipo de imperialismo. Há alguma verdade nisso, Landes admite, mas riqueza é riqueza e pobreza é pobreza, em qualquer país em que você esteja, e muitos desses lugares tiveram muitas oportunidades de melhorar. O que, então, é o "fator-X" que distingue nações dinâmicas e bem-sucedidas daquelas que definham?

Qualquer estudioso da ligação entre cultura e economia não pode ignorar o famoso ensaio de Max Weber, *A ética protestante e o espírito capitalista*. Ainda que tenha sido ridicularizado por historiadores revisionistas, Landes diz que há muita evidência para a sua teoria de que a ética do trabalho duro e honestidade da Europa protestante permitiu o acúmulo de riqueza por parte da população. A Reforma Protestante também caminhou junto à alfabetização e ao questionamento dos dogmas, necessário para o avanço científico. A cultura da leitura popular, do aprendizado, e do questionamento – tão diferente, por exemplo, da China Imperial ou da Espanha – surgiu. Uma sensação de progresso substituiu o respeito lúgubre pela autoridade e, ao invés de serem crimes, curiosidade e inovação eram muitas vezes o caminho para a riqueza. Tais atitudes, naturalmente, também foram instrumentais para o sucesso dos Estados Unidos.

O fator-X é então uma cultura de progresso que combina curiosidade, inovação e aplicação.

É de espantar que a busca pela identificação de uma cultura econômica bem-sucedida seja tabu em alguns lugares, por parecer tratar de raça e superioridade. Essa atitude é lamentável, porque *A riqueza e a pobreza das nações* é essencialmente um corpo de conhecimento sobre as regras básicas do sucesso, para quem quer que as tenha praticado.

A riqueza e a pobreza das nações islâmicas

A civilização islâmica já foi a instrutora da Europa, um dia, muito mais avançada em conhecimento e cultura. Mas desde o triunfo de 1187, quando os cruzados cristãos foram expulsos do Oriente Médio, Landes defende, "a rota do Islã foi ladeira abaixo, na maior parte". Enquanto a Europa estava separando o religioso do secular, colocando uma ênfase nova nos fatos, no conhecimento, e no progresso científico, o Islã insistia na teocracia: um bom Estado era um Estado religioso, e aqueles dedicados à ciência não eram confiáveis.

O legado disso? Com exceção dos emirados ricos em petróleo, a grande maioria dos países islâmicos é estagnada economicamente, e muitos são ditaduras de um ou outro tipo. Como para os conquistadores espanhóis, a sorte de ter petróleo tem sido uma deficiência ao invés de uma bênção, uma vez que desenvolver empreendimentos industriais com competitividade mundial não foi julgado necessário.

Os países islâmicos de hoje encaram outra grande barreira para o desenvolvimento e a prosperidade: as mulheres continuam a ser excluídas da força de trabalho. Landes defende que "a melhor evidência do crescimento de uma nação e do potencial de desenvolvimento é o *status* e o papel das mulheres. Esta é a maior deficiência, hoje, para as sociedades islâmicas do Oriente Médio, a falha que mais os afasta da modernidade".

O mundo árabe gosta de culpar Israel por todos os seus problemas, mas Landes sugere que a paz no Oriente Médio, se algum dia vier, vai simplesmente evidenciar ainda mais as falhas do sistema econômico islâmico.

Comentários finais

Com mais de quinhentas páginas, *A Riqueza e a Pobreza das Nações* é muito mais complexo e sutil do que este comentário pode comunicar, e aqui só há espaço para alguns exemplos do argumento de Landes. Compensa mesmo ler o livro duas vezes: uma para ter uma ideia geral, outra para os detalhes fascinantes.

O título é, claramente, inspirado pelo *A Riqueza das Nações* (1776) de Adam Smith, mas Landes decidiu que era importante olhar para a pobreza assim como a riqueza, porque o fracasso pode ser o nosso melhor professor. Ele encontrou alguma similaridade entre os países malsucedidos? Ele admite que não é politicamente correto em sua resposta, que é quase sempre uma simples falha de aplicação. Da América Latina, por exemplo, ele nota que mesmo depois de duzentos anos de independência política, ela é afligida por má administração e corrupção, e mantém-se flutuando por empréstimos e manipulação de controles monetários. Toda ex-colônia tem de perceber que a independência não garante felicidade e prosperidade; indústrias devem ser desenvolvidas lentamente, as pessoas educadas com qualidade, e instituições construídas.

Algumas características de países independentes são, dessa forma, a crença no progresso; abertura para influências exteriores; um desejo de produzir mais do que consumir; um grande valor atribuído ao aprendizado; ênfase em ter certeza dos fatos; e o governo do povo, para o povo. Em contraste, buscas fundamentalistas da pureza são doenças que logo matam a saúde econômica.

Os países otimistas que trabalham duro sempre terão uma vantagem, mas é a qualidade das pessoas que os torna assim, e com pessoas o suficiente pensando da mesma forma, você tem uma cultura. Na riqueza ou na pobreza, sucesso ou fracasso das nações, a cultura importa. No sucesso ou fracasso de indivíduos, "cultura" é o caráter

– honestidade, perseverança, diligência, visão, autodidatismo, viver dos resultados.

No final do livro, Landes admite que esta receita de atribuir poder a si mesmo soa como um clichê. Mas no fundo toda pessoa, nação, e companhia sabem que isso é verdade. Aptidões naturais são sempre uma vantagem, mas ninguém nunca nasceu bem-sucedido, assim como as nações não nascem ricas.

David S. Landes

Um dos historiadores americanos mais famosos do pós-guerra, Landes nasceu em 1924 e se formou no City College de Nova York e na Universidade de Harvard. É professor emérito de história e economia da Universidade de Harvard, e teve cargos como professor de história ou economia em várias das melhores universidades dos Estados Unidos e da Europa.

Seus outros livros incluem *Bankers and Pashas*, *Revolution in Time: Clocks and the Making of the Modern World* e *The Unbound Prometheus* (em tradução livre para o português, respectivamente, Banqueiros e paxás, Revolução no tempo: os relógios no nascimento do mundo moderno e O Prometeus livre).

30 | Donald T. Phillips

1992

Liderança segundo Abraham Lincoln: Estratégias para tempos de crise

"Foi Abraham Lincoln que, durante o período mais difícil na história da nação, quase sozinho, preservou o conceito americano de governo. Se ele não tivesse sido o líder que foi, a secessão de 1860 poderia ter levado a mais divisões no país em um número infinito de partes menores, algumas preservando a escravidão, outras não. Ele cumpriu a sua tarefa com naturalidade e intuição para liderar o povo que eram, no mínimo, um século à frente do seu tempo."

"Resolvemos com justiça que estes mortos não morreram em vão – que esta nação, abaixo de Deus, terá um novo nascimento da liberdade – que o governo do povo, pelo povo, para o povo, não desaparecerá da Terra."
Lincoln, no famoso discurso de Gettysburg, 1863

Em poucas palavras
Acima de tudo, líderes buscam resultados. Muitos têm desejos, mas líderes eficientes agem.

Na mesma linha
Nelson Mandela – *Longa caminhada até a liberdade* (p. 251)
Eleanor Roosevelt (por Robin Gerber) *Leadership the Eleanor Roosevelt Way* (p. 295)
Ernest Shackleton (por Margot Morrell e Stephanie Capparell) – *Shackleton – uma lição de coragem* (p. 319)

Há, hoje em dia, muitos livros que tiram lições de liderança das vidas de pessoas famosas, mas este foi um dos primeiros. Phillips teve a inspiração inicial para isso quando, durante um seminário de uma semana sobre gerenciamento, percebeu que as ideias apresentadas tinham sido executadas na vida real por Abraham Lincoln. Ele, então, ficou espantado ao descobrir que, entre os milhares de artigos e livros escritos sobre Lincoln, havia muito pouco sobre o seu estilo de liderança. Parecia que a genialidade de Lincoln como líder e seu sucesso como presidente tinham feito dele um mito, obscurecendo o fato de que sua vida antes de se tornar presidente era comum, e o que quer que ele soubesse sobre liderança, ele tinha, como qualquer outra pessoa, aprendido.

O herói mais improvável

Lincoln nasceu em uma cabana de madeira no que era então a fronteira dos Estados Unidos. Sua mãe morreu quando ele era jovem, e seu pai casou-se novamente. Felizmente, sua madrasta o encorajou a ler. Com uma educação mínima ele seguiu tentando se encaixar em diversos trabalhos, incluindo auxiliar de escritório, dono de loja, agrimensor, e administrador de correspondências, antes de se tornar advogado. Ainda que não tivesse sido particularmente bem-sucedido no início de sua carreira política, suas opiniões sobre a escravidão nos debates Lincoln-Douglas deram uma atenção ampla a ele, e, na convenção republicana de 1860, ele ganhou a nomeação do partido para a presidência.

A eleição de Lincoln para a Casa Branca não foi exatamente acidental, mas foi bastante auxiliada pelo fato dos democratas estarem divididos entre o norte e o sul. Dentro do partido republicano, Lincoln tinha sido escolhido no lugar de William Seward apenas por ser visto como o candidato mais moderado.

Na época em que ele foi empossado, sete Estados tinham se separado da União por causa da questão da escravidão, e o presidente que deixava o cargo, Buchanan, tinha desistido de controlar a situação.

O Congresso, ainda que o exército da União estivesse desorganizado e sem fundos, tentava cortar custos, e apenas Lincoln parecia ver que algo devia ser feito se quisessem que a União sobrevivesse e se livrasse da escravidão. Decisivo e com energia incessante, sua determinação surpreendeu a todos. Ele nomeou William Seward, seu rival republicano, secretário de Estado, e Edwin Stanton, seu secretário de guerra. Ainda que nenhum deles apreciasse muito Lincoln, dentro de relativamente pouco tempo ambos mudaram de ideia.

Phillips nos apresenta o fato impressionante de que Lincoln nunca tinha tido um cargo executivo antes de se tornar presidente, mas ainda assim ele conduziu uma reorganização total do exército dos Estados Unidos, e uma expansão constitucionalmente questionável do poder da própria presidência.

Vejamos mais detalhadamente alguns dos pontos que Phillips aponta sobre Lincoln como presidente.

O líder ativo

- Lincoln sabia que a Casa Branca era uma torre de marfim, e passou a maior parte do seu tempo fora do escritório: visitando as tropas em campanha, visitando sua equipe em suas casas, visitando os feridos nos hospitais, promovendo encontros do gabinete onde quer que fosse conveniente. Ele prezava a informalidade e o contato humano.
- Lincoln usava o que hoje se conhece pela sigla inglesa MBWA – Management By Wandering Around (Gerenciamento Por Perambulação). Ele demitiu um general porque esse se isolava de seus homens, e acreditava que a melhor informação era tratada em primeira mão. Ele mesmo liderou batalhas quando foi necessário, e permanece como um dos únicos presidentes dos EUA a enfrentar o fogo inimigo literalmente.
- Sendo o presidente dos EUA mais acessível da história, Lincoln raramente mandava embora qualquer um que viesse vê-lo, fosse

um general ou um agricultor. Isto, e sua grande habilidade de escutar, ajudaram-no a edificar sua imagem como líder.

O estudioso da natureza humana

- Lincoln tinha uma "compreensão penetrante da natureza humana", escreve Phillips, que o permitia ter uma visão ampla e compassiva. Ele era capaz de perdoar erros facilmente, e era notório por seus muitos perdões, particularmente de desertores de guerra, que normalmente teriam sido enforcados. Phillips acredita que essa compaixão criava confiança e lealdade, que em tempos de guerra são absolutamente cruciais para o sucesso.
- O presidente usava persuasão, não coerção, para atingir os seus objetivos, e gostava da máxima "uma gota de mel atrai mais moscas que um galão de bílis". Só se você puder convencer alguém de que você é seu amigo é que poderá realmente influenciá-lo. Apesar de ter períodos de depressão, Lincoln nunca subestimou o poder de uma personalidade agradável, e estava sempre pronto a elogiar ou encorajar. Ele raramente ficava bravo.
- Em termos de gerenciamento dos seus próprios generais, Lincoln não temia deixar que conhecessem o que ele pensava serem seus pontos fracos, mas ele também soltava as rédeas para que agissem. Muitos não satisfaziam suas expectativas e recebiam responsabilidades menores, mas quando apareceu alguém que podia agir da forma como ele queria – Ulysses S. Grant –, colocou todo o exército dos Estados Unidos sob seu comando.

O Abe honesto e compassivo

- O apelido "Abe Honesto" era justificado. A reputação de Lincoln pela honestidade fez com que as pessoas confiassem nele e aumentou sua habilidade de liderar. Espera-se que grandes líderes "façam a coisa certa", e ele tinha esse atributo em abundância. "Valores motivam", nota Phillips.

- Lincoln procurava a objetividade: "Eu não farei nada por malícia. O que eu faço é vasto demais para ser tratado com malícia." Ele não tinha tempo para vingança, mesquinhez, ou apontar culpados. Ainda que escrevesse frequentemente cartas raivosas para os seus generais que não estavam fazendo o suficiente para vencer o exército confederado, ele nunca as enviava. Fazer isso teria criado inimigos, e ele sempre estava ávido de dar outra chance às pessoas. Ainda que alguns achassem que isto era uma fraqueza, a sua propensão para fazer vistas grossas e segurar a língua tornaram Lincoln estimado por sua equipe.
- Quando a Guerra Civil terminou, em 1865, Lincoln não procurou se vingar do Sul, e ofereceu sua boa vontade, ao invés disso. No seu Segundo Discurso Inaugural, ele proferiu as famosas palavras:

> *"Com malícia para com ninguém; com caridade para com todos... que nós consigamos terminar o trabalho que estamos realizando, para fechar as cicatrizes da nação."*

Esta visão ampla das coisas ajudou o Sul a se juntar na reconstrução do país sem medo, minimizando tanto a culpa quanto a responsabilidade.

O grande comunicador

- Lincoln foi um escritor brilhante, mas também um orador admirável. Com sua voz aguda, aspecto estranho e esquálido e roupas mal cortadas, ele não dava boas primeiras impressões, mas no final de seu discurso a sua plateia normalmente já estava conquistada. Ele gostava de adicionar anedotas, histórias, e piadas aos seus discursos, porque ele preferia que não fossem "elevados" demais. Ele queria que tivessem apelo às pessoas comuns.

- O mesmo homem, com muito pouco estudo, foi capaz de escrever o quase poético Discurso de Gettysburg, sem contar as milhares de cartas excelentemente escritas. A lição de Lincoln é que todo o investimento que pudermos fazer para aumentar nossas habilidades de comunicação vale a pena.

O inabalável

- Lincoln foi um mestre de superar empecilhos e derrotas, porque ele era apoiado pela crença de que estava do lado certo. Sua positividade e recusa de ceder à pressão fizeram dele alvo de críticas injustas, difamação, e abuso, e até que pudesse mostrar suas habilidades no cargo, ele foi rejeitado como um advogado caipira. Ele não costumava atacar seus detratores, e de fato aceitava as críticas como parte da tarefa, apenas se preocupando quando as críticas poderiam afetar a percepção do esforço de guerra da União. Ele encontrou uma válvula de escape no humor e em contar histórias, tanto para entreter os outros quanto para fazer a si mesmo passar pelos anos sombrios da guerra.

Comentários finais

O que é admirável sobre Lincoln, Phillips nota, é que ele de fato fez o que disse que faria em termos de preservar a União e abolir a escravidão. Isto não foi boa sorte. Ele tinha metas para o seu tempo no cargo, e cumpriu-as relativamente rápido (em quatro anos). Ainda que sempre estivesse pronto a admitir, quando necessário, seus erros, ele era confiante da posição que tinha tomado, e com essa certeza de propósito veio sua determinação.

Liderança segundo Abraham Lincoln: estratégias para tempos de crise compensa ser lido para se apreciar as nuances do caráter de Lincoln e pelos pontos no fim de cada capítulo, que fornecem lembretes fáceis das suas lições de liderança. É uma leitura inspiradora porque o próprio Lincoln era inspirador. Ele cumpriu o principal critério para um grande líder, que James MacGregor Burns discutiu em sua influente obra *Leadership* (Liderança, em tradução livre para o português): uma pessoa que pode "elevar os outros ao seu melhor".

Da próxima vez que você se encontrar indeciso sobre como lidar com uma crise com alguém, pergunte a você mesmo, "O que Lincoln teria feito?".

Donald T. Phillips

Phillips tem vinte anos de experiência em negócios e agora faz discursos famosos sobre liderança. Foi prefeito de Fairview, no Texas.

Seus outros livros incluem *The Founding Fathers on Leadership, Martin Luther King Jr. on Leadership*, e *On the Brink: The Life and Leadership of Norman Brinker* (em tradução livre para o português, respectivamente, Os fundadores sobre liderança, Martin Luther King Jr. sobre liderança e No limiar: a vida e liderança de Norman Brinker).

31 | Jim Loehr & Tony Schwartz

2003

Envolvimento total: gerenciando energia e não tempo

"Energia, não tempo, é a moeda fundamental da alta performance."

"O número de horas em um dia é fixo, mas a quantidade e qualidade de energia disponível para nós não é. É o nosso recurso mais precioso. Quanto mais nós assumirmos a responsabilidade pela energia que trazemos ao mundo, mais poderosos e mais produtivos nos tornamos. Quanto mais nós culpamos os outros ou as circunstâncias externas, mais negativa e comprometida nossa energia provavelmente será."

"Sem tempo para a recuperação, nossas vidas se tornam um borrão de fazer, desproporcional às muitas oportunidade de ser."

Em poucas palavras

Perceba que você não pode administrar o tempo; ao invés disso, adote maneiras melhores de usar sua energia física, mental, emocional e espiritual.

Na mesma linha

Stephen R. Covey – *Os 7 hábitos das pessoas altamente eficazes* (p. 121)
W. Timothy Gallwey – *O jogo interior de tênis* (p. 151)
Cheryl Richardson – *Take Time for Your Life* (p. 281)

Jim Loehr passou milhares de horas assistindo a vídeos de jogadores profissionais de tênis tentando descobrir o que os melhores jogadores faziam que os separava do resto. Ele não descobriu nada. Então ele começou a notar o que os jogadores faziam *entre* os pontos. Os melhores jogadores geralmente tinham uma maneira muito melhor de relaxar depois de cada ponto, para se prepararem para o próximo. Nesses pequenos intervalos de 16 a 20 segundos, alguns eram capazes de diminuir o ritmo cardíaco, relaxar a mente, e retomar o foco. Em um jogo que dura duas ou três horas, esses rituais de minirrecuperações importavam muito. O jogador que não os fizesse ficava fatigado, e então perdia a concentração, e os pontos.

O fator-*X* no sucesso, que Loehr e seu parceiro Tony Schwartz estavam à procura, junto com os mais óbvios talento e destreza, era a administração da energia. Eles se tornaram inusitados no mundo de treinamento dos esportes por não darem atenção nenhuma à destreza técnica ou à habilidade tática de seus clientes: de Pete Sampras a Monica Seles, elas eram claramente abundantes. Talento e habilidade podem tê-los levado ao topo, mas foram foco, propósito, e resistência – isto é, o controle da energia física e emocional – que fizeram com que eles permanecessem lá.

Um tempo fora

> *"É um ótimo plano de vez em quando sair e relaxar um pouco... Quando você volta ao trabalho, seu julgamento estará mais confiante, porque permanecer constantemente no trabalho fará você perder a capacidade de julgamento."*

Quem escreveu isso? Não foram Loehr e Schwartz, eles estavam simplesmente citando *Tratado da Pintura*, escrito por Leonardo da Vinci. Como Winston Churchill, da Vinci gostava de cochilos estratégicos, que recarregavam suas energias e permitiam que voltasse ao trabalho renovado. Quando estava pintando a *A Última Ceia*, para a consternação de seus clientes, ele muitas vezes parecia gastar horas só sonhando acordado. Ele escreveu: "Os maiores gênios às vezes conquistam mais quando trabalham menos".

Nossa cultura ainda gira em torno da ideia de energia "linear", a habilidade de ficar concentrado por horas ou dias de uma vez. Loehr e Schwartz notam: "diferente da maioria dos vícios, o vício por trabalho é frequentemente admirado, encorajado e materialmente bem recompensado". Mas veja os custos. Em pesquisas, aqueles que se descrevem como viciados no trabalho são também muito mais propensos a beber mais que a média, terem doenças relacionadas ao estresse e a se divorciarem.

Os japoneses têm uma palavra, *karoshi*, que significa "morte por excesso de trabalho". A maioria dos acidentes industriais acontece quando as pessoas trabalham demais sem uma pausa. Quando o ônibus espacial Challenger explodiu, em 1986, a decisão dos oficiais da NASA de seguir em frente com o lançamento veio só depois de 20 horas de trabalho contínuo. Será que eles teriam decidido o mesmo, perguntam Loehr e Schwartz, depois de uma boa noite de sono? E não esqueçamos de todos os erros em hospitais que podem ser parcialmente atribuídos ao número insano de horas a que os médicos, particularmente os recém-formados, estão sujeitos a trabalhar. Resumidamente, nossa cultura glorifica as horas extras, mesmo quando não faz sentido e há risco para a saúde e a vida.

Você deve conhecer muitas pessoas para quem o trabalho é o único interesse. Talvez você seja uma delas. Se assim for, você também precisa pensar sobre o fato de que o chamado tempo ocioso – aparentemente fazendo pouco ou nada – pode ser muito mais valioso para a sua criatividade e produtividade em geral, no longo prazo, do que ficar no trabalho. Loehr e Schwartz mencionam um estudo que descobriu onde as pessoas estão quando obtêm as suas melhores ideias. A maioria respondeu no jardim, na academia, assistindo a um filme, ou em lugares similares; elas não estavam trabalhando. Em nosso mundo em funcionamento 24 horas e 7 dias por semana, a ideia de um dia da semana em que nos comprometamos a não fazer nada – o chamado "sabá" – parece muito antiquada. Mas, para muitas pessoas ele faria muito sentido. Como Loehr e Schwartz dizem, "desligar-nos intermitentemente é o que nos permite que nos religuemos com paixão".

Desenvolvendo músculos mentais e emocionais

O padrão natural de ação e recuperação é chamado "oscilação". Nós tentamos frequentemente passar por cima desse padrão no trabalho ao depender de hormônios de estresse, cafeína, e assim por diante. No entanto, sem um programa definido de recuperação natural, o corpo vai revidar por meio de um enfraquecimento de longo prazo da saúde física e do surgimento de impaciência, raiva, egoísmo, e insensibilidade em relação aos outros. Sem descanso e recuperação, o corpo não tem chance de se livrar das toxinas, físicas e mentais.

Em um grau em que nem eles esperavam, Loehr e Schwartz descobriram que o corpo e a mente são um. O motivo pelo qual exercitar-se é tão importante é que isso bombeia sangue e oxigênio para o cérebro, permitindo a você, literalmente, pensar melhor e deixar as preocupações em perspectiva. Ninguém precisa dizer isso a você se você se exercita regularmente. Um ritmo cardíaco melhorado e um sentimento geral de bem-estar tornam você muito menos irritado por coisas pequenas, fazendo-o sentir-se energizado para dar novo foco aos seus maiores objetivos.

Você pode desenvolver os seus músculos emocionais, mentais, e espirituais – tais como empatia, criatividade, confiança, paciência, e bondade – da mesma forma que você consegue bíceps ou tríceps. Flexibilidade emocional é a habilidade de lidar com uma gama de emoções, até mesmo escolher o que você vai sentir, ao invés de ter uma pequena bolsa de respostas que tornam você rígido e defensivo. Resistência emocional, um grande fator no sucesso, é a sua capacidade de superar a adversidade.

Loehr e Schwartz comparam John McEnroe e Jimmy Connors. Quando pensamos em McEnroe vêm à mente os surtos emocionais diante dos árbitros, e é natural assumir que ser tão "intenso" era grande parte do seu sucesso. Mas, na verdade, em sua autobiografia, McEnroe diz que seus surtos eram uma deficiência que gastava sua energia e contribuía para que perdesse alguns de seus pontos de referência. Connors, ainda que talvez de menor talento, jogou seis anos a mais que seu rival, e permaneceu bem-sucedido. Além do mais, seu controle emocional maior também significava que ele podia se divertir.

Comprometimento total por motivação

Envolvimento total: gerenciando energia e não tempo cita alguns números interessantes da pesquisa de opinião Gallup, de 2001: só 30% dos trabalhadores norte-americanos se comprometem planamente com seu trabalho, 55% não estão comprometidos e o resto está "efetivamente desinteressado", o que significa que eles estão infelizes e reclamam sobre isso para outros. Quanto mais um empregado fica em uma organização particular, mais desinteressado ele provavelmente ficará.

Empregos vêm e vão, mas qual é a sua real contribuição para a sociedade, quais os seus propósitos? Se você pode ajustar a sua vida profissional com os seus maiores desejos e talentos, você não vai ter de se preocupar sobre motivação. Compreender seu propósito não vai acontecer rapidamente, no entanto.Você vai precisar de um tempo em silêncio, sem interrupções, e a disposição de refletir e reorganizar a sua vida. Pense nisso como um investimento, sugerem Loehr e Schwartz.

Energia espiritual, ou propósito, permite a você administrar o seu tempo muito melhor, porque você conhece as suas prioridades. Não há necessidade de tentar agradar os outros com as suas respostas, porque você vive a partir de uma verdade interior. Os autores advertem:

> *"Como todos os nossos 'músculos', autoconhecimento atrofia pelo desuso e se aprofunda quando nós forçamos além da nossa*

resistência pela verdade. A cada dia, nós deixamos de perceber aspectos de nós mesmos."

As pessoas que sabem quem são e qual a sua missão na vida tendem a extravasar energia, mas elas também têm consciência da necessidade de tempos de calma e reflexão para se renovarem.

Comentários finais

Muitas das nossas escolhas nos dão um aumento rápido de energia ou conforto (comer comida pouco saudável, ficar com raiva de alguém, reclamar no trabalho), mas exigem seu pagamento no longo prazo: nossa saúde piora, as pessoas começam a nos evitar, problemas no trabalho que requerem consideração mais profunda deixam de ser resolvidos. Se você quer ser um verdadeiro líder, Loehr e Schwartz dizem, você deve se tornar um mestre da sua energia física, mental, emocional e espiritual.

Envolvimento total: gerenciando energia e não tempo é basicamente um livro de aconselhamento para qualquer um que tenha perdido a sua "vantagem" e não consegue descobrir o motivo. Escrito depois dos ataques terroristas do 11 de setembro ao World Trade Center em Nova York, ele enfatiza as pessoas que saíram do fundo do poço emocionalmente, depois de suas provações, e são essas e outras pequenas histórias que dão vida ao livro. Talvez seja cedo demais para chamá-lo de clássico, mas a ideia simples de administrar a sua energia ao invés do seu tempo parece muito original, e pode ser de grande importância para o seu sucesso.

Jim Loehr e Tony Schwartz

Os autores são, respectivamente, diretor-executivo e presidente da LGE Performance Systems, fundada em 1993, que administra o sistema de treinamento Corporate Athlete.

Loehr trabalhou em psicologia da performance por muitos anos, e treinou departamentos de polícia, grupos da SWAT, e trabalhadores de serviço de emergência, assim como atletas. Junto com numerosos artigos científicos, seus 12 livros incluem *Stress and Success* e *Toughness Training for Sports* (em tradução livre para o português, respectivamente, Estresse e sucesso e Treinamento de resistência para esportes). Por uma década, ele foi colunista mensal das revistas *World Tennis* e *Tennis*.

Schwartz ajudou a desenvolver o conteúdo e a metodologia para os programas de treinamento da LGE. Ele é coautor, com Donald Trump, do best-seller *A arte da negociação* e *Work in Progress* (Trabalho em Andamento, em tradução livre para o português) com o chefe da Disney, Michael Eisner. Foi repórter para o New York Times, editor da Newsweek, e contribuiu para inúmeras revistas.

32 | Nelson Mandela

1994
Longa caminhada até a liberdade

"Eu nunca pensei que uma sentença de prisão perpétua significasse mesmo o resto da vida e que eu morreria atrás das grades. Talvez eu estivesse negando esse prospecto porque fosse muito desagradável de se contemplar. Mas eu sempre soube que algum dia eu sentiria de novo a grama sob meus pés e andaria sob o sol como um homem livre."

"Eu sou fundamentalmente um otimista. Se isto é da minha natureza ou da minha criação, não sei dizer. Parte de ser otimista é manter a cabeça em direção do sol, os pés movendo-se para frente. Houve muitos momentos sombrios quando minha fé na humanidade foi testada à exaustão, mas eu não iria nem poderia me entregar ao desespero."

Em poucas palavras
O sucesso é mais provável quando se torna uma necessidade.

Na mesma linha
Stephen R. Covey – *Os 7 hábitos das pessoas altamente Eficazes* (p. 121)
Viktor Frankl – *Em busca do sentido: um psicólogo no campo de concentração (50 Grandes Mestres da Autoajuda)*
Ernest Shackleton (por Margot Morrell e Stephanie Capparell) – *Shackleton – Uma lição de coragem* (p. 319)

Nelson Mandela cresceu em uma vila tradicional na região de Transkei, na África do Sul, centenas de milhas longe de Johannesburgo ou da Cidade do Cabo. Como membro da tribo Thembu, que é parte da nação Xhosa, seu pai era tanto o chefe tribal como conselheiro-chefe do rei Thembu, e Mandela foi educado para seguir os passos de seu pai. O nome dado a ele no nascimento foi, profeticamente, Rolihlahla. Em seu nativo Xhosa, o significado coloquial do nome é "causador de confusões".

Sendo o primeiro membro de sua família a ir à escola, Mandela ganhou o nome inglês Nelson. Ele se lembra de uma infância idílica em Transkei, de cuidar dos rebanhos, brigar com varas, e contar histórias, mas, depois que seu pai morreu, ele se mudou para a capital Thembu, para viver sob a proteção do chefe tribal.

Em seus primeiros anos, Mandela diz, ele viu o homem branco mais como um benfeitor do que como um opressor, e ficou apaixonado pela cultura britânica e seu sistema político. Mas ele veio a perceber que os Xhosa eram um povo conquistado, com a maioria dos homens tendo de trabalhar como escravos nas minas de ouro ou por um pagamento miserável em fazendas cujos donos eram brancos. Mandela observou: "não importa o quanto o homem negro tenha avançado, ele ainda era considerado inferior ao mais inferior dos homens brancos".

Primeiras lições, contatos para a vida toda

Como estudante, Mandela era introvertido e não era brilhante, mas se esforçava. Ele foi colocado em uma escola secundária para negros, no estilo inglês, e encontrou jovens de outras tribos, e começou a ter ideia do que era ser "africano" em oposição a simplesmente Thembu ou Xhosa.

Na faculdade da Universidade de Fort Hare, administrada por missionários e com professores negros, ele estudou inglês, antropologia, política, administração nativa e direito romano-holandês.

Nessa época sua ambição era ter um cargo baixo no governo, trabalhar em um escritório ou ser intérprete no Departamento de Assuntos Nativos.

Para um negro da África do Sul, a educação de Mandela foi privilegiada, e ele acreditava que um bacharelado seria o seu passaporte para a prosperidade. Apenas mais tarde ele percebeu que havia muita gente sem diplomas que era mais esperta que ele, e que caráter era o componente mais importante. Competir em corridas através de trilhas pela faculdade o ensinou que podia compensar a falta de habilidade com um duro treinamento. Em seus estudos, ele observou: "Eu vi muitos jovens que tinham maior habilidade natural, mas que não tinham a autodisciplina e a paciência para se edificar a partir de seus dons".

De volta para casa, durante as férias, Mandela descobriu que um casamento havia sido arranjado para ele, mas não gostou da ideia e fugiu para Johannesburgo. Depois de tentar trabalhar nos escritórios de uma mina de ouro, ele encontrou, eventualmente, uma vaga como aprendiz de secretário em uma firma judaica de direito liberal. Pagavam a ele uma ninharia, e ele tinha muitas vezes que andar por quilômetros, desde a sua vila até o centro de Johannesburgo. Lentamente ele começou a se envolver na política e no Congresso Nacional Africano (CNA), mas por vários anos mais observou que agiu. Foi nesse momento que conheceu um partidário forte do CNA, Walter Sisulo, um corretor imobiliário, numa época em que os negros ainda podiam ter alguma propriedade.

Um advogado negro era uma grande novidade, e quando Mandela entrou na Universidade de Witwatersrand para o curso de bacharelado em direito, em 1943, ele era o único estudante africano da faculdade. Seu desconforto foi minimizado por ter conhecido um círculo de brancos e de indianos que o apoiavam, e que depois iriam provar ser importantes na luta pela liberdade dos negros.

Começando a luta

Com a proposta "os pretos no seu lugar," o partido nacionalista chegou ao poder na África do Sul, em 1948. Ainda que a ideia do apartheid ("separação") já circulasse por séculos, os nacionalistas africâneres o estabeleceram definitivamente, com centenas de leis opressivas feitas para criar uma hierarquia brutal: os brancos em cima, os negros embaixo e os indianos e pardos no meio. O africâner – a língua dos primeiros holandeses colonizadores, que eram agricultores – tomou o lugar do inglês como língua oficial. Com a raça como base para a divisão social sul-africana, testes elaborados eram exigidos, e muitas vezes dividiam famílias. "Onde a permissão a alguém para viver e trabalhar podia ser fundamentada por distinções absurdas tais como o encaracolado do cabelo ou o tamanho dos seus lábios", Mandela nota.

As campanhas de oposição que o CNA organizava, envolvendo greves e reuniões contra as novas leis, só tornaram o governo mais determinado a manter os negros subjugados. A educação escolar foi diminuída, cidades inteiras foram arrasadas para dar lugar a casas de brancos, e o sistema de passes fez com que se tornasse extremamente difícil para os não brancos transitarem livremente. O Ato de Supressão do Comunismo, de 1950, foi só parcialmente ligado a conter o comunismo; seu propósito real era permitir ao governo prender qualquer um sob uma acusação forjada.

Apesar desse clima mais duro, em 1952 Mandela e Oliver Tambo estabeleceram a primeira firma advocatícia de negros da África do Sul. Naqueles dias, Mandela admitiu que era um "revolucionário de cabeça quente" sem muita disciplina, e que gostava de vestir bons ternos e dirigir por Johannesburgo com um carro americano grande. Ele até comprou terras em Transkei com o intuito de se mudar novamente para casa.

O destino tinha outras ideias. Com 35 anos, Mandela foi banido de qualquer envolvimento com o CNA, o que significava que qualquer trabalho que ele fizesse para a organização teria de ser secreto, sob o risco de ser preso por longo tempo. Seus papéis como lutador pela paz e homem de família nunca foram compatíveis, e a partir daqui ele viveria com a angústia constante de ter tornado as pessoas que ele amava secundárias diante da luta maior pela liberdade.

Criminoso e fora da lei

No famoso Julgamento por Traição de 1958 a 1961, o governo nacionalista acusou Mandela e outros de tentar depor o governo. Ainda que a acusação não tivesse evidências reais, o julgamento se arrastou por anos. Naquela época, o casamento de Mandela já havia se dissolvido, e o tempo necessário para ficar fora da prática do direito fez com que isso também ruísse.

Quando os membros do grupo foram inocentados, a vergonha das autoridades foi tão grande que as tornou ainda mais determinadas a suprimir a insurreição. Em 1960, 70 manifestantes negros foram mortos em Sharpeville, uma cidade ao sul de Johannesburgo, quando tinham cercado pacificamente uma delegacia de polícia. Muitos levaram tiros nas costas tentando fugir do tiroteio. A África do Sul entrou em estado de emergência, em que os direitos dos negros foram ainda mais reduzidos.

Mandela sabia que logo seria preso por qualquer motivo, então ele decidiu esconder-se, indo de lugar a lugar com a ajuda de disfarces. Ele deixou o cabelo crescer e vestia macacões azuis dos operários e, porque tinha um carro, fingia estar dirigindo para o seu *baas* ("senhor branco"). Durante essa existência como fora da lei, quando havia uma recompensa pela sua captura, os jornais começaram a chamá-lo Mandela "a pimpinela negra". Por vários meses, ele saiu da África do Sul para visitar vários Estados africanos, incluindo o Sudão, a Etiópia, de Haile Selassie, e o Egito, para buscar apoio à causa do CNA, solicitar doações, e aprender sobre guerrilha. Nessa viagem foi a primeira vez em que Mandela experimentou a liberdade e viu negros administrando seus próprios países ou sendo tratados como iguais, e isto só lhe aumentou a inspiração. No entanto, de volta para a África do Sul, ele baixou a guarda, e em 1962 foi capturado em uma estrada que ia para a Cidade do Cabo.

Preso revolucionário

No seu julgamento, Mandela tentou colocar o ônus da culpa no governo, e vestiu as roupas tradicionais para simbolizar que ele não reconhecia o Estado de direito branco, e as acusações que eram feitas contra ele. Recebeu uma sentença de cinco anos sem liberdade condicional. No entanto, algo pior estava por vir. Como a filosofia do CNA de não violência estava claramente fracassando, Mandela tinha fundado uma filial militar secreta que começou a fazer campanhas de sabotagem em propriedades do governo. Em 1964, ele foi acusado por sabotagem e conspiração, junto com vários outros membros do CNA.

Esperava-se a sentença de morte, e em seu discurso à corte, Mandela disse que estava preparado para morrer pela causa da justiça. Talvez por causa da pressão do exterior, no entanto, os homens "apenas" receberam a sentença de prisão perpétua. Isto parecia uma grande vitória.

Mandela passaria os próximos 18 anos na famosa prisão da ilha Robben. A primeira década envolveu duro trabalho manual, comida terrível, e um clima de medo e violência. No entanto, os presos políticos eram mantidos juntos e assim podiam continuar suas discussões. Negados de ter praticamente qualquer contato externo, conseguir um jornal era mais valorizado do que comida. A luta política dos homens foi reduzida para os limites da prisão, e eles tinham que lutar por qualquer tipo de melhora em suas vidas diárias. Mesmo pela menor infração eles podiam ser jogados em uma cela solitária por dias em uma dieta de arroz. Mandela escreve: "É dito que ninguém conhece uma nação até que esteja dentro de suas prisões. Uma nação não devia ser julgada por como trata seus cidadãos mais altos, mas os mais baixos – e a África do Sul tratava os africanos presos como animais".

Os anos na Robben tornaram Mandela quase um estranho para a sua família, e ele muitas vezes se perguntava se a luta valia a pena. Sua mãe morreu enquanto ele estava lá, e não lhe permitiram comparecer ao funeral. Nas raras ocasiões em que lhe permitiam visitas familiares, tinha somente meia-hora com eles. Por causa das restrições em seus movimentos, ele não viu sua segunda mulher, Winnie Mandela, por dois anos inteiros, e seus filhos não tinham permissão de vê-lo antes dos 15 anos. O momento mais depressivo que Mandela passou na prisão veio quando ele recebeu notícias de que seu filho de 25 anos tinha sido morto em um acidente de carro.

Nos últimos anos de seu aprisionamento, conforme sua lenda crescia, ele foi transferido para prisões no continente e recebeu tratamento especial, terminando por ter sua própria casa e cozinheiro, e podendo receber visitas.

Ele procurou diálogo com o governo por algum tempo, e depois de 75 anos de amarga antipatia, os políticos brancos começaram a escutar as suas ideias por uma África do Sul completamente democrática. Eles sabiam que a História não estava a favor deles, e o país estava se tornando explosivo.

Com grande euforia, Mandela foi solto em 1990, tendo passado 27 anos e meio de sua vida na prisão. Quatro anos depois, após as primeiras eleições sem restrições raciais no país, ele foi eleito presidente da África do Sul. Enquanto isso, houve muitos banhos de sangue, mas os anos piores já tinham ficado para trás.

Comentários finais

Longa caminhada até a liberdade é escrito com simplicidade, mas também com arte, e mesmo com 750 páginas você percebe que ele só passa pela superfície da vida de uma das grandes figuras do século XX. Este comentário, por sua vez, só destaca poucos pontos; ler todo o livro é mais do que recomendável.

Hoje pensamos sobre Mandela como o chefe de Estado de cabelos grisalhos, uma figura lendária, mas suas memórias permitem-nos ultrapassar essa imagem. Vemos que ele era um homem normal que estava disposto a reagir positivamente a circunstâncias extraordinariamente ruins. Ele passou por sua provação porque era um otimista, e podia então inspirar-se muito mais que os outros. A chave de seu sucesso como líder foi um sentimento de inevitabilidade que ele criou – o poder dessa crença. A mensagem que ele espalhou de que as coisas podiam mudar foi tão grande, que mesmo os guardas da prisão tinham-se convertido ao seu modo de pensar. O resultado final foi uma nova nação baseada em justiça e dignidade, em lugar do podre Estado de polícia.

Ainda que tenha recebido uma educação privilegiada e tenha sido criado para a liderança, nenhuma dessas coisas foi a *causa* de seu sucesso futuro como líder. Conforme o Estado lhe dava cada vez menos com o que trabalhar, ele explorava mais essas oportunidades mirradas em ações positivas.

Em uma situação difícil ou numa longa luta pelo reconhecimento ou sucesso, fazemos bem em lembrarmos de Mandela e desenvolver ao menos um pouco de sua disciplina mental e bravura.

33 | Orison Swett Marden

1894

PUSHING TO THE FRONT

(Movendo adiante, em tradução livre para o português)

"O mundo não exige que você seja um advogado, pastor, médico, fazendeiro, cientista, ou comerciante; ele não dita o que você deve fazer, mas requer que você seja um mestre no que quer que faça."

"Assim como o escultor pensa somente no anjo aprisionado no bloco de mármore, também a Natureza se preocupa somente com o homem ou mulher aprisionado no ser humano... a Natureza vai nos lapidar, batendo sem remorso para fazer aflorar as nossas possibilidades."

"O centavo lento é mais seguro que o dólar rápido. O que trota devagar percorrerá mais quilômetros do que o que voa. O gênio atira, agita-se e se cansa; mas a perseverança enfraquece e vence o objetivo."

"Não espere por oportunidades extraordinárias. Tome as ocasiões comuns e torne-as excelentes."

Em poucas palavras

Há poucas coisas que não podem ser conseguidas com determinação e esforço.

Na mesma linha

Horatio Alger – *Ragged Dick* (p. 19)
Edward Bok – *The Americanization of Edward Bok* (p. 49)
Napoleon Hill – *Pense e enriqueça* (p. 187)
Samuel Smiles – *Ajude-se (50 Grandes Mestres da Autoajuda)*
Brian Tracy – *Realização máxima* (p. 335)

Em seu prefácio, os editores do livro contam vantagem: "É duvidoso que qualquer outro livro, exceto a Bíblia, tenha mudado a vida de tantas pessoas". O original *Pushing to the front* foi publicado em 1894, mas foi revisado e ampliado em uma obra de dois volumes em 1911. Com 70 capítulos e perto de 900 páginas, em seu tamanho e escopo ele pode ser considerado uma enciclopédia do sucesso, e possivelmente não foi superado.

Ainda que Horatio Alger tenha inspirado muitos com sua narrativa de menino pobre que inventa boas histórias, Orison Swett Marden deve ser considerado o verdadeiro fundador do movimento norte-americano do sucesso. *Pushing to the front*, que foi o seu primeiro livro, foi inspirado por *Ajude-se*, de Samuel Smiles, o manual seminal de autoaperfeiçoamento, que Marden descobriu em um sótão. Ainda que tenha o dobro do tomo de Smiles, ele é escrito em estilo similarmente agradável e se dedica ao tema de "como homens e mulheres tomaram ocasiões comuns e as tornaram excelentes". Ele difere da obra de Smiles por fazer referência a mulheres de sucesso da época, tais como Jane Addams e Julia Ward Howe, e ao se referir ao nascente século XX como "o século da mulher", trazendo oportunidades sem igual para jovens meninas. No segundo volume, ele inclui um capítulo visionário sobre a necessidade das mulheres de se expressarem além do papel de dona de casa e mãe. Marden também mostra seu entendimento do novo mundo em que seus leitores adentravam, com seu elogio aos negros norte-americanos, como Frederick Douglass.

Pushing to the front distinguiu-se de algumas das piores atitudes de sua época pelo vigoroso tema da repulsa àqueles que vivem só pelo dinheiro. O livro inspira o leitor a não procurar o que dê mais dinheiro, mas uma carreira que instigue, enriqueça intelectualmente, e use os talentos ao máximo.

Superando dificuldades

O mais persistente entre os temas do livro é que o caráter é construído pela adversidade, ou como Winston Churchill diz, "as pipas voam mais alto contra o vento – não junto com ele". Marden aponta que "a pobreza e a dificuldade embalaram o berço dos gigantes da raça", chamando a nossa atenção para pessoas como:

- Horace Greeley (1811-72), que apareceu em Nova York sem um tostão, e tornou-se o fundador do jornal semanal *New Yorker* e do diário *New York Tribune*, que tiveram um enorme impacto na opinião pública norte-americana.
- O escritor e defensor dos pobres, William Cobbett (1763-1835), um garoto de fazenda que aprendeu a ler e a escrever sozinho, e se tornou uma grande figura política inglesa.
- Elihu Burritt (1810-79), o homem de Connecticut conhecido como o "Ferreiro Culto", que durante as horas vagas na forja começou a estudar sozinho, o que permitiu-lhe tornar-se um linguista, escritor e matemático. Uma indicação típica em seu diário é: "Terça-feira, 19 de Junho, 60 linhas de hebraico, 30 de dinamarquês, 10 de boêmio, 9 de polonês, 15 nomes de estrelas, 10 horas na produção".
- Michael Faraday (1791-1867), possivelmente o maior físico experimental, que ainda garoto em Londres vivia sobre o estábulo e conseguia dinheiro emprestando jornais por um centavo por artigo. Aprendiz de um encadernador de livros, ele leu artigos sobre eletricidade da *Enciclopédia Britânica* e começou os seus próprios experimentos. O cientista Sir Humphrey Davy tornou Faraday o seu assistente, permitindo-lhe encontrar-se com algumas das grandes mentes científicas do seu tempo.
- Frederick Douglass (1817-95), o escravo e abolicionista "que começou a vida com menos que nada, pois não tinha a posse nem do próprio corpo". As regras de plantação proibiam escravos de aprender a ler e escrever, mas ele de alguma forma aprendeu o alfabeto com pedaços de papel e os rótulos de remédio. Depois, seus amigos literalmente compraram a sua liberdade (pelo preço de 750 dólares).

Para Marden, a necessidade é a mãe não só da invenção, mas do sucesso. "O fracasso muitas vezes inclina um homem ao sucesso ao despertar sua energia latente, ao dar ignição em seu propósito dormente, ao acordar os poderes que estavam dormindo". A prisão, ele nota, foi muitas vezes a incitadora dessa energia latente. Sir Walter Raleigh escreveu *História do mundo* durante a sua prisão por 13 anos; Lutero fez sua tradução da Bíblia atrás das grades; e Dante escreveu no exílio. Cervantes pegou sua pena enquanto estava na prisão em Madri, produzindo o *Dom Quixote*. Em tempos mais recentes, pensamos em Nelson Mandela na ilha Robben, escrevendo sua memorável autobiografia e planejando uma nova África do Sul (ver p. 251).

Judeus foram oprimidos através da história, Marden observa, mas ainda assim produziram parte do melhor da música e da escrita, e fizeram as cidades prosperarem. Foi necessária a praga e o grande incêndio destruírem Londres, antes dela se reeguer como uma excelente cidade.

Marden lembra-se das palavras simples de Samuel Smiles sobre o assunto: "Se não houvesse dificuldades, não haveria sucesso". Fardos pesados fazem com que nos esforcemos a levantá-los e, como resultado, nos tornamos mais fortes – enquanto a pessoa que não tem nenhuma necessidade, pouco faz.

Nervos, coragem, persistência, e firmeza

Marden recorda que Ulysses S. Grant perdeu uma das primeiras batalhas na Guerra Civil, em Shiloh. Todos os jornais pediam a sua remoção do cargo, mas a resposta final de Lincoln foi, "Eu não posso poupar este homem, ele luta". O que Lincoln viu em Grant – uma determinação de nunca desistir, "firmeza" – é o que depois o tornaria o herói da guerra. Perguntaram a Lincoln o que ele faria se a rebelião se espalhasse e ele não a pudesse suprimir, e ele respondeu: "Ah, não há alternativa a não ser seguir persistindo".

Nenhum dos dois cedia ao clamor público; eles sabiam quais eram suas tarefas e as completavam.

Marden nota que *A História do declínio e queda do Império Romano* levou doze anos para ser escrito, Webster passou 36 anos escrevendo seu dicionário, e Stephenson trabalhou por 15 anos para aperfeiçoar sua locomotiva. Harven trabalhou por 8 anos antes de publicar seu trabalho sobre a circulação do sangue, e teve de esperar mais 25 antes que sua teoria fosse aceita. Cyrus Field passou uma década de dolorosos reveses antes de assentar o cabo transatlântico; todos, exceto ele, já tinham perdido a esperança na ideia, mas ele acreditava que a comunicação instantânea através dos oceanos era uma necessidade, não uma opção. Perguntaram ao grande violinista Gherardini quanto tempo levou para ele aprender a tocar. A resposta dele: "Doze horas diárias por vinte anos".

Muitos sabem do caso do livro *História da Revolução Francesa*, de Carlyle: o manuscrito foi emprestado a um amigo, que o deixou sobre o chão. A empregada usou para acender a lareira e tudo se tornou chamas em um minuto ou dois. Ainda que tenha sido um grande golpe, Carlyle voltou aos seus livros e gastou vários meses mais reescrevendo a obra, melhor que o original. E a "facilidade e graça" do estilo de Rousseau foram obtidos, diz Marden, "apenas pela inquietude incessante, por marcas e rasuras infindáveis". O primeiro livro de Thoreau, *Uma semana nos rios Concord e Merrimack*, vendeu tão mal que os editores devolveram a maioria das cópias para ele. Ele escreveu em seu diário: "Tenho novecentos volumes na minha biblioteca, dos quais setecentos fui eu mesmo que escrevi". Uns poucos anos depois veio o sucesso de *A vida nos bosques*. Um mais: Colombo foi rejeitado por muitos reis, rainhas, e nobres antes de encontrar financiamento para velejar para o Novo Mundo.

Marden diz, "mostre a mim um triunfo realmente grande que não tenha sido a recompensa da persistência". Genialidade, quando você olha mais de perto, geralmente é o resultado de uma dedicação incomum a alguma tarefa.

Vocação e chamado

Enquanto elogia a educação universitária e os refinamentos que ela pode produzir em uma pessoa, Marden critica a distância entre os altos ideais dos anos de estudante e o cinismo da vida adulta que segue. Ele desaconselha os alunos que se graduam a aceitar somente o emprego que pague mais. Uma educação devia ser considerada como "tutela sagrada", que não deve ser saqueada para os seus próprios fins monetários, mas ser posta a serviço da humanidade. Como Marden diz: "Há algo infinitamente melhor que ser um milionário de dinheiro, e isto é ser um milionário de cérebro, cultura, e solicitude aos seus iguais, um milionário de caráter".

Não ingresse em uma profissão apenas porque ela é respeitável ou porque um de seus pais foi bem-sucedido nela, ele sugere. "O mundo não dita o que você deve fazer", ele aponta, "mas exige que você seja um mestre no que quer que faça". Com definição de objetivo, e conhecimento de que o que você está fazendo vale o tempo gasto, tornar-se-á excelente em sua tarefa. Um emprego pode render dinheiro, mas uma vocação rende amor próprio.

Quando perguntaram a Alexandre, o Grande, como ele tinha conquistado o mundo, dizem que ele respondeu: "Por não hesitar". Nós reverenciamos a pessoa que tem a decisão mais firme, que sabe quem é e pelo que luta.

Comentários finais

Orison Swett Marden foi por muito tempo mais conhecido por ser o fundador da revista *Success*, mas agora que o jornal deixou de existir haverá, espera-se, uma volta ao reconhecimento do que ele escreveu. Cópias de seus livros não são difíceis de achar na internet, mas elas tendem a ser caras. Se você está levando a sério a construção da sua biblioteca do sucesso, no entanto, eles valem o preço. Esses volumes são algo para ter sempre. É fácil perceber por que o livro eletrizou as audiências da sua época, uma vez que você não pode afastar-se de suas páginas sem ser inspirado a fazer coisas melhores, ou a permanecer firme naquilo em que você embarcou.

O estilo de *Pushing to the front*, ainda que tremendamente agradável, não é tão antiquado quanto você pode pensar – muitos dos comentários de Marden poderiam ter sido escritos por alguém hoje – e em termos de quantidade de bom conteúdo ele vence a maioria da literatura de autoajuda e de sucesso atual. Nós só tivemos espaço aqui para examinar o primeiro volume, por exemplo, e ainda assim esparsamente. As referências de Marden a pessoas pouco conhecidas vão fazer você buscar um dicionário biográfico, e você receberá uma lição de história junto com uma aula motivacional.

Orison Swett Marden

Marden nasceu de pais fazendeiros de New Hampshire, em 1850, mas ambos morreram antes de seus sete anos, e ele viveu em vários orfanatos. Ele conseguiu chegar à faculdade, graduando-se em direito na Universidade de Boston, em 1871, e obteve outros diplomas (em direito e medicina) da Universidade de Harvard. Ele também estudou no Seminário Teológico Andover e na Boston School of Oratory.

Em seus dias de faculdade, ele trabalhou em serviços de restaurantes e em hotéis, e tornou-se um investidor em um local de visitação turística, em Rhode Island. Isto se seguiu pela compra de uma cadeia de hotéis no Nebraska e, depois, em um emprego como gerente de hotel, em Chicago. Em 1890, um de seus hotéis pegou fogo e a epidemia de varíola arruinou o restante dos seus negócios. De volta a Boston, Marden juntou sua coleção de histórias inspiradoras e notas e, influenciado também por Emerson, Longfellow, Oliver Wendell Holmes, Phillips Brooks, e os escritores do movimento Novo Pensamento, publicou a primeira versão de *Pushing to the front*, em 1894. O varejista J. C. Penney estava entre os muitos que atribuíram seu sucesso à leitura do livro. Em 1897, Marden fundou a revista Success, que ganhou ampla circulação, com meio milhão de cópias. Apesar de a publicação ter terminado em 1912, seis anos depois ele trouxe a revista de volta à publicação. Faleceu em 1924.

Marden foi um escritor prolífico, com uma média de dois livros por ano. Seus livros incluem *Every Man a King*; *Not the Salary but the Opportunity*; *Peace, Power and Plenty*; *Success Fundamentals* (em tradução livre para o português, respectivamente, Todo homem um rei; Não é o salário, mas a oportunidade; Paz e poder abundantes e Fundamentos do sucesso) e *A atitude vitoriosa*. Para uma introdução ao seu pensamento, veja *Real Success* (Verdadeiro sucesso, em tradução livre para o português), do antigo editor da *Success*, Ken Shelton.

34 | J. W. Marriott Jr.

1997

The Spirit to Serve

(O Espírito para servir, em tradução livre para o português)

"Se você está no ramo dos serviços e o seu nome está na porta, é importante para as pessoas que sejam capazes de associar uma face ao nome. Eu quero que nossos associados saibam que realmente há um cara chamado Marriott que se importa com eles, mesmo que ele só possa ir apenas de vez em quando a eles para dizer isso pessoalmente."

"Pois a chave para prosperar e adaptar-se às décadas por vir, em meio a uma taxa sempre crescente de mudança, é primeiro ter certeza dos seus objetivos e a razão por que eles não devem mudar nunca. Você deve, então, estar decididamente disposto a mudar absolutamente todo o resto. Esta rara habilidade de gerenciar continuidade e mudança é o segredo do passado de Marriott – e a chave para o seu futuro."
Jim Collins, no prefácio.

Em poucas palavras

Trabalho duro, contínuo autoaperfeiçoamento e um sentimento de construção para o futuro criam identidade. Da identidade surge o foco, e do foco, o sucesso.

Na mesma linha

Jim Collins – *Empresas feitas para vencer* (p. 107)
Michael Dell – *Dell: estratégias que revolucionaram o mercado* (p. 129)
Spencer Johnson – *Quem mexeu no meu queijo?* (p. 213)
Sam Walton – *Made in America* (p. 351)

Frequentemente oferecido como uma cópia de cortesia para os hóspedes dos hotéis de Marriott, *The Spirit to Serve: Marriott's Way* pode ser um improvável clássico do sucesso, mas de uma maneira surpreendentemente modesta, ilustra alguns princípios valiosos que podem ser aplicados às conquistas pessoais e corporativas.

Se você viaja com alguma frequência, você já deve ter, provavelmente, se hospedado em um hotel gerenciado ou franqueado pela companhia Marriott. Se sua estadia foi agradável, não foi por acaso. Por várias décadas, Marriott desenvolveu os "procedimentos padrão de operação" – tal como as listas de 66 pontos para checar a limpeza do quarto, cartões de receita para os restaurantes, e um cartão de avaliação da satisfação do hóspede – para garantir um alto padrão uniforme. Marriott faz um comentário admirável – por tratar-se de um empreendedor – de que construir um negócio pode ser entediante. Há uma grande quantidade de trabalho desinteressante, mas você tem que empenhar essas horas para criar sistemas que funcionem sempre. Sem consistência, um negócio de serviços não cria uma reputação duradoura e positiva. Aqui, nos lembremos da frase de Marden, "Sucesso é o filho do trabalho enfadonho e da perseverança. Ele não pode ser coagido ou subornado; pague o preço e ele será seu".

Atenção aos detalhes e trabalho duro são os únicos fatores que explicam a ascensão de Marriot a líder da indústria hoteleira? Consideremos brevemente alguns pontos importantes na vida da companhia.

Construindo uma fundação

Em 1927, J. W. Marriott Sr. mudou-se com a esposa, do Utah para Washington DC. Seu primeiro passo na indústria hoteleira foi uma pequena franquia vendendo cerveja de sassafrás. O Marriot Sr., depois, fundou uma cadeia de restaurantes chamada Hot Shoppes, que floresceu durante a Grande Depressão. Em 1937, percebendo que os passageiros das linhas aéreas que surgiam queriam comer, ele formou um negócio bem-sucedido de alimentação durante o voo. Isto foi seguido por contratos para cantinas que alimentavam trabalhadores do governo durante a guerra, e depois para comissários industriais, incluindo os da General Motors e da Ford.

O primeiro hotel de Marriott não abriu antes de 1957, quando J. W. "Bill" Marriot Jr. tinha terminado a universidade e se unido à companhia. Vendo o potencial do negócio crescente de hotéis, ele assumiu a seção de aposentos e começou a abrir mais hotéis. Nos anos da década de 1960, Bill Marriott declarou esperança de que um dia a sua companhia poderia ter sucesso igual à da cadeia de Howard Johnson, que parecia então estar ao lado de todas as estradas norte-americanas.

Tornando-se um jogador

Enquanto Howard Johnson perdia o rumo, Marriott prosperava. Na década de 1980, ele tinha se tornado um dos maiores desenvolvedores imobiliários do país, em alguns anos abrindo dois hotéis novos por semana. Mas os hotéis não eram dele mesmo. A família percebeu que o seu maior lucro e a sua maior experiência estavam em administrar hotéis, e logo que eles tinham sido construídos, eram vendidos a investidores. Deixados com valiosos contratos de longo termo para o gerenciamento, a companhia gozou da flexibilidade de não ter que pagar pesadas hipotecas. Este sistema funcionou porque a firma tinha identificado uma cosia que podia fazer melhor que ninguém: projetar e implementar os processos que resultavam em uma excelente experiência para o hóspede.

Este estreitamento do propósito pagou dividendos. Hoje, Marriott tem mais de 2 mil estabelecimentos em quarenta países. Suas quatro companhias anunciadas publicamente valem mais de 12 bilhões de dólares, e empregam mais de 130 mil pessoas.

A diferença nas pessoas

Esses são números impressionantes, mas como explicar o pulo de um empreendimento de 50 milhões, em 1960, para um de mais de 12 bilhões de dólares hoje? Para qualquer pessoa este é um caso "do bom para o ótimo".

A primeira resposta pode parecer óbvia, mas Bill Marriott afirma que é a forma com que a companhia trata os empregados. Ele escreve que Marriot está no ramo das pessoas mais que no ramo dos serviços, e que "se você trata as suas pessoas direito, elas vão tratar os hóspedes direito". Se os funcionários estiverem estressados, insatisfeitos ou mal treinados, é o consumidor que vai sentir os efeitos.

Essa política de "empregado em primeiro lugar" é quase um clichê, mas a companhia de fato investe na ideia, contando com um programa de distribuição dos lucros que existe desde 1959, um sistema de treinamento acima da média e um serviço telefônico com conselheiros e especialistas para resolver problemas pessoais. Isso somado a uma cultura de abertura, garantindo que os empregados de todos os escalões da organização sejam ouvidos, levou a Marriott a ser considerada pela revista *Fortune* como uma das "50 melhores companhias nas quais se trabalhar".

Em oposição a isso, cadeias hoteleiras focadas somente em ganhar dinheiro e que não tentam produzir nenhum rumor sobre o serviço tiveram só crescimento mediano. Somente quando alguém sentir que está trabalhando na linha de frente de uma ideia nobre (neste caso, fazer os hóspedes do hotel se sentirem bem-vindos e valorizados) é que essa pessoa estará motivada.

Mudança em meio à ordem, ordem em meio à mudança

Bill Marriott identifica dois pontos-chave, que ele chama de "revoluções", na história da companhia. O primeiro foi mudar do ramo original de alimentação para os hotéis em larga escala. O seguinte veio na década de 1980.

A firma percebeu que seu crescimento seria limitado se só gerenciasse hotéis de "serviço completo", e considerou a ideia de construir outros tipos de acomodações, incluindo as de preço médio, econômico, e de longa hospedagem. Dado o medo de que esses caminhos alternativos poderiam diluir a marca Marriott, houve um feroz debate interno sobre o que fazer; muitos funcionários da Marriott pensaram que seriam 25 anos de trabalho jogados no lixo.

Aqueles a favor venceram e a companhia começou a construir os hotéis "Courtyard by Marriott". De repente, o enorme mercado de hotéis de preço médio e econômico tornou-se a sua ostra, e a firma cresceu exponencialmente. Ela foi capaz de fazê-lo sem ferir a marca Marriott de serviços completos, porque os hotéis mais baratos eram geridos na mesma linha de um exigente controle de qualidade. Diferentemente de outras cadeias, em meio à expansão ela não perdeu o seu comprometimento com o consumidor e seus objetivos incansáveis da melhora do serviço. Marriott cita Alfred North Whitehead: "A arte do progresso é preservar a ordem em meio à mudança e preservar a mudança em meio à ordem".

A companhia certamente encontrou-se em alguns becos sem saída: investimentos em uma agência de viagens, em uma companhia de cruzeiros marítimos, parques temáticos, e segurança do lar. Mas Marriott diz:

> *"Companhias que não arriscam nada, inevitavelmente, ficam para trás das que o fazem. Você pode conduzir a mudança ou ser conduzido por ela."*

Correr riscos só faz sentido quando você tem um núcleo de valores que não muda.

"Companhias verdadeiramente excelentes mantêm um núcleo de valores e um propósito central que permanece fixo enquanto suas estratégias de negócios e práticas continuamente adaptam-se ao mundo sempre em transformação". Essas palavras dos pensadores de gerenciamento Jim Collins e Jerry Porras resumem não só a companhia Marriott, mas o sucesso em geral. Se você sabe quem você é, poderá ser mais flexível no que decidir fazer, e mais claro sobre o que *não* fazer.

Comentários finais

No inovador *Built to Last: Successful Habits of Visionary Companies* (Feitas para durar: os hábitos bem-sucedidos das empresas visionárias, em tradução livre para o português), subverte-se o pensamento convencional ao sugerir que companhias grandes e duradouras são realmente fundadas em algum produto novo e maravilhoso. Muitas vezes começando muito devagar, essas firmas dão ênfase na vitalidade e filosofia da própria firma; disso surgem grandes serviços e produtos. A Hewlett-Packard, por exemplo, inventou coisas excelentes, mas foi o cuidado de uma cultura de inovação sem hierarquia e de excelência em engenharia que a tornou singularmente bem-sucedida.

No caso da Marriott, para responder à questão inicial de o que a fez se destacar em sua indústria, nós notamos a sua cultura organizacional de abertura; uma ética de contínuo autoaperfeiçoamento; um olho no futuro e atenção aos detalhes. Ao valorizar mais o bom serviço que o dinheiro, ela garantiu, paradoxalmente, a lucratividade. Este feixe de valores cria uma sensação de identidade interna mesmo em meio à expansão massiva para novas áreas. Como dizem os franceses, *"plus ça change, plus c'est la même chose"* ("quanto mais as coisas mudam, mais elas permanecem iguais").

The Spirit to Serve não é uma história alardeante da companhia. Bill Marriott é sincero sobre os erros que cometeu e as oportunidades que talvez devesse ter aproveitado. Mas acima de tudo, sua obra modesta trata sobre manter o foco e se manter fiel ao seu propósito original.

J. W. Marriott Jr.

Nascido em 1932 em Washington DC, Marriott começou trabalhando na empresa da família aos 14 anos, grampeando comandas no departamento de contabilidade. Ele trabalhou quatro anos em um restaurante Hot Shoppe, enquanto estudava para o curso de administração na University de Utah. Tendo se formado em 1954, passou dois anos como oficial de suprimentos na marinha dos Estados Unidos, em seguida se casou com Donna Garff.

Aos 32 anos, tornou-se presidente da companhia Marriott, e em 1972, quando tinha 40 anos, seu pai passou-lhe a função de diretor-executivo. Os três filhos e uma filha de Marriott trabalham para a Marriott International. *The Spirit to Serve* foi escrito juntamente com Kathi Ann Brown, que forneceu a sua própria descrição de Marriott em um posfácio.

35 | Catherine Ponder

1962

Leis dinâmicas da prosperidade

"Vamos parar de pensar na pobreza como uma virtude. É um vício comum."

"Há basicamente um problema na vida: congestão. Há basicamente uma solução: circulação. Doar sistematicamente é, então, uma prática poderosa que abençoa todas as fases de nossa vida, conforme ela nos mantém em harmonia com a riqueza do universo."

Em poucas palavras

Deus não quer que você seja pobre; aprecie a abundância do universo e o seu direito à prosperidade.

Na mesma linha

Florence Scovel Shinn – *The Secret Door to Success* (p. 311)
Wallace D. Wattles – *A ciência de ficar rico* (p. 359)

Catherine Ponder sempre teve interesse nas questões sobre a espiritualidade e a riqueza, e quando se tornou uma pastora da Unity Church, em 1958, decidiu estudar a Bíblia mais de perto.

Ela aprendeu que a identificação da beatitude com a pobreza surgiu na Idade Média, quando o sistema feudal procurou manter as pessoas nos seus lugares. Na infância, disseram-lhe que "um cristão pobre é um cristão bom", mas em nenhum lugar na Bíblia ela encontrou evidência disso. Quanto mais lia, mais percebia que a Bíblia era um manual da prosperidade.

Ensinando a prosperidade

Em 1958, quando os Estados Unidos estavam em recessão, membros da congregação de Ponder pediam conselhos a ela sobre como passar pela época da crise. Ela começou a dar aulas sobre prosperidade, ensinando que a prosperidade era, primeiramente, um *estado mental*; uma mentalidade de carência podia apenas manifestar resultados negativos.

Muitos dos membros de sua congregação vivenciaram superações dramáticas – aumentos inesperados, promoções, dívidas pagas – mas o que mais impressionou Ponder era que muitas pessoas se perguntavam se era "certo" procurar a prosperidade; quer dizer, se aquilo condizia com os valores espirituais. A Bíblia não diz: "Você não pode servir a Deus e à riqueza" (Mateus 6:24)? Jesus não disse: "Quão dificilmente entrarão no Reino de Deus os ricos" (Marcos 10:23)?

Ponder respondeu à primeira questão fazendo uma distinção: servir à riqueza é cultuá-la em si mesma; é a riqueza sem Deus. Pensar na prosperidade, por outro lado, põe Deus primeiro como a origem do nosso suprimento. Ela concordou que Jesus disse a um homem rico que fosse e vendesse tudo que tinha, mas isso era porque ele estava ainda apegado às suas riquezas; ele não tinha ainda reconhecido Deus como a origem do seu suprimento.

Leis dinâmicas da prosperidade é geralmente considerado uma obra clássica de Ponder, um compêndio – escrito com cuidado e compaixão – dos segredos e técnicas da prosperidade. O que segue é uma amostra das ideias dela.

Desejo + visualização e afirmação = sucesso

O cérebro trabalha em termos de imagens mentais, escreve Ponder, e quaisquer imagens que ele tem provavelmente vão se tornar realidade. Você pode, então, enxergar o caminho para o sucesso. Quando você criar imagens prósperas, não seja "razoável", pense grande. Projete nos outros pensamentos de crescimento, e você vai descobrir que eles de fato prosperam em termos de saúde e dinheiro. Mande pensamentos positivos para aqueles com quem você tem conflitos, e veja-os diminuir a resistência. Pode parecer inacreditável que isso funcione, no começo, mas é só uma extensão de "falar bem dos outros" que ensinaram a você na infância. Acusações voltam para você, mas apontar os pontos fortes de alguém, enquanto se fica quieto sobre os maus, é verdadeiro e conduz à prosperidade.

Ponder conta sobre um homem que "ousou escrever centenas de vezes como ele queria que as coisas fossem, ao invés de se preocupar em como elas pareciam no momento". O homem não estava iludido, mas só "afirmando o que era bom em si"; quer dizer, afirmando um desejo firme por meio da fala ou da escrita. Desejos são saudáveis, diz Ponder: eles são algo como Deus batendo à porta de nossa mente, os meios pelos quais nós podemos desenvolver todo o nosso potencial. Você não pode ter esperança de ser bem-sucedido, ela completa, quando você "desvia desocupadamente em um fluxo de pequenos eventos e pequenas expectativas".

O segredo de transformar desejos em realidade é *escrevê-los*. Você deve ser específico sobre o que e quando exatamente quer, porque o combustível da imaginação são os detalhes. Lembre-se da frase "A fortuna favorece o ousado". A vida não parece um caminho claro para aqueles que não sabem o que querem. A natureza respeita o propósito. Escrever as coisas torna o seu propósito mais claro, de uma forma que apenas o pensar trivial não é capaz.

Prosperidade é circulação

Para atrair prosperidade, nunca pense sobre si como pobre ou que você não pode comprar alguma coisa. Conte as suas bênçãos, concentre-se na abundância, veja só as oportunidades. Se você não tem algo que deseja, use a "lei do vácuo" da prosperidade e crie espaço para ele, jogando fora coisas velhas. Abra caminho para o crescimento.

Ponder fala em termos de radiação e atração; quer dizer, os pensamentos que você dá voltam para você da mesma forma. Você participa da radiação e atração todo o tempo, mas como você não está realmente consciente disso, não percebe o erro em irradiar pensamentos de negatividade e escassez. Uma pessoa treinada em pensar na prosperidade será muito cuidadosa em só ter pensamentos de prosperidade, sabendo que nada além deles pode atrair o sucesso de volta para ela. Aprecie o princípio da prosperidade de que você tem de dar para receber. Você deve esperar o melhor da vida, mas deve "dar em igual medida pelo bem que quer receber", e de antemão. O famoso ensaio de Emerson, *A Lei da Compensação*, acentuava esta lei básica da prosperidade.

Ponder descreve uma lei como "um princípio que funciona". A prática do dízimo, ela defende, deixa você em harmonia com a lei universal da circulação. Muitas pessoas acham isso antiquado, mas dar o primeiro décimo da sua renda demonstra para você mesmo que o universo é um lugar abundante, e que em reconhecimento você está devolvendo uma parte disso para a sua origem – "assim como o fazendeiro devolve um décimo das suas sementes para o enriquecimento do solo".

Ela nota que alguns magnatas do século XX – John D. Rockfeller e as famílias Heinz, Colgate e Kraft – atribuíram o seu espantoso sucesso ao dízimo. Entre 1855 e 1934, Rockfeller deu mais de 500 milhões de dólares, e quando perguntavam a ele o motivo, a resposta padrão era: "Deus me deu o meu dinheiro". Ponder também lembra as palavras de Moisés: "Lembra-te de que é o Senhor, teu Deus, quem te dá a força para adquiri-los" (Deuteronômio 8:18).

O ponto-chave sobre o dízimo é que se trata de uma doação sistemática, não a doação *ad hoc* que nós normalmente associamos a caridade. Ao dar sistematicamente os primeiros 10% do que quer que recebamos, descobrimos que o restante passa a valer mais, e o universo irá nos devolver também sistematicamente. Dar o dízimo é muito mais que uma obrigação de caridade, é também, Ponder aponta, um ato de crescimento pessoal (pois requer, afinal, coragem!) "através do qual evoluímos para uma doação maior (e um retorno maior)".

Como as pessoas enxergam o dinheiro

As pessoas muitas vezes têm uma atitude engraçada sobre o dinheiro, diz Ponder. Elas são rápidas em afirmar que dinheiro não significa muito para elas, mas gastam a vida toda trabalhando para consegui-lo. Por que não admitir que o dinheiro é importante e que ele é necessário para viver uma boa vida, maravilhosa se for bem usado?

O dinheiro reage às suas atitudes sobre ele, comenta Ponder, então se você pensar bem dele e o admirar pelo que pode fazer, muito provavelmente poderá usufruir mais dele. Veja-o como um tirano, e ele o será. Lembre-se constantemente da relação entre dinheiro e pensamento. Pense e espere uma abundância extrema para o dia quando você acordar pela manhã. Você pode se surpreender com o que acontecerá.

Ponder inclui uma referência fascinante a Einstein, dizendo que ele agitou o mundo científico ao provar que a substância (ou energia, o amorfo) é conversível em matéria (o que tem forma, que inclui o dinheiro). Einstein mostrou que os mundos físico e não físico são conversíveis e intercambiáveis. Pensar na prosperidade é reconhecer a conexão entre a substância invisível ou energia que constitui o universo e os seus pensamentos. Ao conectar os dois, você tem maior controle sobre a criação da matéria.

Comentários finais

Esta discussão é meramente uma amostra. A maioria dos 20 capítulos de *Leis dinâmicas da prosperidade* lida com uma lei diferente da prosperidade, abrangendo saúde, dívida, trabalho, persistência, intuição e um capítulo verdadeiramente incomum, sobre o poder próspero do charme. Apesar de o livro ter sido escrito durante o final da década de 1950, muitas de suas ideias estavam à frente de seu tempo. A despeito da conformidade de sua época, Ponder desafia o leitor a ser diferente, observando que a singularidade sempre satisfaz, e é o seu dever ser como mais ninguém o é.

Se você for um estudioso acadêmico da Bíblia, talvez não concorde com a interpretação de Ponder das histórias bíblicas, mas o livro é bem lido por causa da sua inspiração e pelo seu modesto posicionamento sobre pensar prosperamente. *Leis Dinâmicas da Prosperidade* pode ser um dos mais inusitados clássicos do sucesso, mas pode ser muito valioso para você se estiver disposto a ter a mente aberta (o capítulo sobre como superar dívidas pode, sozinho, justificar o preço do livro). Considere ele como sendo um complemento espiritual aos livros mais básicos sobre sucesso financeiro.

Catherine Ponder

Nascida em 1927, Catherine Ponder estudou educação e negócios na Carolina do Norte antes de se ordenar pastora sem denominação da Unity Church, em 1958. Sua primeira missão foi em Birmingham, no Estado do Alabama, seguido por Austin, no Texas, e depois San Antonio. Em 1973 ela se mudou para Palm Desert, Califórnia, onde sua missão continua até hoje.

Ponder escreveu 12 livros, incluindo *The Prosperity Secrets of the Ages* (Os segredos da prosperidade de todos os tempos, em uma tradução livre para o português), *Leis dinâmicas da cura, Os milionários do Gênesis, O milionário Josué* e *O poder próspero da Oração.* Ela tem dado palestras por todos os Estados Unidos.

36 | Cheryl Richardson

1998

Take Time For Your Life

(Tenha tempo para você, em tradução livre para o português)

"Eu tive dificuldades com as mesmas questões que meus clientes lidam. Trabalhei por uma quantidade absurda de horas, construí um negócio bem-sucedido, cometi diversos erros em relacionamentos e dediquei pouca atenção à minha saúde. Durante os últimos anos, eu usei o processo deste livro para aprimorar minha própria vida. Eu sei que ele funciona."

Em poucas palavras

A realização é mais significativa quando ela vem do bem-estar físico, emocional e espiritual.

Na mesma linha

Stephen R. Covey – *Os 7 hábitos das pessoas altamente eficazes* (p. 121)

Jim Loehr & Tony Schwartz – *Envolvimento total: gerenciando energia e não tempo* (p. 243)

Thomas Moore – *Cuide de sua alma* (50 Grandes Mestres da Autoajuda)

Originalmente uma contadora especializada em impostos, Cheryl Richardson descobriu que seus clientes precisavam de aconselhamento e suporte para tomar decisões sobre aspectos não financeiros de suas vidas. Eventualmente, ela parou de fazer o imposto de renda das pessoas e conceder seminários sobre os "segredos do sucesso".

Definir planos para a vida ou conceder treinamentos pessoais é, hoje em dia, uma área profissional bem estabelecida – mas Richardson, uma das principais instrutoras de vida dos Estados Unidos, foi uma profissional pioneira desse campo. *Take Time for Your Life: A Seven-Step Program for Creating the Life You Want* é a introdução, campeã de vendas, para o que ela faz. É diferente da maioria dos títulos sobre sucesso, no sentido que é principalmente dedicada à *vida*, ao invés da carreira ou metas pessoais. Realização externa é boa e agradável, mas se não estiver equilibrado com o que ela chama de "extremo cuidado de si mesmo", irá esgotar-se emocionalmente e não será útil para ninguém.

Diminuindo o ritmo para ter sucesso

A melhor parte de *Take Time for Your Life* são as pequenas histórias sobre pessoas com quem Richardson tinha trabalhado. A maioria dos clientes dela parece viver aceleradamente e sonha com mais tempo para si, mais diversão e mais autenticidade em sua existência. Eles sentem que é o momento para sair da correnteza e fazer um balanço.

Richardson identifica os sete obstáculos comuns que essas pessoas parecem enfrentar para viver suas vidas da melhor maneira:

1. As pessoas geralmente têm dificuldades em colocar elas mesmas em primeiro lugar.
2. Os planejamentos não refletem suas prioridades.
3. Elas sentem-se exauridas com determinadas pessoas ou atividades.
4. Sentem-se imobilizadas por razões monetárias.
5. Estão vivendo sob efeito da adrenalina.
6. Não possuem uma comunidade que os apoie em suas vidas.
7. O bem-estar espiritual é posto em último lugar.

Você pode achar que, para progredir ou simplesmente manter seu sucesso, deve trabalhar muito, por longas horas, sacrificando tudo. Isso é um mito, e Richardson mostra como modificar até mesmo coisas pequenas em seu cotidiano pode fazer uma grande diferença. Ela menciona, por exemplo, uma mulher que começou a sair do escritório por volta das 17h30 todos os dias e descobriu, para sua surpresa, que seu negócio não se arruinou; ela atingiu a mesma produtividade por meio da maior atenção e delegação de algumas tarefas.

Mas o livro de Richardson está menos preocupado com gerenciamento de tempo do que está com o autogerenciamento. Ela não sugere que você abandone suas responsabilidades, mas apenas que você precisa dedicar mais atenção para renovar suas energias. No livro *Os 7 hábitos das pessoas altamente eficazes* (ver p. 121), Stephen Covey denomina isso de "afiar a serra". Sem a frequente afiação, você se torna embotado no sentido da produtividade e perde a habilidade de se ligar às pessoas que você ama e influenciar aqueles com quem você trabalha.

Inclinando as balanças ao seu favor

Um dos muitos modos de recuperar o equilíbrio é criar o que Richardson chama de lista do "Sim absoluto", uma classificação do que você considera os aspectos mais importantes da sua vida. Uma cliente de Richardson, Joan, colocou no topo de sua lista tempo diário para que ela lesse, meditasse ou se exercitasse. Em segundo estava o tempo que passava com seu marido todas as noites. Em seguida vinha tempo de qualidade com seus filhos, depois estudar para se formar, tempo com amigos, e, finalmente, afazeres domésticos. Ela teve que reorganizar sua vida para se adequar a essas prioridades, mas o resultado englobou humores muito melhores e maior harmonia. Note que os elementos da vida dela não se alteraram, apenas a ordem das prioridades.

A contribuição de *Take Time for your life*, com suas centenas de ideias para o cuidado de si, é a sensação de que você não precisa acelerar juntamente com as circunstâncias. Você pode recuperar o controle de sua vida simplesmente por tomar decisões mais conscientemente. Os sete obstáculos para uma vida equilibrada, mencionados anteriormente, são o ponto de partida para as estratégias de Richardson para "recuperarmos" nossa vida. Os pontos seguintes fornecem uma amostra disso:

- Ter "tempo ocioso" regularmente é importante para sua sanidade. Em uma primeira instância, você pode se sentir bastante ansioso por não fazer "nada", mas, como Richardson coloca, "nós todos precisamos de um descanso do pensar demasiado".
- Pague pessoas para que façam serviços que normalmente você faz. Embora isso custe dinheiro, "dividir a prosperidade" permite que você se preocupe consigo e pense em um nível mais elevado – o que pode trazer maior sucesso a você.
- Vasculhe papéis e coisas velhas e jogue uma grande quantidade delas fora. Isso abre espaço para o que você realmente quer que entre em sua vida.
- Não se aflija sobre passar menos tempo trabalhando. O mundo tem uma maneira de recompensar aqueles que são concentrados e fazem melhor uso de seu tempo.
- Identifique o que tira a energia de sua vida; isto é, pessoas, lugares e situações que exigem demais de suas energias mental e física. Eliminar ou diminuir o impacto destas é o primeiro passo para viver de maneira bem-sucedida e em abundância.
- Não viva sob os efeitos constantes da cafeína e adrenalina. "Abasteça o seu corpo com combustível de qualidade e ele fornecerá a força e o vigor para viver bem". Tomar conta de seu corpo é essencial para viver uma vida de alta qualidade.
- Planejar conscientemente mais "momentos maravilhosos" na sua vida: traga a alma de volta.
- Diga às pessoas que você está agradecido por aquilo que elas fizeram.
- Escreva um diário.
- Preste atenção nos seus sonhos.

- Siga sua intuição.
- Tenha a coragem para buscar seu propósito mais elevado ao invés de simplesmente procurar por outro emprego.

Arranjar tempo para a saúde financeira

Como você esperaria de uma antiga consultora financeira, Richardson inclui um útil capítulo sobre "saúde financeira". Ela consegue ligar habilidades financeiras práticas com uma atitude mais espiritual em relação ao dinheiro. A tese dela é que, uma vez que você decide ter mais responsabilidade com suas finanças (pagar as contas em dia, quitar suas dívidas, manter um registro de gastos), o dinheiro deixa de ser uma fonte de frustração e passa a fluir mais livremente em sua vida. Você deve encarar o dinheiro mais seriamente, antes que a situação fique séria para você.

Ela identifica todas as atitudes que você pode ter em relação ao dinheiro que o impedem de atraí-lo para sua vida, e corrige as concepções errôneas, como ideias do tipo "eu sou uma pessoa criativa, não deveria ter que me preocupar com assuntos financeiros". Uma pessoa pode ser tanto financeira quanto espiritualmente rica, Richardson diz. No fim do capítulo, ela inclui uma lista de livros que podem auxiliá-lo a compreender isso, abrangendo os aspectos práticos e espirituais da prosperidade, que envolve autores tais como Catherine Ponder (ver p. 275), Thomas Stanley (ver p. 327), e Robert Kiyosaki (ver p. 219).

Comentários finais

Com sua ênfase no bem-estar espiritual, Richardson pode não parecer muito prática para alguns leitores, mas a definição dela do "espiritual" é bastante ampla. Simplesmente significa a sensação de serenidade que vem a você quando se está disposto a parar e contemplar. Embora seja desconfortável no início, a prática liga você novamente àquilo que é importante e, portanto, coloca sua vida em uma base mais sólida.

Você precisa compreender a verdade de que o sucesso não deve ser alcançado "a qualquer preço", que você não quer alcançar algo e deixar para trás um rastro de saúde enfraquecida, esposos e filhos ignorados, e o vácuo de nunca haver tempo para si próprio. Em *O homem mais rico da Babilônia* (ver p. 91), a mensagem de George Clason para uma segurança financeira vitalícia é que, quando você recebe dinheiro, deve "pagar a si mesmo, primeiramente". O princípio de Richardson do "extremo cuidado de si mesmo" é similar. Ele permite que você continue a viver no mundo, renovado, e com prioridades ordenadas. Caso não faça isso, você se torna um reflexo vazio dos desejos de outras pessoas. Apesar das pressões, não se esqueça daquilo que você ama fazer na vida e de quem você é.

Com suas listas de verificações a serem feitas, riqueza de ideias, e estilo entusiasmado e simpático, *Take Time for Your Life* é o mais próximo que você chegará de um treinamento pessoal em forma de livro. Às vezes, você precisa de uma pessoa de fora de seu círculo habitual de amigos, família e colegas de trabalho, para ver sua verdadeira importância. Enquanto a terapia se focará em seus problemas, um bom treinador de vida irá trabalhar, junto a você, suas possibilidades. Os elementos do sucesso já estão lá – você simplesmente precisa identificá-los e trazê-los à tona.

Cheryl Richardson

Richardson é uma convidada frequente de programas televisivos dos Estados Unidos, tais como Oprah e The Today Show, e é palestrante profissional e condutora de seminários.

Take Time for Your Life foi o best-seller número 1 na lista dos mais vendidos do New York Times. Sua outra obra bastante conhecida é *Life Makeovers* (Reconstruindo a vida, em tradução livre para o português).

37 | Anthony Robbins

1986
Poder sem limites

"Os que mudam e abalam o mundo são muitas vezes modeladores profissionais – pessoas que dominam a arte de aprender tudo que podem, seguindo mais a experiência de outros do que a própria."

"Com frequência, ao ver pessoas muito bem-sucedidas, caímos na armadilha mental de pensar que elas estão onde estão por terem algum dom especial. No entanto, uma observação maior mostrará que o maior dom que as pessoas excepcionalmente bem-sucedidas têm em relação às pessoas comuns é sua habilidade de agir."

Em poucas palavras
O sucesso deixa pistas, mas é necessário agir em relação a elas.

Na mesma linha
Steve Andreas & Charles Faulkner – *PNL – Programação neurolinguística: a nova tecnologia do sucesso* (*50 Grandes Mestres da Autoajuda*)
Anthony Robbins – *Desperte o gigante Interior* (*50 Grandes Mestres da Autoajuda*)
Brian Tracy – *Realização máxima* (p. 335)

Nas páginas iniciais de *Poder sem Limites*, Robbins tenta definir poder. Ele cita John Kenneth Galbraith, que disse: "dinheiro foi o que abasteceu a Sociedade Industrial. Mas na Sociedade da Informação, o combustível, o poder, é o conhecimento".

Quantos de nós realmente valorizam isto? Nós ainda estamos tão habituados a pensar que o poder está no dinheiro ou na posição social que é fácil não perceber que o poder está na *pessoa*. Nossa habilidade de influenciar e persuadir outros, nossa capacidade de construir algo a partir do nada, nossa resistência para raciocinarmos por nós mesmos são recursos para o nosso poder pessoal.

As habilidades principais que nós devemos aprender para o sucesso, Robbins diz, são comunicativas. Pessoas bem-sucedidas são mestres na comunicação, e elas também se comunicam de forma magistral consigo próprias. Decidem qual o significado um evento terá para elas e, como consequência, tendem a não dividir as experiências de suas vidas em "sucessos" e "fracassos", mas enxergam mais os *resultados*.

Refinamento baseado em opiniões sobre resultados é a base de todo progresso, mas exige certa abertura para novas ideias. Robbins discute as sete características de pessoas bem-sucedidas: paixão, crença, estratégia, clareza de valores, energia, poder de união e domínio da comunicação. Todas se conectam umas às outras, mas ao aplicar cada uma, você mesmo começará a perceber que há uma "anatomia do sucesso", que pode ser estudada.

Modelando o melhor

A melhor maneira de se tornar bem-sucedido é modelar o comportamento de alguém já bem-sucedido. Este é um conceito da PNL (Programação Neurolinguística), baseado na premissa de que todo ser humano possui a mesma estrutura neurológica, portanto "tudo o que você pode fazer, eu posso fazer" – por copiar aquilo. Robbins menciona o *best-seller* de Blanchard e Johnson, *O Gerente Minuto* (ver p. 43), que se baseou em modelar alguns dos principais altos executivos dos Estados Unidos para provar o seu ponto de que o "sucesso deixa pistas". O próprio Robbins modelou os melhores atiradores do exército dos Estados Unidos, para que ele pudesse ministrar cursos sobre acuidade para disparar – embora ele mesmo nunca tivesse segurado uma arma antes em sua vida. Mesmo que você não possua habilidade ou conhecimento de algo, com os modelos certos você pode aprender – e rapidamente.

Todos modelam, mas a maioria o faz inconscientemente. Se você é capaz de escolher as pessoas que servem de inspiração e as habilidades que podem auxiliar você, seu destino fica sob controle. Robbins sugere que o horror real dos guetos e locais afligidos pela pobreza não é o esforço diário para a sobrevivência, mas o efeito dessas condições sobre ambição e crença pessoal. "Se tudo o que você enxerga é o fracasso, se tudo o que você vê é o desespero, é muito difícil formar as representações internas que estimularão o sucesso", ele escreve.

É importante ter mentores pessoais, mas eles não são absolutamente necessários. Se você sabe ler, então possui todo um universo de realizações diante de você, e é difícil que ele não seja transmitido. Nunca dê ouvidos à sabedoria de boteco ou a "palestras de copa", Robbins alerta. Se você quer uma vida melhor, não busque fofocas, e sim grandes modelos e mentores, na vida real e em livros, cujo comportamento você pode seguir. Deixe que essas pessoas, e não somente seus amigos e família, sejam o modelo pelo qual você se avalia.

Dirigindo seu cérebro

Robbins dedica um capítulo a "submodalidades", os tipos de experiências sensoriais, visuais, auditivas, e também de outras formas, com as quais você pode manipular sua mente para alterar o modo através do qual vê algo. Um método, o sistema "swish", envolve substituir imagens negativas existentes em sua mente por imagens positivas. Quando o "filme" disso acontecendo passa algumas vezes em sua cabeça, é difícil ter a mesma visão daquilo que você pensou que fosse um comportamento viciante ou destrutivo. Isto pode soar dúbio, mas tente fazê-lo. Você precisa aprender como "dirigir o seu cérebro".

Robbins propõe a ideia de que "o infortúnio é um ponto de vista". Há sempre diferentes maneiras de perceber algo, e por "estruturar novamente" uma experiência você tem mais escolhas para responder às coisas na vida. Lembre-se: pessoas bem-sucedidas não enxergam tanto as coisas em termos do bom ou ruim, mas como resultados. O resultado é o fato, não sua resposta emocional a ele. Sua resposta é *escolha* sua.

No nível prático de trabalho, este tipo de pensamento é valioso, pois o que é um empresário, Robbins pergunta, senão alguém que enxerga recursos diferentes através de olhares diferentes, reestruturando-os para que eles possam se tornar algo novo e valioso? Um empresário é um especialista em ver as coisas sob outro olhar.

Para compreender a PNL, você tem de valorizá-la – mesmo que você pense em si como uma pessoa ou talvez uma alma, seu cérebro ainda opera como uma máquina. Em contraposição à terapia "profunda", tal como a psicanálise, a PNL sustenta que a mudança pode ocorrer em um instante. Na física quântica, Robbins nota, as partículas não se alteram vagarosamente e se desenvolvem com o tempo – elas fazem saltos quânticos. Comece a pensar em seu cérebro de modo impessoal; ele é seu servo, que se programa para alcançar suas maiores metas, e para que você viva de acordo com seus valores mais elevados.

Metas maiores produzem ação

Robbins utiliza-se de uma citação bíblica para explicar o poder crucial das metas de qualidade: "Por falta de visão, o povo vive sem freios" (Provérbios 29:18).

O cérebro e o sistema nervoso trabalham de uma maneira que faz com que você tenda a viver de acordo com as imagens pessoais que você tem a respeito de sua vida. Seja o que for que você peça na vida, é provável que consiga. Robbins sugere: "As pessoas não são indolentes. Elas simplesmente têm metas impotentes".

Tarde da noite, após um seminário, ele se deparou com uma pessoa sem-teto que pediu a ele uma moeda de 25 centavos de dólar. Embora ele tivesse mais dinheiro, foi exatamente esta quantia que deu, dizendo ao homem: "A vida pagará qualquer preço que você pedir a ela".

Talvez isso tenha sido um tanto maldoso, mas a anedota ilustra um princípio poderoso. Peça por grande sucesso e alegria, e você provavelmente os terá. Não peça por nada em particular, e você terá qualquer coisa que a vida conceder a você. Seja preciso em sua linguagem do dia a dia, mas particularmente quando se trata de metas. Utilize-se do que Robbins chama de "poder da precisão", porque a linguagem molda o pensamento, e o pensamento, por sua vez, molda a ação.

A mágica da harmonia

Todas as pessoas bem-sucedidas sabem como criar harmonia. Elas possuem maneiras próprias de se colocarem na mentalidade de qualquer um que encontram, e então o encontro terá valor real. Algumas pessoas passam a vida toda desenvolvendo suas habilidades interpessoais, mas há habilidades de compreensão que têm o mesmo efeito e que você pode aprender em alguns minutos, se você fizer um esforço para isso.

A questão de Robbins é que você pode se tornar uma pessoa persuasiva mais facilmente se estabelecer o consentimento do que por meio da competição. A competição é um dos muitos padrões que você possui em seu cérebro e que deixa ser executado sem realmente pensar se poderia substituí-lo por algo mais efetivo. O caminho para o poder sem limites é continuamente procurar por uma maneira diferente e melhor de se fazer algo. Se você sempre se prende às mesmas técnicas, conseguirá sempre os mesmos resultados. Esta é uma ideia de fundamento da PNL, e Robbins a explica bem.

Comentários finais

Escrito durante o período em que Ronald Reagan era presidente, algumas das referências de *Poder sem limites* estão um pouco antiquadas, mas até mesmo os especialistas em estudos do sucesso se lembrarão por que Robbins é o guru motivacional número 1 do mundo. O livro é menos trabalhado que o mais recente *Desperte o gigante interior*, mas é notável pelo fato de que Robbins o escreveu quando tinha apenas 25 anos. Empilhando no livro tudo o que sabia, ele acabou o primeiro rascunho em menos de um mês.

Se você tem pouca experiência com PNL, é uma grande introdução a alguns dos conceitos e técnicas, incluindo modelagem. Um dos grandes pontos de Robbins é: "Não importa quão rígido seja o seu mundo; se puder ler sobre as realizações dos outros, pode criar as crenças que lhe permitirão ser bem-sucedido". A atividade aparentemente inócua de ler as histórias de sucesso das pessoas que você admira, beneficiando você próprio com séculos de experiências de vida, tem sido o ponto de partida de muitas figuras ilustres.

Prosperidade não grita ou gesticula, mas ela deixa pistas para aqueles que estão interessados. Porém, como Robbins aponta, o poder ilimitado não é seu até que você desenvolva a habilidade de *agir*. O livro dele é um bom ponto de partida para auxiliar você a se tornar uma pessoa distinta; isto é, alguém que age.

Anthony Robbins

Hoje com mais de cinquenta anos, Robbins nasceu em Los Angeles, em circunstâncias modestas. Ele adquiriu uma reputação como hábil vendedor, negociando ingressos para eventos motivacionais, e seu primeiro mentor foi o guru Jim Ruhn. Tendo descoberto a PNL em 1983, Robbins excursionou pelos Estados Unidos, ostentando que ele poderia curar pessoas de fobias em 15 minutos. Por um período, ele foi sócio de John Grinder, um dos fundadores da PNL.

Robbins é bastante conhecido por seus seminários durante fins de semana, que envolvem participantes andando sobre camadas de carvão quente. Ele trabalhou juntamente à IBM, AT&T, American Express e o exército americano, assim como times esportivos e atletas olímpicos, e foi orientador pessoal de Bill Clinton, Mikhail Gorbachev e Andre Agassi.

A fundação dele dirige programas para ajudar idosos, jovens, os sem-teto e pessoas na prisão. Robbins vive na Califórnia com sua esposa e filhos.

38 | Robin Gerber

2002
LEADERSHIP THE ELEANOR ROOSEVELT WAY

(Liderança à maneira de Eleanor Roosevelt, em tradução livre para o português).

> *"É verdade que eu sou essencialmente otimista, que eu sou esperançosa de nascença. Eu não acredito que o bem sempre vence o mal, porque eu vivi bastante tempo no mundo e vi que isso não é verdade... Não é o pensamento desejoso que faz de mim uma mulher esperançosa. Repetidamente, eu tenho visto, sob as circunstâncias mais improváveis, que o homem pode se reinventar, que ele pode até mesmo refazer seu mundo se ele se importar o suficiente para tentar."*
> *Eleanor Roosevelt,* You Learn by Living *(Você aprende vivendo, em tradução livre para o português).*

Em poucas palavras

Uma das tarefas do líder é encorajar aqueles que não conseguem avançar por si mesmos.

Na mesma linha

Warren Bennis – *A essência do líder: o grande clássico da liderança* (p. 27)
Abraham Lincoln (por Donald T. Phillips) – *Liderança segundo Abraham Lincoln: estratégias para tempos de crise* (p. 235)
Nelson Mandela – *Longa caminhada até a liberdade* (p. 251)

Eleanor Roosevelt foi uma das pessoas mais admiradas do século XX, tendo sido capa da revista *Time* três vezes. Nós pensamos nela hoje como uma força vital da administração de seu marido, defensora dos desprovidos, e estadista da ONU. Porém, durante as primeiras quatro décadas de sua vida, ela era relativamente anônima, alcançando as expectativas daqueles ao seu redor, e agindo plenamente em concordância com sua posição e criação. A história dela é precisamente interessante porque ela não era excessivamente ambiciosa ou orientada pelos seus objetivos, mas com o tempo e as circunstâncias, tornou-se assim.

O livro de Robin Gerber, *Leadership the Eleanor Roosevelt Way: Timeless Strategies from the First Lady of Courage*, não é uma biografia completa de Eleanor Roosevelt, mas traça alguns dos momentos estratégicos em sua vida, para ilustrar como ela passou a liderar, e por que ela inspira uma nova geração.

De órfã a jovem mãe

Anna Eleanor Roosevelt nasceu na sociedade da classe alta de Nova York, em 1884, sendo o futuro presidente, Theodore Roosevelt, seu tio. Sua mãe, Anna, era conhecida por sua beleza na sociedade em que vivia, e era fria em relação à filha, sem atributos que a destacassem. Seu pai, Elliot, adorava Eleanor, e esse sentimento era recíproco. Ele era um homem apreciado, mas sofria de alcoolismo.

Enquanto Elliot estava afastado, em uma clínica para alcoólatras em recuperação, Anna adoeceu e morreu de difteria. Seis meses mais tarde, o irmão de Eleanor, então com quatro anos, também faleceu. Tendo sucumbido à depressão, drogas e o álcool, Elliot morreu alguns meses antes do décimo aniversário de Eleanor. Ele era o centro do mundo dela, que ficou destruída por isso. Como Gerber sugere, esta infância difícil deixaria Eleanor empática em relação àqueles em sofrimento, o que foi um elemento básico em sua personalidade e realizações.

Após o internato na Inglaterra, Eleanor retornou aos Estados Unidos e, antes de seu vigésimo primeiro aniversário, casou-se com o jovem elegante Franklin Delano Roosevelt ("FDR"), um primo distante. Pelos próximos 12 anos, Eleanor foi uma esposa atenciosa e mãe devotada, teve seis filhos, um dos quais morreu quando ainda era bebê. A família vivia em Hyde Park, na casa da família de Franklin, em Nova York, e a jovem Eleanor tinha que viver, sem reclamações, sob o comando de sua sogra, Sara Delano.

Na época que Franklin se tornou senador, a deflagração da Primeira Guerra Mundial deu a Eleanor a chance de sair de sua gaiola de ouro e realizar trabalho voluntário para as Forças Armadas dos Estados Unidos. Como recém-nomeado secretário-assistente da Marinha, sob o comando de Woodrow Wilson, seu marido passava boa parte do tempo longe.

Fora do casulo

Com treze anos de casamento, o mundo de Eleanor foi abaixo quando ela descobriu que FDR estava tendo um caso com sua secretária. Devastada mais uma vez, ela, após um tempo de lamentação e reflexão, decidiu continuar com o casamento. Como Gerber explica, ela "escolheu a vida", e seguiu adiante. Em seu livro, *You Learn by Living*, Eleanor escreveu:

> *"A coragem é mais estimulante que o medo e, no final das contas, mais fácil. Nós não temos que nos tornar heróis da noite para o dia. Apenas um passo de cada vez, recebendo cada coisa que aparece, não as vendo como apavorantes conforme surgem, e descobrindo que nós temos a força para encará-las de cima."*

Esta coragem foi testada novamente no verão de 1921, quando a família estava hospedada em sua casa de férias, no Estado do Maine. Franklin nadava, e à noite, sentiu-se cansado. No dia seguinte, não conseguia mover suas pernas. Ele havia contraído poliomielite, e nunca mais andaria normalmente.

Eleanor desenvolveu um novo senso de identidade, distinto, criando seu próprio círculo de amigos e dispersando a influência de sua sogra. Já com seus quarenta anos, ela descobriu sua "paixão--guia": questões de reformas sociais. Era recente, àquela época, a concessão do direito de voto às mulheres, e Eleanor se envolveu em organizações para ampliar ao máximo a voz das mulheres. Ela tinha um refúgio construído, Val-Kill, onde ela podia recepcionar amigos e comportar reuniões, e em 1926 começou a lecionar história e política na escola para garotas Todhunter, na cidade da Nova York, posto que tinha obtido através de amigos. Liderança envolve abertura para o novo, Gerber observa, e naqueles anos Eleanor Roosevelt buscou, de maneira voraz, experiências e pessoas fora de seu círculo estabelecido.

Em 1928 Franklin Delano Roosevelt foi eleito governador de Nova York, e a campanha de Eleanor pelo voto da mulher foi um fator importante para a vitória. Quatro anos mais tarde, na corrida presidencial, Eleanor e sua equipe, que coordenava um exército de mulheres "caminhantes", serviram de meio para aumentar o apoio feminino aos democratas. FDR ficaria no poder por incríveis 12 anos, guiando o casal através da Grande Depressão, a Segunda Guerra Mundial e três eleições.

Primeira-dama dos Estados Unidos

Eleanor Roosevelt organizou a primeira conferência de imprensa para a esposa de um presidente, e permitiu a entrada apenas de mulheres. Ela publicou um livro com tendências femininas, *It's Up to the Women* (Cabe às mulheres, em tradução livre para o português), que vendeu bem e foi oportuno para a nomeação da primeira mulher integrante do gabinete, Frances Perkins, como Secretária do Trabalho. Uma primeira-dama ativa e poderosa era uma novidade, e Eleanor Roosevelt estava sujeita a muita crítica, atraindo dizeres como "Eleanor por toda a parte". Mas ela desenvolveu uma proteção de si mesma forte; uma de suas frases era "uma mulher é como um saquinho de chá. Você nunca sabe quão forte ela é, até que a coloque em água quente".

Eleanor se tornou os "olhos e ouvidos" de FDR, saindo pelo país para verificar a pobreza opressiva e o desemprego que tinha assolado a nação. Seu desejo de estabelecer vínculos com donas de casa, trabalhadores de minas, soldados e fazendeiros em dificuldades, e de fazer amizade com judeus e afro-americanos, a fariam parecer coração-mole para os oponentes e traidora para sua classe – mas sua habilidade para com os oprimidos e em sofrimento fez dela uma figura bastante querida para muitas pessoas comuns. Ela era capaz de sentir e demonstrar empatia, ao invés de meramente oferecer uma piedade aristocrática.

Eleanor Roosevelt deu forte apoio para melhorias em leis trabalhistas, e contribuiu para a fundação do movimento dos direitos civis, por chamar atenção para os linchamentos que ainda ocorriam no Sul. Ela apreciava recepcionar afro-americanos importantes na Casa Branca. Quando sua amiga Marian Anderson, a grande contralto americana, tentou agendar um concerto em Washington DC, no auditório pertencente à organização Filhas da Revolução Americana, foi recusada, pois não queriam permitir que uma negra se apresentasse naquele espaço. Em protesto, Eleanor – integrante de longa data – deixou a organização e ajudou a organizar um enorme concerto para Anderson no Lincoln Memorial. O eleitorado afro-americano que Eleanor atraiu para longe dos republicanos, Gerber nota, ficaria com os democratas pelo resto do século.

Primeira-dama do mundo

Após a morte de FDR, quando no poder, em 1945, Eleanor estava por conta própria. O presidente Truman ofereceu a ela a oportunidade de se juntar à delegação americana nos primeiros encontros da Organização das Nações Unidas. Com grande apreensão, ela aceitou, e foi dada a ela a responsabilidade de auxiliar a desenvolver a Declaração Universal dos Direitos Humanos. Seu trabalho de aprovar a Declaração, a qual o secretário-geral das Nações Unidas, U Thant, descreveu como a "Magna Carta da Humanidade" é, talvez, a maior realização dela.

Na década de 1950, ela se tornou embaixadora itinerante para o governo dos Estados Unidos, visitando muitas nações na Ásia e no Oriente Médio, e gerando enorme credibilidade. Eleanor Roosevelt superava as suspeitas de que tivesse motivações americanas, porque ela deixava claro que suas viagens eram para escutar, e não para discursar. Estas viagens, e a impressão que ela dava de ser uma "companheira da humanidade" ao invés de simplesmente uma voz dos Estados Unidos, deram a ela o apelido de "primeira-dama do mundo". Como outra evidência de seus valores liberais, ela lutou contra a caça às bruxas conduzida pela casa do senador Joseph McCarthy, no Comitê de Investigação de Atividades Antiamericanas, para identificar supostos comunistas.

Em seus últimos anos ela continuou a fazer campanha para o Partido Democrata, apoiando Adlai Stevenson e depois John F. Kennedy, e também apresentou um programa de televisão, chamado *Prospects for Mankind*. Quando Martin Luther King foi preso, em 1962, por se opor a políticas segregacionistas, Eleanor persuadiu Robert Kennedy, o procurador-geral, para retirar as acusações. Ela faleceu naquele mesmo ano.

Comentários finais

Se a marca de um grande líder é a habilidade de criar outros, Eleanor Roosevelt certamente atingiu isso, encorajando a liderança de mulheres, dentro e fora dos Estados Unidos, e fornecendo inspiração para líderes afro-americanos.

Enquanto seu marido era o chefe do Estado maior, com a capacidade de mudar milhões de vidas de acordo com sua vontade, ela tinha que lidar com uma coluna diária sindicalizada, *My Day*. Mas estas composições escritas, resumindo cada um de seus dias muito ocupados, foram influentes e se tornaram a plataforma para sua visão política. Sem poderes formais, a liderança dela sobre diversas questões veio do poder de persuasão, e sua jornada de mãe recatada a mestre de debates na ONU é notável.

O livro de Robin Gerber é diferente de outras obras sobre Eleanor Roosevelt porque tenta aplicar as lições da vida dela às mulheres de hoje. O livro entrelaça a história de Eleanor Roosevelt com experiências reais de mulheres contemporâneas, e fornece muitas dicas sobre aconselhamento, rede de comunicação e oratória extraídas da vida de Eleanor. Embora você possa considerar uma biografia completa ou alguns dos textos da própria Eleanor Roosevelt mais satisfatórios, o valor da obra de Gerber está em ser uma introdução de fácil leitura ao assunto, atraindo uma nova geração de admiradores, que desejam saber por que ela inspirou tantos. Tendo rompido com padrões de diversos modos, líderes de hoje, como Hilary Clinton, devem muito a ela.

Robin Gerber

Gerber é, atualmente, uma acadêmica importante na Academia de Liderança da Universidade de Maryland, onde ela ministra cursos sobre mulheres e política. Ela tem experiência anterior como lobista de Washington e instrutora de liderança feminina, e trabalhou junto ao Comitê Nacional Democrata, à ONU, e ao governo do Estado de Nova York. Ela contribui com colunas para o USA Today e outros jornais.

Leadership the Eleanor Roosevelt Way inclui um prefácio de James MacGregor Burns, autor do influente estudo *Leadership* (Liderança, em tradução livre para o português).

39 | David J. Schwartz

1959

A MÁGICA DE PENSAR GRANDE

"Acredite com afinco. O tamanho do seu sucesso é determinado pela intensidade de sua crença. Tenha pequenas ambições e, então, espere obter pouco. Aspire por grandes coisas e obtenha grandes sucessos. Lembre-se disso, também! Os grandes planos e ideias são frequentemente mais fáceis – e certamente não mais difíceis – do que os pequenos."

Em poucas palavras

Muito da diferença entre o fracasso e o sucesso está no que você acredita merecer e, portanto, é melhor pensar grande.

Na mesma linha

Frank Bettger – *Do fracasso ao sucesso em vendas* (p. 35)
Claude M. Bristol – *A força mágica da vontade* (p. 57)
Napoleon Hill – *Pense e enriqueça* (p.187)
Brian Tracy – *Realização máxima* (p. 335)

Pense em pessoas que ganham cinco vezes mais que você. Elas são cinco vezes mais inteligentes que você? Elas trabalham cinco vezes mais? Se a resposta é não, então a pergunta "O que elas têm que eu não tenho?" pode lhe ocorrer. Em um livro que vendeu vários milhões de cópias, David Schwartz sugere que o fator principal separando elas de você é que elas pensam de forma cinco vezes maior. Somos todos, mais do que nós percebemos, o produto do pensamento que nos circunda, e a maior parte desse pensamento é pequeno, e não grande.

Bastante espaço no topo

Durante a pesquisa de *A mágica de pensar grande*, Schwartz falou com muitas pessoas que tinham alcançado o topo da sua área. No lugar de obter respostas detalhadas, diziam a ele que o fator-chave do sucesso pessoal era simplesmente o desejo por ele. Ao invés de, no topo, haver "muitos caciques para poucos índios", o oposto é verdade. Algumas pessoas escolhem liderar, outras, seguir. Sucesso, essencialmente, não é uma questão de circunstâncias, ou habilidade natural, ou até mesmo inteligência – é uma escolha.

A partir dos muitos pequenos comentários e mensagens que lhe foram ditos ao longo de sua vida, você pode ter, inconscientemente, feito um registro das coisas que pode ou não ter, da pessoa que pode ou não ser.

Essas coberturas de tinta podem ter sido aplicadas até pelas pessoas que lhe amam muito, mas o resultado não é um quadro seu. *A mágica de pensar grande* tenta mostrar que, de fato, a tela sobre a qual você pinta é vasta. Schwartz expressa a apropriada citação de Benjamin Disraeli: "A vida é curta demais para ser pequeno". Você deve ampliar sua ideia de si próprio, e agir de acordo com ela.

"Pensar grande" de fato funciona em relação a objetivos de carreira, segurança financeira, e relacionamentos importantes – mas é mais significativo que isto. Você é desafiado a se ver sob uma luz mais clara, a ter uma concepção maior sobre a vida. Esta é uma escolha – que não é mais difícil do que a opção de continuar a fazer o que você faz, esforçando-se no escuro.

Você pode achar que algumas das ideias e sugestões são um tanto óbvias ou básicas se comparadas aos textos mais recentes sobre o sucesso, mas, assim como os clássicos mais antigos do sucesso, *A mágica de pensar grande* contém mensagens simples e poderosas que não se tornam obsoletas.

O caminho silencioso para o sucesso

O livro de Schwartz é basicamente sobre "sair à frente", com uma considerável atenção dada a aumentar o seu rendimento exponencialmente; fazer daquela casa dos sonhos uma realidade, e fornecer a seus filhos a educação da melhor qualidade. Ele conta a nós como pensar, parecer e se sentir "importante".

A obra é um produto da sociedade da década de 1950, consumista e ambiciosa? Bem, ela realmente possui algumas passagens divertidas sobre mudar-se de um "apartamento de má qualidade", para uma "bela e nova casa no subúrbio". Leitores, presumidamente, continuam a ser atraídos por sua promessa materialista, mas o paradoxo da mensagem de Schwartz é que, para se chegar aos resultados materiais, você deve conhecer o impalpável; isto é, você deve passar um tempo sozinho com seus pensamentos. Decisões tomadas enquanto na solidão gerenciada, ele diz, têm o costume de estarem cem porcento corretas. A ação dispersa o pensamento, por isso líderes reservam tempo para a solidão, para chegar ao seu poder supremo de pensamento.

Crença é tudo

Não há nada místico sobre o poder da crença, mas você deve estabelecer uma distinção entre meramente desejar e realmente acreditar. A dúvida atrai "motivos" para não se obter o sucesso, enquanto a crença ajuda a encontrar os meios para se realizar a tarefa. Schwartz estava conversando com um aspirante a escritor de ficção. Quando surgiu o nome de um autor bem-sucedido, o aspirante rapidamente disse, "mas eu nunca poderia me igualar a ele; estou fora daquela esfera em que ele está". Conhecendo o autor em questão, Schwartz apontou que ele não era superinteligente, nem muito observador, mas apenas superconfiante. Este autor tinha, em algum momento, decidido que estava entre os melhores, e então ele agia e se apresentava de acordo.

A maioria de nós acredita que o resultado de um evento é o melhor indicador de quão bem-sucedidos nós somos, mas é muito mais provável que eventos reflitam o nosso nível de confiança. Nas palavras de Schwartz: "Crença é o termostato que regula o que nós realizamos na vida". Aumente o termostato e testemunhe os resultados.

"Desculpite", a doença do fracasso

Nunca dependa da sorte para conseguir o que você quer. A única vacina contra a "desculpite", como Schwartz a chama – "comumente conhecida como a doença do fracasso" –, é a autoconfiança consciente. Schwartz percebeu que assim que você se depara com um ponto difícil, seu pensamento provavelmente diminuirá, voltando ao seu tamanho normal, mas justamente neste momento é crucial que isso não ocorra. Campeões do esporte não sofrem colapsos quando, durante um jogo estão perdendo. Ao invés de construírem uma situação que vai contra eles mesmos, lembram-se de que são campeões. O grande tenista Boris Becker diz a jogadores promissores deste esporte que o talento não é suficiente: você deve andar, falar e pensar como um campeão.

Mantendo-se grande

Embora seja dito que um amplo vocabulário é um grande determinante do sucesso, o que realmente se leva em consideração é o efeito que suas palavras têm na maneira como você pensa sobre si. Ao invés de tentar utilizar-se de longas palavras, Schwartz diz, use uma linguagem positiva e note como ela transforma o seu humor e as percepções de outros. Não se veja apenas em termos de como você se mostra agora. Você pode ter um carro velho, um apartamento deteriorado, dívidas, estresse com o trabalho e um filho que não para de chorar, mas estes elementos não são um verdadeiro reflexo seu, desde que trabalhe a visão do que você será daqui a dois anos. Concentre-se em suas qualidades e em como você as emprega para mudar a situação, e evite se envolver com críticas insignificantes. Absorver empecilhos como este é uma característica de grandiosidade.

Schwartz também lembra você de que todo grande sucesso é criado com um passo de cada vez, portanto é melhor avaliar a si mesmo em relação aos objetivos que estabeleceu, e não se comparando aos outros.

Aprimorando a qualidade de seu ambiente

Ou, como Schwartz diz, "vá de primeira classe". Isto não significa sempre comprar o bilhete mais caro. Significa extrair seus conselhos de pessoas bem-sucedidas, e não dar aos invejosos a satisfação de ver você fracassar. Passe seu tempo com aqueles que possuem uma visão ampla e são generosos com suas amizades. Depois de um tempo, o nível básico daquilo que você considera ser possível se elevará. As pessoas fazem avaliações sobre você, goste ou não, e o valor que o mundo lhe dá é compatível com aquele que você mesmo se dá.

Schwartz tem muitas outras dicas úteis sobre como pensar e agir sobre o sucesso, sustentado por histórias de casos. Elas incluem:

- Não espere por condições perfeitas antes de dar início a algo. Elas nunca existirão. Aja agora.
- Persistência não é garantia de sucesso. Combine persistência com experimentação.
- Objetivos, uma vez no subconsciente, fornecem energia e uma orientação invisível para corrigir a ação.
- Ande 25% mais depressa. Pessoas medianas têm um andar mediano.

Comentários finais

Esse livro da literatura sobre o sucesso foi escrito durante uma época próspera, na sociedade industrial do pós-guerra nos Estados Unidos. O foco é em vendas produção administradores conseguir um bom trabalho em uma boa companhia. Pode ser o produto de sua época, mas também a transcende. *A mágica de pensar grande,* literalmente, vale o seu peso em ouro (de sua edição em capa dura, mais pesada) para muitas pessoas. É um dos grandes exemplos do convite, da literatura do sucesso, para romper as limitações autoimpostas a fim de remodelar sua noção do que é possível.

O desejo pelo sucesso, Schwartz argumenta, começa com a disposição para encontrar as ferramentas que possam proporcioná-lo. Surpreendentemente, embora ninguém goste de rastejar na mediocridade, nem todos estão seriamente interessados em encontrar e utilizar essas ferramentas. Projetar pensamentos maiores é um tipo de mágica, posto que o esforço aplicado é pequeno, se comparado com os resultados a longo prazo.

Na década de 1890, uma pessoa chamada Gottlieb Daimler desenhou uma estrela de três pontas em um cartão postal para sua família e escreveu, ao lado, "um dia esta estrela brilhará sobre meu trabalho". Ele cofundou a *Daimler Motoren Gesellschaft*, que hoje é a Daimler AG. Grandes realizações, como estas, demonstram a afirmação de Schwartz, que uma pessoa deve ser medida pelo tamanho de seus sonhos.

David J. Schwartz

O falecido David J. Schwartz era professor na Universidade da Geórgia, em Atlanta, e foi considerado uma autoridade de destaque sobre motivação, nos Estados Unidos. Ele também foi presidente da Creative Educational Services (Serviços Educacionais Criativos, em tradução livre para o português), uma firma de consultoria especializada no desenvolvimento de liderança.

Seus outros livros incluem *The Magic of Thinking Success*, *The Magic of Selling* (em tradução livre para o português, respectivamente, A mágica de pensar grande e A mágica de vender) e A mágica de conquistar o que você quer.

40 | Florence Scovel Shinn

1940

The Secret Door to Success

(A passagem secreta para o sucesso, em tradução livre para o português)

> *"Uma grande oportunidade e um grande sucesso geralmente chegam suavemente até você, quando menos se espera. Você precisa parar de ansiar por algo, para que a grande lei da atração opere. Você nunca viu um ímã preocupado ou impaciente. Ele fica lá, em pé, e não tem uma única preocupação no mundo, porque sabe que as agulhas serão atraídas até ele. As coisas que desejamos justificadamente ocorrem quando nós dissipamos o controle."*

Em poucas palavras

Desfaça as paredes em volta de seu sucesso por meio de expectativas positivas. Confie a sua prosperidade essencialmente a Deus.

Na mesma linha

Catherine Ponder – *Leis dinâmicas da prosperidade* (p. 275)
Florence Scovel Shinn – *O jogo da vida e como jogá-lo* (50 Grandes Mestres da Autoajuda)
Wallace D. Wattles – *A ciência de ficar rico* (p. 359)

Jericó parecia uma fortaleza impenetrável para os israelitas, uma cidade cercada por muralhas e que continha muitos tesouros que os separavam da Terra Prometida. Eles estavam há décadas no deserto, e estavam insatisfeitos. Mas Deus diz a Josué que, se eles soprarem suas trombetas de uma determinada maneira e derem um grito em uníssono, a cidade será deles. Surpreendentemente, funciona; eles entram na cidade e Jericó é tomada com facilidade.

Todas as histórias bíblicas possuem significados metafísicos ou subentendidos, Florence Scovel Shinn diz. "Jericó" é simplesmente o sucesso que você pode achar que lhe foi negado, mas que está mais próximo de ser seu do que você imagina. É possível que você tenha, sem saber, construído uma parede ao redor de seu sucesso, que pode ruir uma vez que você chegar a certos entendimentos.

Esperando o melhor

Se você tem trabalhado duro por um objetivo, durante anos, sem muito ganho aparente, a menos que sua mente seja extraordinariamente bem resolvida, ressentimento e inveja terão começado a lhe corroer. Esse panorama pode sabotar o seu sucesso logo quando ele se aproxima da concretização.

Scovel Shinn dedicou sua vida a auxiliar as pessoas a reconhecerem a ligação entre suas atitudes e seus níveis de felicidade. Uma expectativa baixa, ela ensinou, é a melhor mentalidade para trazer sucesso à sua vida. Às vezes, a intensidade do desejo pode, na verdade, afastar coisas que são boas para você, pois sugere a fé apenas em si mesmo, e não no poder mais elevado, que lhe criou. Poucos compreendem a lei do sucesso ser tão intensamente sentida, até ambições e desejos ardentes são compreendidos com mais facilidade por se permitir que eles sejam entendidos – um caso de "estabelecer ali e esquecer".

É difícil para a pessoa determinada aceitar a sugestão bíblica de "Não pensar sobre o amanhã". Mas ao invés de perseguir loucamente algo, dia e noite, é muito mais eficiente ter o conhecimento tranquilo de que a realização de seu desejo está lhe atraindo em direção a ela. Seja claro sobre o que você quer e então tenha fé de que isso acontecerá. Empregue aquilo que Scovel Shinn chama de lei oculta da indiferença: "seus navios chegam por mares despreocupados". Todos nós percebemos que o sucesso leva seu próprio tempo, e frequentemente surge de forma tranquila, quando menos esperamos.

Preparando-se para coisas boas

Enquanto é bom alterar sua visão de mundo, para que você espere coisas boas, também deve *preparar-se* para elas.

Você pode ler tanto quanto desejar sobre o pensamento da prosperidade e fazer afirmações, mas isso é somente "fé de poltrona", onde ela ficará, Scovel Shinn diz, a menos que você aja com prosperidade na vida real. Ela conta a história de uma mulher que queria enviar suas duas filhas para a universidade, mas claramente não tinha dinheiro para tal. Porém, apesar das objeções de seu marido, dizendo que a ideia era absurda, ela prosseguiu com os planos para a matrícula das filhas, afirmando que "algo bom e inesperado" aconteceria. Como se sucedeu, um parente rico enviou a ela uma quantia de dinheiro que cobriu todos os custos da educação das garotas.

Dúvidas, preocupações e apego ao passado somente sustentam as paredes ao redor de sua Jericó. A vida tem uma maneira de se moldar de acordo com suas expectativas, boas ou ruins, diz Scovel Shinn. Portanto, deixe seus pensamentos e ações se expressarem tranquilamente, com uma fé inabalável.

Intuição

Enquanto Scovel Shinn descreve a prece como "telefonar para Deus", ela diz que intuição é "Deus telefonando para você".

Algumas pessoas raciocinam cuidadosamente, contando apenas com seu intelecto para solucionar problemas. Elas "pesam e medem a situação como se estivessem lidando com comida", mas as soluções que elas propõem estão longe de serem perfeitas. Quão frequentemente você gostaria de ter seguido seu pressentimento sobre alguma questão? Na época do Natal, uma casa pode estar repleta de presentes, mas nenhum é considerado como completamente adequado para a pessoa que o recebe. O consumo sem intuição é, inevitavelmente, um desperdício. Pedir por orientação, diz Scovel Shinn, "sempre poupa tempo e energia e, com frequência, toda uma vida do tormento". A intuição parece mágica, por causa do poder da Inteligência Infinita por detrás dela. "A menos que a intuição construa a casa, o trabalho para construí-la é em vão".

Muitos dos grandes feitos foram guiados pela intuição. Scovel Shinn menciona Henry Ford, que nunca desistiu de sua impressão de que carros poderiam ser acessíveis a todos. A despeito de seu chefe e seu pai pensarem ser uma ideia maluca, ele persistiu, escutando somente a voz de dentro de si que dizia "vá em frente". Quando você chega a uma bifurcação na estrada, siga a voz da intuição. Se for a função de Deus fornecer pressentimentos a você, é papel seu estar alerta a eles, e não os desperdiçar.

Aliviado dos fardos

Muitas vezes em sua vida você se sentirá estupefato. É o momento perfeito para praticar a fé, ao invés do medo.

Uma mulher veio a Scovel Shinn com uma bagunça de complicações na vida, e simplesmente ouviu a resposta: "Deixe Deus lidar com a situação". A mulher deu um salto de fé, pensou nas questões estando fora de suas mãos, e as coisas logo se resolveram. Tente manipular tudo sozinho, e inevitavelmente você fracassará em algo; o que você considera tão difícil não é, claramente, nada para Deus. A fé impecável leva a resultados perfeitos.

É mais fácil ter fé em coisas que importam menos a você, mas os sucessos reais acontecem quando você confia nos elementos maiores. Como você pode se lembrar de reforçar esta confiança quando precisar dela? Se começa a ter dúvidas, Scovel Shinn diz, diga para si mesmo: "Seus caminhos são engenhosos, seus métodos são certos". Deixe Deus carregar o fardo.

Riqueza

The Secret Door to Success conta a história de um padre em visita a um convento francês, que todos os dias alimentava muitas crianças. No entanto, o local estava sem dinheiro e as freiras estavam ficando desesperadas. Segurando apenas uma moeda, uma delas disse ao visitante que aquilo era tudo o que tinha sobrado para comprarem comida e roupas para as crianças.

O padre pediu a moeda, e a freira entregou-a para ele.

Assim que ele a agarrou, lançou-a pela janela, dizendo: "Agora confie plenamente em Deus". Pouco tempo depois, pessoas chegaram com donativos de comida e dinheiro.

A moral da história? Você não precisa jogar fora seu dinheiro, ou fechar sua conta bancária, mas não *dependa* do dinheiro que você possui. Não importa o quanto você se sinta "falido", lembre-se: "Deus é a fonte de meu suprimento". Você não precisa saber exatamente como será guarnecido, não restrinja os meios pelos quais você pode receber isso. A única condição é que você deve pedir por aquilo que é seu por "direito divino".

Muitas pessoas alcançam a riqueza, mas rapidamente a perdem, porque ela tinha sido agarrada, e não concedida. Para manter o domínio de seus investimentos, lembre-se de que eles são uma manifestação de Deus, pela qual você deve ser grato. Scovel Shinn recorda-se de um antigo provérbio árabe: "Aquilo que Alá dá não pode ser reduzido". Se acontecer de perder dinheiro, você não ficará arrasado, sabendo que Deus irá logo prover outras oportunidades.

Não subestime o poder crucial das palavras nas finanças, diz Scovel Shinn, pois "Seu mundo é um mundo de ideias consolidadas, e de palavras consolidadas". Aqueles que falam somente do que falta, acabarão, portanto, com pouco. "Você não pode entrar no Reino da Riqueza lamentando-se de seu lote". Ao invés disso, você entrará nele por ser cada vez mais consciente da fartura do mundo; você não pode sentir-se em estado de carência, se souber a verdade da afirmação "O Senhor é meu pastor e nada me faltará" (Salmos 23:1).

Comentários finais

A maioria das pessoas desiste logo que algo grande está para acontecer a elas. O sucesso é um sistema, alega Scovel Shinn, no qual a coragem e a persistência são elementos importantes. Um amigo certa vez a levou para um parque de Nova York, para assistirem ao nascer do sol, e ela descobriu uma experiência maravilhosa nesta simples ação. Você pode estar tão habituado aos seus costumes e padrões diários que se esgota em uma rotina. Você para de ser consciente das oportunidades que surgem por estar inteiramente presente no momento, e deixa de esperar grandes coisas.

Se há uma mensagem geral em *The Secret Door to Success*, é a de que você deve evitar ser assolado pela vida, e perceber que há algo maior que você, disposto a carregar os fardos. É o simples fato de que você é constantemente "enganado pela escuridão antes da aurora". Se você conseguir viver pela fé, no lugar de viver através do medo, então terá encontrado a passagem secreta de Scovel Shinn.

Florence Scovel Shinn

Nascida em 1871 em Camden, no Estado de Nova Jersey, ela era filha de um advogado, foi educada na Filadélfia e frequentou a Academia de Belas Artes da Pensilvânia de 1889 a 1897, quando conheceu Everett Shinn (1876–1953), um pintor bastante conhecido. Eles se casaram após a formatura dela, e se mudaram para a cidade de Nova York, em busca de suas carreiras artísticas, morando perto do parque Washington Square.

Florence se tornou ilustradora de literatura infantil popular, em livros e revistas, e também foi professora de assuntos metafísicos. Seu clássico, *O jogo da vida e como jogá-lo*, foi publicado por ela mesma, em 1925, seguido pelo *Your Word Is Your Wand* (Sua palavra é mágica, em tradução livre para o português), no ano de 1928. *The Secret Door to Success* foi publicado pouco antes de sua morte, em 1940.

41 | Margot Morrell & Stephanie Capparell

2001
Shackleton – Uma lição de coragem

"De repente, ficou claro que eles enfrentariam um desafio extraordinário somente para manterem-se vivos. Os homens tinham expectativas de trabalhar com relativo conforto no acampamento-base, ou de realizar tarefas na embarcação. Ao invés disso, eles estavam encalhados em uma vasta e instável camada de gelo, que era a sua única proteção das profundezas do Mar de Weddell ou, pior ainda, das bocas de uma baleia assassina ou de uma foca-leopardo. E fazia -27° graus Celsius."

Em poucas palavras
O verdadeiro líder traz à tona o melhor das pessoas, mesmo nas situações mais difíceis.

Na mesma linha
Warren Bennis *A essência do líder: o grande clássico da liderança* (p. 27)
Spencer Johnson – *Quem mexeu no meu queijo?* (p. 213)
Martin Seligman – *Aprenda a ser otimista* (50 Grandes Mestres da Autoajuda)

Sir Ernest Shackleton nunca liderou um grupo maior do que 27 homens e fracassou em atingir a maioria de seus próprios objetivos de exploração, mas, como Morrell e Capparell mostram em *Shackleton – uma lição de coragem*, ele foi reconhecido como um dos grandes líderes de todos os tempos.

Shackleton foi selecionado para sair na *Expedição Discovery*, de 1902, com o explorador Robert Scott, mas ela não chegou ao Polo Sul por 740 quilômetros, devido ao fato de os homens da expedição serem afligidos por escorbuto. Seis anos mais tarde, em sua própria expedição, ele conseguiu chegar a 156 quilômetros do Polo Sul antes de ter que retornar. Exploradores polares eram os heróis da época, então mesmo este fracasso foi premiado com um título de nobreza, concedido por Eduardo VII, do Reino Unido.

Tanto Scott quanto Shackleton foram superados, na meta de atingir o Polo Sul, pelo norueguês Roald Amundsen, em 1911. Shackleton, apesar disso, surgiu com a ideia de ser o primeiro a atravessar a ainda inexplorada Antártida a pé, uma jornada de quase 2,9 mil quilômetros. Com a deflagração da guerra, o ano de 1914 não era a melhor época para ir, mas o governo britânico permitiu que a expedição prosseguisse. Shackleton tinha talento para arrecadar fundos para as suas aventuras, e adquiriu uma embarcação que veio a chamar de *Endurance*, devido ao lema de sua família *"Fortitudine vincimus"* ("Pela perseverança nós venceremos").

Um resumo da história

A embarcação *Endurance* zarpou de Buenos Aires, e então da Geórgia do Sul até o Círculo Antártico, avançando com dificuldade através de 1,6 mil quilômetros de águas cobertas por gelo, em direção ao seu destino, um acampamento-base no continente Antártico, do qual os homens dariam início à jornada. Tudo correu bem, até um dia em que a embarcação ficou atracada e a *Endurance* foi imobilizada no gelo – "como uma amêndoa em uma barra de chocolate" – e não conseguia se mover.

O bloco de gelo gradualmente arrastou o navio em direção ao norte, por dez meses. No início, os homens viviam embarcados, mas o gelo, que se movia, começou a danificar a estrutura do navio e eles foram forçados a acampar no gelo. Certo dia, o gelo esmagou a embarcação, que afundou diante de seus olhos. Agora eles teriam que passar meses em finas camadas congeladas, que ameaçavam rachar de uma hora para a outra. Tudo isso acontecia à distância de 1,6 mil quilômetros de qualquer civilização, e não havia qualquer forma de contato. Entre os muitos desafios de Shackleton estavam o tédio e o isolamento, não menores em importância. Se eles sobrevivessem, certamente enlouqueceriam.

Após meses nos blocos de gelo flutuantes do Mar de Weddell, consumindo suas rações, os homens entenderam que teriam de se aproximar da terra e tentar chamar a atenção de outros navios, se quisessem sobreviver. Lançando moedas de ouro, instrumentos caros e livros no gelo, eles começaram a arrastar três pequenos barcos salva-vidas através dos campos de gelo, fazendo uma série de acampamentos.

Chegou o momento em que teriam que parar na inabitada Ilha Elefante, e com muitas tormentas, conseguiram fazê-lo. Era um local terrível, e eles sabiam que seus suprimentos de comida rapidamente se esgotariam. Então Shackleton e um pequeno grupo, em seu esburacado salva-vidas de madeira, fizeram uma corrida de quase 1,3 mil quilômetros e que durou 17 dias, por mares muito turbulentos e frios, para alcançar a Geórgia do Sul, onde eles sabiam que havia uma estação de pesca de baleias. Esta empreitada, que incluiu ondas gigantes e um furacão, é hoje considerada uma épica jornada a barco. Mas a provação ainda não estava terminada: os homens tinham chegado ao lado errado da ilha, e enfrentaram uma caminhada difícil, extremamente fria, através das montanhas e geleiras, para encontrar a estação.

Gestor de pessoas por excelência

A expedição é mais famosa pelo fato de que não houve nenhuma baixa no grupo de Shackleton e, aliás, todos eles retornaram com boa saúde física e mental. Como isto era possível, em uma época em que mortes horríveis por inanição, doenças e exposição às intempéries eram uma parte normal da exploração polar? Como a equipe foi capaz de manter um grau de otimismo e animação, apesar de um número de elos fracos e personalidades desagradáveis? Alguns anos depois, quando foi perguntado a Lionel Greenstreet, o primeiro oficial, por que eles tinham sobrevivido, quando tantas outras expedições polares tinham terminado em desastre, ele respondeu com uma única palavra: "Shackleton".

Shackleton era ousado e tinha visão, mas não era negligente. A segurança dos membros da tripulação vinha acima de tudo. Dado que Scott era da Marinha britânica, ele se utilizava da hierarquia e liderança do controle de comando, tratando seus homens de acordo, e Shackleton acreditava que a tripulação *era* a expedição. Apesar do longo aprendizado na Marinha Mercante tê-lo endurecido e, de maneira primorosa, desenvolvido suas habilidades de liderança, ele era genuinamente interessado nos seres humanos e estava à frente de seu tempo, por dedicar atenção individual aos membros da expedição.

"Flexibilidade e trabalho em equipe" se tornaram termos repetitivos da administração, mas em 1914 esta abordagem de gerenciamento era audaciosamente nova e, embora Shackleton respeitasse as diferenças entre os marinheiros, cientistas e oficiais sob seu comando, ele tentou construir uma atmosfera que fosse a mais igualitária possível. Se houvesse uma tarefa a ser feita, ninguém poderia estar "acima" dela. Ele também pensava progressivamente ao perceber a importância do exercício e do relaxamento: jogos e diversos entretenimentos, mais o planejamento cuidadoso de horário das refeições, concederam ordem e afastaram o tédio, nos meses em que eles estiveram presos ao gelo ou amontoados juntos, sob barcos salva-vidas virados de cabeça para baixo.

Shackleton era sensível e contribuía para a harmonia da tripulação, cuidando de homens que adoeciam em sua própria cabine e "elogiando os egomaníacos". Um amigo o descreveu como "um viking com coração de mãe", e Shackleton reconhecia que seu jeito poderia ser feminino (ele tinha crescido em um ambiente feminino, o irmão mais velho e protetor de nada menos que oito irmãs). Como capitão ele podia ser duro, mas como cada homem se sentia valorizado, a ordem nunca foi desmantelada. Os ambientes polares são uma combinação estranha de isolamento em panela de pressão, e é comum grupos conflitantes sabotarem expedições, mas durante dois longos anos a liderança de Shackleton nunca foi questionada. Embora possa parecer pequeno, parte da explicação se deve ao fato de que ele delegava tarefas aos homens de acordo com os interesses deles, e encorajava que se expressassem através de seu trabalho. Durante as longas noites na Antártida, ele então estimulava a tripulação a escrever e declamar seus versos, organizar festas, e encorajava a leitura de uma biblioteca bem equipada.

Shackleton inspirava tal lealdade, as autoras sugerem, porque ele não estava disposto a ganhar a qualquer preço. Ele entendia a vida como jogo sério, em que você só seria bem-sucedido se pudesse ganhar de forma "honrosa e brilhante". Se ele tivesse tido sucesso em percorrer a Antártida de acordo com o planejado, e um homem sequer tivesse morrido, então para ele não teria valido a pena.

Otimismo é coragem

Líderes de destaque se diferenciam por uma sabedoria serena. Ela é adquirida por meio da experiência, obviamente, mas também através do acúmulo ativo de conhecimento. Shackleton amava natureza e aventura, e também amava livros. Ele tinha viajado o mundo com a Marinha Mercante, "mas nada abriu a mente dele à vastidão, riqueza e complexidade do mundo como os livros o fizeram", Morell e Capparell notam. Seu hábito voraz da leitura tinha conferido a ele um senso de perspectiva, que seria crucial na expedição do *Endurance*.

O lema pessoal de Shackleton era "Otimismo é a verdadeira coragem moral". Quando a difícil situação da expedição parecia complicar-se na teoria, os homens pareciam viver com uma felicidade ilusória – invocada pelo seu líder – em que tudo ficaria bem e eles sairiam vivos daquela situação. Enquanto outros líderes podem ter sido desafiados por ressentimentos incontroláveis, Shackleton arquitetou a camaradagem vital, que manteve os espíritos entusiasmados. Ele sabia que pessoas otimistas tendem a trazer unidade a equipes, e depois não foi surpreendido quando os membros mais pessimistas da expedição tiveram as piores performances (apesar de aparentarem ser mais resistentes no início), enquanto que os homens aparentemente mais fracos, porém mais otimistas, prosperaram.

Quando o diretor de uma escola, após todo o ocorrido, pediu ao explorador que ele transmitisse uma mensagem aos alunos, Shackleton disse: "Quando estiver com problemas, em perigo ou decepcionado, nunca desista da esperança. O pior sempre pode ser superado". Esse exemplo daquilo que Claude Bristol chamou de "mágica da fé" (ver p. 57) deve ser recordado toda vez que nos deparamos com um obstáculo; a crença, acima de tudo, parece ter salvado a expedição da morte. Shackleton tinha um dom natural para investigar os processos psicológicos da mente, e tinha a intenção de escrever um livro sobre o lado mental da experiência na expedição *Endurance*, pois foi esta perspectiva aventura que mais o fascinou.

Comentários finais

Shackleton – uma lição de coragem não pretende ser um relato definitivo da expedição *Endurance*. O emocionante livro de Alfred Lansing, *A incrível viagem de Shackleton,* já cumpre esse papel, e há outros bons relatos de membros da tripulação. O que Morrell e Capparell fornecem ao leitor são as lições de um grande líder. De fácil interpretação, são lições que, elas enfatizam, podem ser *aprendidas*. Cada capítulo tem uma lista de indicadores: a maneira de Shackleton de "contratar uma excelente tripulação" ou de "criar um espírito de camaradagem", por exemplo. Os capítulos são também intercalados com observações de líderes contemporâneos, cujas vidas e carreiras foram inspiradas por Shackleton.

O livro é claramente produto de sua época, com referências sobre como a internet está excluindo antigos costumes de negócios e o que isto significa para o líder de hoje. Mas a parte atemporal da obra é a identificação, realizada por Morrell e Capparell (após 13 anos de estudo), dos segredos de liderança, que foram forjados sob as condições mais difíceis. Esses segredos são úteis para qualquer um que precisa gerenciar pessoas.

O regaste do grupo da *Endurance* foi noticiado, mas porque uma guerra ocorria e pessoas morriam, os membros da expedição não foram recebidos como heróis, e após a morte de Shackleton, em 1922 (aos 47 anos, em sua quarta expedição à Antártida), seu nome caiu no esquecimento.

Por que o aumento do interesse neste homem? Morrell e Capparell descrevem a expedição como um "fracasso bem-sucedido" – a qual, embora tenha fracassado em alcançar totalmente em seus objetivos, teve um comandante que conseguiu algo muito mais glorioso: a sobrevivência de um grupo de 27 pessoas contra todas as probabilidades. A história de Shackleton apenas confirma o clichê de que o caminho é frequentemente mais importante que o seu destino, e a camaradagem daqueles que o acompanham nessa jornada é sempre mais gratificante que prêmios.

Margot Morrell e Stephanie Capparell

Margot Morrell tornou-se estudiosa de Shackleton depois de ter se deparado com a história da *Endurance* pela primeira vez, em 1984. Seu trabalho inclui a transcrição de dois diários de membros da tripulação do navio.

Em 1998, a jornalista de negócios Stephanie Capparell escreveu um artigo sobre a expedição *Endurance* para o Wall Street Journal, com referências à pesquisa de Morrell sobre as habilidades de liderança de Shackleton. O artigo estimulou a renovação do interesse na história, e um ano mais tarde as duas começaram a trabalhar em *Shackleton – uma lição de coragem,* que se tornou um *best-seller.* Ambas as autoras vivem na cidade de Nova York.

42 | Thomas J. Stanley

2000

A mente milionária

"Eles vivem em casas adoráveis, localizadas em vizinhanças refinadas. Sua abordagem da vida é o equilíbrio. Eles são financeiramente independentes, mas aproveitam a vida – não são o tipo de pessoa 'apenas trabalho, sem diversão'. A maioria se tornou milionária em uma geração."

"Alguns milionários acham realmente que o Q.I. foi um fator em suas realizações de sucesso, embora a maioria dos outros ache justamente o contrário."

Em poucas palavras

As pessoas não nascem com uma mente milionária. Ela é um conjunto de atitudes e conhecimento que qualquer um pode assimilar e obter.

Na mesma linha

George S. Clason – *O homem mais rico da Babilônia* (p. 91)
Benjamin Franklin – *O caminho da riqueza* (p. 145)
Robert Kiyosaki – *Pai rico, pai pobre* (p. 219)
Sam Walton – *Made in America* (p. 351)

O milionário mora ao lado foi o livro de Thomas Stanley, de grande e acelerada vendagem, que revelava ao mundo o retrato mais inesperado dos milionários dos Estados Unidos. *A mente milionária* é uma análise mais criteriosa sobre a psicologia dos milionários, os fatores "delicados" em termos de atitudes e crenças que fizeram essas pessoas financeiramente bem-sucedidas.

A pesquisa de base foi ampliada para abarcar um conjunto de milionários ainda mais ricos (incluindo muitos "decamilionários", com um saldo patrimonial calculado em 10 milhões de dólares ou mais). Ao todo, o autor recebeu 733 respostas aos seus questionários meticulosamente direcionados, e o efeito total deste livro é um pouco como ser convidado para a sala de estar de 733 milionários para um bate-papo junto à lareira.

A pergunta central feita é: seria possível ter uma vida equilibrada, bastante agradável, e ainda alcançar a condição de milionário? A resposta surpreendente de Stanley é que, embora dinheiro não possa comprar felicidade, os milionários são, talvez, mais conscientes do que grande parte das pessoas de que o melhor da vida muitas vezes é de graça. Ao invés de, como você pode supor, passarem seu tempo livre visitando locais encantadores ou se ocupando com passatempos caros, a grande maioria dos milionários prefere passar tempo com a família e amigos. Se não estão fazendo isso, eles estão envolvidos em atividades comunitárias ou jogando golfe. Como o autor sugere, a maioria dos milionários é "de manutenção de baixo custo" – e eles não são personalidades mesquinhas.

Vocação, vocação, vocação

O caminho para a riqueza sustentável e uma vida agradável é simples: trabalhe com aquilo que você ama fazer. Quanto mais você gosta de seu trabalho, mais provavelmente se sobressairá nele, e mais recompensas lhe resultarão. Você também fica bem mais propenso a criar um nicho lucrativo durante o processo de aprofundar suas habilidades, conhecimento e contatos em sua área escolhida.

Milionários ficam alegres em ganhar a vida com a troca de peças de caminhões ou lavadoras de carro, caso eles avistem oportunidades nisso, não importa o que os outros pensem. Compare isso a pessoas que não gostam especialmente do que fazem, mas que são levadas a crer que aquilo daria a elas segurança financeira e de carreira. Ironicamente, esta percepção leva muitos a escolherem oportunidades de negócios similares, com o resultado de que eles se deparam com forte concorrência. Acima de tudo, milionários "pensam diferentemente da multidão": eles passam grande parte de seu tempo procurando por coisas que outros não perceberam, derrubando suposições e criando nichos rentáveis dentro de indústrias genéricas.

Ainda não encontrou sua vocação? Contra a opinião convencional de que você vá diretamente para algum mercado de trabalho após a escola ou faculdade, permaneça nele, e eventualmente se saia bem, a maioria dos milionários realizou uma diversidade de trabalhos e teve uma boa quantidade de experiências de vida, antes de encontrar sua vocação. Observando os dados, Stanley conclui, "É difícil para alguém reconhecer oportunidades se esta pessoa fica no mesmo lugar e permanece no mesmo emprego".

Risco, recompensa e autoconfiança

Stanley nota a forte correlação entre a disposição em arriscar-se financeiramente e o sucesso financeiro. Enquanto a maioria de nós entende começar um negócio próprio como um grande risco, os bem-sucedidos financeiramente veem trabalhar das 9 às 17 horas para outra pessoa como arriscado. Você é dependente de seu empregador para o seu sustento, e seu rendimento está relacionado com a quantidade de tempo que você gasta trabalhando. Milionários tendem a escolher uma carreira na qual não há barreiras sobre quanto dinheiro eles podem ganhar se forem bem-sucedidos nela.

Você pode perguntar, dentre os que responderam a Stanley, quem não possui negócios próprios? Certamente a lista inclui médicos, advogados, contadores e pessoas que se saíram bem como empregados em grandes firmas, não? Eles são de fato muitos, mas tendem a não estar no meio dos decamilionários pesquisados. Mesmo se uma pessoa está no topo de uma profissão em uma dessas áreas, é exigido prestar serviços pessoalmente em troca de uma remuneração, um cliente de cada vez. Como empregador, você sempre pode fazer com que outras pessoas invistam o tempo, e você colhe mais e mais frutos.

Um dos capítulos mais fascinantes do livro relaciona-se com a ligação entre coragem e riqueza. Os milionários das pesquisas de Stanley parecem ter, todos, uma coisa em comum: a crença em sua habilidade de gerar riqueza. As pessoas falam sem parar sobre a importância de se investir no mercado de ações, mas, como Stanley apropriadamente aponta, poucos realmente pensam sobre a *fonte* da riqueza: geralmente uma ideia transformada em negócio, que pertence inicialmente a um pequeno grupo de pessoas. Os reais geradores de riqueza se focam em criar um negócio próspero, ao invés de investir cegamente em companhias públicas, sobre as quais eles nunca podem ter todas as informações. Isso pode parecer como colocar todas as suas chances em um único investimento, mas essas chances podem ser vigiadas por alguém que quer certeiramente agarrá-las.

Escola

Uma grande porção de milionários que venceram por si próprios se esforçou na escola, mas eles não eram os melhores alunos. O que eles mais aprenderam na escola foi como julgar pessoas e lidar bem com elas, e que trabalho duro poderia trazer um nível surpreendente de sucesso. Muitos não eram considerados inteligentes o suficiente para se tornar bem-sucedidos, porque faltava a eles altos níveis de inteligência analítica ou Q.I. para que conseguissem uma vaga na escola de medicina ou de direito. No entanto, mais tarde na vida, a maioria dos milionários admitiu que esses julgamentos só os tornou mais determinados a obter o sucesso. Sabendo que eles nunca andariam em companhia dos "famosos", procuraram provar seu valor de outras maneiras e se tornaram muito bons em lidar com pessoas e sondar oportunidades.

As pessoas frequentemente atribuem o sucesso à boa sorte, mas os milionários da pesquisa de Stanley classificam a sorte em posições bastante baixas na escala dos fatores para o sucesso. "Quanto mais duro você trabalha, mais sorte você tem", parece ser um consenso.

Cônjuge

Nove em cada dez milionários dizem que o casamento é um fator significativo do seu sucesso. Um cônjuge fornece apoio psicológico imediato e dá recomendações que provavelmente são honestas.

Depois do amor, da atratividade e de interesses em comum, a maioria dos milionários escolhe seus cônjuges de acordo com certo "fator-X": pequenos detalhes que eles notaram que indicavam o valor próprio, integridade, e até mesmo compaixão. No fim das contas, constata-se que cônjuges de milionários têm qualidades que são proveitosas na administração de negócios: inteligência, honestidade, confiabilidade, alegria. Milionários escolhem seus parceiros para toda a vida de forma astuta, sabendo que essa escolha afetará em grande medida o próprio sucesso deles.

Qualquer pequena quantia ajuda

Tornar-se próspero envolve um conjunto de hábitos e maneiras de fazer coisas, algumas das quais parecem de importância menor ou apenas senso comum – embora muitos de nós não as realize:

- Adquirir móveis antigos ou réplicas de qualidade, que podem ser reformados, ao invés de comprar peças mais baratas a cada tantos anos.

- Investir em sapatos de melhor qualidade e consertá-los ou trocar as solas quando necessário, no lugar de comprar um novo par.
- Comprar itens para a casa em lojas de atacado, com desconto. Metade dos milionários pesquisados sempre faz uma lista antes de fazer compras no supermercado.
- O milionário típico da pesquisa nunca gastou mais do que 41 mil dólares na compra de um automóvel (e boa parte deles compra carros usados de qualidade, por muito menos que este número) e nem gastou mais do que 38 dólares com um corte de cabelo.
- Milionários são frugais, mas também não apreciam muito o "faça você mesmo". Eles contratam alguém para pintar sua casa porque sabem que seu tempo é mais bem aproveitado se for dedicado a seus investimentos. Eles empregam os melhores especialistas para ordenar seus impostos e questões legais. Grandes firmas jurídicas e de contabilidade custam mais, porém, sua assistência e contatos fazem o custo se tornar baixo, no longo prazo.

Comentários finais

A Mente Milionária poderia ter sido melhor editado (muitas afirmações são repetidas), mas não é pela adorável e elegante linguagem que você comprará este livro. Por menos da metade do preço de uma refeição em um bom restaurante, as percepções dele podem provar ser um investimento absurdamente bom.

Há uma boa quantidade de fatos e ideias reveladoras, incluindo os cinco "fundamentos" do sucesso financeiro, frequentemente mencionados pelos mais ricos, e divertidas histórias de casos e anedotas de determinados milionários. Quarenta e seis tabelas mostram os dados da pesquisa de uma maneira que mesmo aqueles que têm dificuldades com números poderão entender.

O que é a mente milionária? Não é viver um estilo de vida espartano e fazer do dinheiro o centro de sua vida, mas manter-se livre da dependência do crédito e estar no controle de suas finanças. A grande autodisciplina do milionário médio significa que ele não pode evitar acumular riquezas, mesmo muito depois de que suas necessidades básicas foram atendidas. A mente milionária evoca o famoso provérbio bíblico "Para aqueles que têm mais será dado". Essas pessoas não apenas possuem dinheiro, mas amam seus trabalhos. A maioria pensará, "é claro que eles amam seus trabalhos, eles podem fazer o que quiserem", mas poucos compreendem que foi o amor por suas vocações que ajudou a fazer deles pessoas ricas, em primeiro lugar.

Thomas J. Stanley

Stanley possui doutorado pela Universidade da Geórgia, em administração de negócios, e foi, anteriormente, professor nesta mesma instituição. Entre seus colegas estava David J. Schwartz, autor de *A mágica de pensar grande* (ver p. 303).

A pesquisa de Stanley sobre pessoas abastadas se iniciou durante os primeiros anos da década de 1970. Seus livros incluem *Marketing to the affluent* (Marketing para os ricos, em tradução livre para o português) e *O milionário mora ao lado*.

Ele vive em Atlanta, na Geórgia, com a esposa e seus dois filhos.

43 | Brian Tracy

1993

Realização máxima

"O caminho para você ser feliz e bem-sucedido, para conseguir mais das coisas que você realmente quer na vida, é por meio das combinações das fechaduras. Ao invés de girar os discos da vida esperando por sorte, como se você estivesse jogando em alguma máquina caça-níqueis, você deve, no lugar disso, estudar e emular aqueles que já fizeram aquilo que você quer, e que já alcançaram os resultados que você também deseja atingir."

"A causa primária do sucesso na vida é a habilidade de determinar e atingir objetivos. Este é o motivo pelo qual pessoas que não possuem objetivos são condenadas a trabalhar para aqueles que os possuem. Você trabalha ou para atingir os seus próprios objetivos ou trabalha para atingir os objetivos de outra pessoa."

Em poucas palavras

Avaliar rotineiramente sua vida em relação a objetivos determinados por escrito é essencial ao sucesso.

Na mesma linha

Tom Hopkins – *O guia oficial para o sucesso* (p. 201)
Maxwell Maltz – *Psycho-Cybernetics* (50 Grandes Mestres da Autoajuda)
Anthony Robbins – *Poder sem limites* (p. 287)

Brian Tracy cresceu em uma família pobre e teve que usar roupas de depósitos de caridade. Depois de desistir da escola, trabalhou em uma sucessão de empregos extenuantes, vivendo em casas de pensão. Aos 21 anos, conseguiu trabalho em um navio cargueiro norueguês e viajou ao redor do mundo, mas dois anos mais tarde estava de volta ao Canadá esforçando-se no trabalho e fazendo algumas vendas comissionadas.

Embora não fosse aparentemente bem-sucedido, Tracy sempre se interessou pela questão "O que faz algumas pessoas serem bem sucedidas e outras não?". Como vendedor novato, ele começou a devorar livros de técnicas de vendas e sobre o que tornava um vendedor um dos melhores. Ele imitava o que os livros diziam e, lentamente, seus resultados melhoraram. Seis meses mais tarde ele era o melhor vendedor da empresa onde trabalhava.

Quando ele passou para a gerência, ele leu tudo o que pode sobre gerenciamento de pessoas e construiu uma grande organização de vendas, por diversos países. Entrando na indústria do setor imobiliário ele "atacou os livros novamente", e conversou com pessoas bem-sucedidas da área. Seu primeiro projeto foi financiar, construir e arrendar um *shopping center* no valor de 3 milhões de dólares. Durante o período noturno, Tracy terminou o ensino médio e eventualmente conseguiu ingressar em um programa de MBA para estudar marketing e teoria dos negócios, o que o capacitou para se tornar um consultor empresarial.

Para aprender sobre felicidade, ele leu o que conseguiu encontrar sobre metafísica, psicologia e motivação, e, quando se casou, aprendeu tudo o que pôde sobre criar filhos. Para ter um senso de perspectiva e descobrir por que alguns países eram ricos e outros pobres, ele leu muito sobre história, economia e política.

Depois de duas décadas pensando sobre a questão do que faz algumas pessoas terem mais sucesso, Tracy decidiu colocar tudo o que ele sabia em um "sistema do sucesso" que poderia ajudar outros. Ele desenvolveu um seminário sobre o assunto, mas levou cerca de três anos para que ele realmente se popularizasse. Depois, ele lançou um programa em áudio, *The psychology of achievement*, que prosseguiu vendendo meio milhão de cópias. *Realização máxima* é a versão escrita deste programa.

A habilidade principal

Tracy nos apresenta sua biografia resumida, para mostrar como ele passou de alguém que apenas perambulava para uma pessoa focada. Suas funções diversificadas no trabalho se tornaram os meios para que ele continuasse a fazer o que realmente gostava: estudar o sucesso em si.

Conforme ele sintetizava tudo aquilo que sabia, percebeu que havia uma "habilidade principal" que poderia gerar resultados brilhantes durante a vida de uma pessoa: a capacidade de determinar objetivos e atingi-los. Quando ele descobriu o estabelecimento de objetivos aos 23 anos, pela primeira vez Tracy sentiu que poderia ter controle sobre seu futuro. Seres humanos, ele aprendeu, são teleológicos: nós somos moldados por nossas ambições, adaptando a nós mesmos para satisfazer o retrato de um imaginado estado final. O famoso *Psicocibernética*, de Maxwell Maltz, relatou a Tracy que humanos são realmente máquinas de estabelecimento de objetivos, exigindo metas para que se viva a vida ao máximo. Maltz comparou humanos a mísseis autoguiados, que constantemente ajustam sua rota para atingir um alvo; do mesmo modo, nós podemos programar a nós mesmos para alcançar nossos desejos por meio da constante autoavaliação e análise dos resultados.

O que é interessante sobre objetivos, Tracy descobriu, é que eles são um valor neutro: quaisquer que sejam os desejos que você determina para si, é possível que você os alcance, sejam eles bons ou ruins. Portanto, por que não levar o tempo que for necessário, sem pressa, para criar objetivos admiráveis, enriquecedores da vida?

O valor da habilidade

Menos de três porcento das pessoas tem seus objetivos por escrito, e ainda menos de um porcento os revê com regularidade, nota Tracy. Ainda assim, a maioria de nós sabe que é bom ter objetivos, e muitas vezes até já frequentou seminários ou leu livros sobre o assunto. Nós passamos uma dúzia de anos sendo educados, mas aquilo que mais contribui para o sucesso na vida – como fazer nossos desejos e ambições se concretizarem – é raramente aprendido.

Então por que nós não tomamos a iniciativa de determinar nossos próprios objetivos? Tracy lista motivos para tal, mas o que mais se destaca é que nós não estamos dispostos a aceitar a responsabilidade por nossas vidas. Se não determinamos objetivos, então nós não temos que alcançá-los. O argumento mais mundano é que o estabelecimento de objetivos nunca foi parte de nosso fundamento familiar ou social. Como resultado, nós podemos acabar nos associando a pessoas que não têm ideia clara sobre seu destino, acabando por nos tornar alguém que "segue os seguidores".

A recompensa do estabelecimento de objetivos é que, conforme atinge cada objetivo, você se sente no controle de seu próprio destino, com cada momento sendo aproveitado de maneira produtiva. A autoestima aumenta e é fácil se manter motivado. Você de repente entende o significado do ditado "Nada se sucede como o sucesso".

Tornando-se especialista em estabelecer objetivos

Para que os objetivos funcionem, eles devem fazer com que você se esforce, mas também devem ser realistas. Quando ganhava 40 mil dólares por ano, Tracy estabeleceu o objetivo de ganhar 400 mil dólares em 12 meses. O problema era que a meta era tão grande que ele não acreditava realmente que conseguiria alcançá-la. Revendo o objetivo para 60 mil em um ano – ainda que com um aumento de 50% –, ele o alcançou em um semestre.

Objetivos devem ser escritos. Embora isso exija alguma disciplina, há algo mágico sobre colocar as coisas no papel, que aumenta a probabilidade do objetivo se concretizar. Quanto mais detalhada a meta, melhor, pois o subconsciente precisa de detalhes para desenvolver a ação. "Você não pode atingir um alvo se você não puder enxergá-lo", Tracy diz. Não é necessário se preocupar com os pormenores sobre como o objetivo será alcançado; no entanto, o importante é ser preciso e ter certeza do que você quer. Sem isso, você deixa sua vida à mercê do acaso.

Objetivos podem ser divididos entre tangíveis e intangíveis. Os intangíveis, como, por exemplo, ter uma habilidade elevada de manter a paciência, não necessitam de prazos. Já os tangíveis, tais como alcançar uma cota de vendas, necessitam, pois os prazos fazem você trabalhar o necessário para assegurar que a meta será atingida. Um amigo de Tracy, instrutor de vendas, comentou: "Não há objetivos impraticáveis, apenas prazos impraticáveis". Se você fracassa em realizar aquilo que determinou, não conclua que o estabelecimento de objetivos não funciona. No lugar disso, busque elevar seu conhecimento. Lembre-se de que metas claras fornecem a resistência para prosseguir; sem elas é fácil sofrer um colapso diante do primeiro obstáculo.

O objetivo do propósito

Qualquer feito, Tracy diz, não tem valor se não é coerente com um senso de paz interior – então quaisquer que sejam seus objetivos, eles devem girar em torno de um único propósito significativo de sua vida. Você só é bem-sucedido na medida em que é capaz de alcançar sua própria felicidade, logo, é necessário perseguir objetivos que lhe interessam essencialmente – somente assim você pode realmente ser útil para outras pessoas.

Relacionamentos amorosos devem figurar em posições de destaque no seu estabelecimento de objetivos. Apenas quando esses vão bem, Tracy nos lembra, "você pode direcionar seus pensamentos para a autoexpressão e autorrealização que lhe permitem executar seu potencial". Poucas pessoas têm objetivos definidos para aprimorar a qualidade de suas vidas amorosas.

Um dos outros ingredientes-chave de Tracy para o sucesso é a liberdade financeira. Preocupações com dinheiro são a causa de cerca de oitenta por cento de transtornos em relacionamentos, portanto, você deve, tanto para si como para o seu parceiro, desenvolver habilidades e se especializar para aumentar seus rendimentos e o valor do seu trabalho.

Comentários finais

Realização máxima é um manual direto e claro para o sucesso. Muitas das ideias do livro não parecem novas, mas vá além de sua capa e você poderá encontrar profunda inspiração. Os doze capítulos abrangem quase todos os aspectos do desenvolvimento pessoal. Aqui, nós focamos apenas no elemento central da filosofia de Tracy (o estabelecimento de objetivos), mas há um conteúdo abundante que responde à questão original dele: "O que faz algumas pessoas serem bem-sucedidas e outras não?".

Uma das respostas é que os bem-sucedidos são grandes leitores. Os gurus motivacionais como Tom Hopkins, Anthony Robbins e Tracy não parecem perder a oportunidade de contar como os livros abriram seus olhos para tudo que fosse possível. Isso ocorre porque quanto mais você lê sobre as vidas e movimentos de pessoas de sucesso, é mais provável que estabeleça objetivos mais elevados para você mesmo.

Brian Tracy

Nascido no Canadá em 1944, Tracy é uma das figuras da motivação mais importantes do mundo, e frequentemente apresenta seminários sobre força de vendas, administradores e indivíduos.

Sua companhia, a Brian Tracy International, estabeleceu-se em San Diego, no Estado da Califórnia.

Seus programas no formato de áudio incluem *The Psychology of Achievement*, *The Psychology of Selling*, *Peak Performance Woman*, *Million Dollar Habits* e *How to Master Your Time* (em tradução livre para o português, respectivamente, A psicologia da conquista, A psicologia das vendas, Mulher de alta performance, hábitos milionários e Como dominar seu tempo). Dentre seus livros estão *As cem leis inquebráveis do sucesso, Crie seu próprio futuro* e *O ponto focal.*

44 | Sun Tzu

Século IV a.C.

A ARTE DA GUERRA

"Sun Tzu disse: O princípio geral da guerra é manter o Estado do inimigo intacto. Dominar o seu exército e forçá-lo à rendição é melhor do que esmagá-lo. Um chefe que está bem instruído em operações militares faz com que o inimigo se renda sem lutar, captura as cidades do inimigo sem atacá-las violentamente, e destrói o Estado do inimigo sem operações militares demoradas. O prêmio maior de uma vitória é triunfar por meio de estratagemas, sem usar as tropas."

Em poucas palavras

O bem-sucedido tem a habilidade incomum de lidar com o conflito e assegurar o melhor resultado para todos.

Na mesma linha

Bhagavad – Gita (*50 Grandes Mestres da Autoajuda*)
Chin-Ning Chu – *Thick Face, Black Heart* (p. 83)
Lao Tzu – *Tao Te Ching (50 Grandes Mestres da Autoajuda*)

Sun Tzu viveu na mesma era que Confúcio, no norte da China. Ele foi um brilhante estrategista militar durante o período chinês dos Reinos Combatentes. Conhecido na China simplesmente como "o Sun Tzu", *A Arte da Guerra* é um registro das ideias dele para a sobrevivência e sucesso em tempos difíceis. Tendo sido transmitido por muito tempo apenas oralmente, ele foi mais tarde escrito com varetas de bambu e eventualmente se tornou um livro.

A Arte da Guerra não era o único conteúdo sobre liderança militar da época, mas foi considerado o mais importante. Como os autores da excelente tradução para a língua inglesa recente (Equipe de tradução Denma, editora Shambhala, de 2002) argumentam, outros livros de teor militar da época eram apenas manuais técnicos. *A Arte da Guerra* "enfatiza o conhecimento como meio de se alcançar a vitória, e sua principal arma é o poder já existente nos reinos natural e humano". Essa atenção ao individual – conhecimento, caráter, harmonia com o Tao (o espírito guia do universo) – é o motivo pelo qual o texto ainda é relevante e valioso.

Vencendo através da não agressão

> *"Obter cem vitórias em cem batalhas não significa o máximo da excelência.*
>
> *Excelência mais alta está em obter-se uma vitória e subjugar o inimigo sem, no entanto, lutar."*

A Arte da Guerra é uma maneira diferente de entender o conflito, transcendendo a postura instintiva "lute pela sua vida". Com bastante sabedoria, diz que pode ser impedido que um conflito se desenvolva em algo asqueroso – ou que ele sequer se desenvolva. O sábio general sabe que a batalha real é somente uma maneira de se alcançar a vitória. Este é o conceito de "tomar tudo, completamente": conquistar com o uso mínimo da força e com pouca destruição. As conveniências das duas partes são deixadas intactas.

Resultados desse tipo são um benefício mútuo; não meramente derrotar alguém em uma discussão, mas convencê-lo do seu modo de pensar como correto. Porque empregamos a visão mais ampla, o orgulho e dignidade não são danificados. Em contrapartida, quando se acredita na necessidade de resultados em que "alguém tem que ganhar e outro deve perder", então se depende da agressão e força. A maneira de Sun Tzu é pensar menos em termos do "inimigo", e, ao invés disso, no Tao da situação toda – ou seja, no modo em que as coisas caminham – para que você e a outra parte quase se tornem unos. Você controla a situação, mesmo em meio ao caos aparente. Como explicam os tradutores da equipe Denma: "Esta não é uma questão de crença em forças desconhecidas. Ao invés disso, é sobre como as coisas funcionam".

Um exemplo moderno

A maioria das pessoas nunca terá que se envolver em uma guerra, mas nós temos que lidar com conflitos. A melhor maneira de se abordar um conflito – por mais difícil que pareça – é a maneira impassível. *A arte da guerra* ensina que "o general irascível perde". A raiva gera o caos e até um sofrimento maior do que é necessário, enquanto o autocontrole contribui para a ação desapegada mas poderosa.

Em sua biografia de Warren Buffet (ver p. 65), Richard Lowenstein conta sobre a crise da carreira do lendário investidor, na qual ele teve que lutar para salvar a firma de Wall Street, Salomon Brothers. Essa empresa, na qual ele era um dos maiores investidores, corria o risco de ser fechada pelo governo porque um de seus participantes tinha tentado enganar o departamento do tesouro dos Estados Unidos. Buffett cooperou muito, quase atrapalhando pelo seu excesso, com os investigadores, que acabaram por retirar as queixas. O advogado dele argumentou que seguir com as acusações faria parecer que a cooperação estava sendo penalizada. Ao contrário, ela deveria ser recompensada. Lowenstein escreve sobre Buffett:

> *"Instintivamente, ele evitou confrontar seus adversários, mas ele era extraordinário em conquistá-los sem uma briga sequer. Ele não convencia tanto; ele os desarmava, ele os neutralizava."*

Ao modo de Buffett, é o exemplo perfeito da mensagem de Sun Tzu, de que o melhor guerreiro consegue o que quer sem nem mesmo ter de lutar. Por conceder respeitoso reconhecimento aos seus adversários, eles se tornam menos contrários e hostis, e um melhor resultado é alcançado para todos.

Liderança através do caráter

Para ser um líder nos moldes de Sun Tzu é exigido que se possua não somente dados minuciosos sobre o outros, mas também conhecimento de si mesmo.

Para ser invencível, você deve se construir desta maneira. Você não pode contar com as fraquezas do outro. A vitória vem para aqueles que desenvolveram princípios de refino e aperfeiçoamento, e não para aqueles que se preocupam com a competição. Você não pode controlar o outro, mas ao desenvolver sua própria força de caráter, conhecimento, e o discernimento, você pode construir a invencibilidade. Donald Krause – cujo *A arte da guerra para executivos* aplica as estratégias de Sun Tzu para o sucesso no gerenciamento de pessoas, desenvolvimento de negócios e para a prosperidade em circunstâncias variáveis – nota que, na filosofia chinesa, liderança é caráter. Pessoas de caráter notável, desenvolvido ao longo do tempo, naturalmente se tornam líderes.

> *"Aquele que conhece o outro e a si mesmo,*
> *lutará cem batalhas sem perigo."*

Por meio de tal autoconhecimento, acrescido do desenvolvimento da percepção estratégica através da atenta observação dos outros, você pode se tornar um "general sábio", ou o que os tradutores da Denma descrevem como um "líder prudente".

Adotando a visão ampla e vendo claramente

A visão menor é sempre a incorreta, a que é vulnerável. Adotar a visão ampla é estar aberto para receber todas as porções de informações, que dão a você uma ideia mais precisa daquilo que está ocorrendo (o Tao de uma situação). A visão menor tende a ser conduzida pelo medo, a visão ampla é guiada por um objetivo, o qual você busca de forma desapegada.

A arte da guerra valoriza muito as informações correntes. Ele diz: não aja de acordo com crenças ou dogma, mas dentro da curva de informações sobre a situação ou o momento. Sempre desafie a sabedoria convencional.

Um mestre em calcular o tempo

Com a habilidade de ver o que está ocorrendo também vem a habilidade de escolher a direção e a velocidade do movimento. Porque vê o todo e tem paciência, você tem a capacidade de acertar o tempo ideal. Você pode interpretar a corrente de uma situação e reagir de acordo. O oposto disso é a ação baseada em costumes inconscientes e rigidez da mente. Mesmo os bons hábitos podem atrapalhar a interpretação correta de uma situação.

As estratégias de Sun Tzu são baseadas em construir o momento ideal e então atacar incisivamente e correr rapidamente. "E assim os valores da vitória armada/Não valem o seu prolongamento". As ações do comandante sábio são rápidas e decisivas. Dentre alguns outros atributos de tal líder estão:

- Controla a forma do combate, ao invés de reagir a ele.
- Movimenta-se calmamente e sem arrogância para alcançar o objetivo.
- Deixa o inimigo se cansar ao tentar ter vantagem, portanto, deixa sua própria força se desestabilizar.
- Parece não ter forma: está por toda parte e em lugar nenhum.
- Decide-se sobre a vitória, ao invés de desejá-la.
- É um mestre na incerteza e no caos.
- É conservador com algumas ocasiões e questões, e também capaz de surpreender em outras.
- É experiente na arte do engano; isto é, deixa o outro ver aquilo que quer ver.
- Busca conhecimento, persistentemente, sobre o outro lado.
- Desenvolve uma proximidade com a organização, para que possam se movimentar como uma única peça, com um espírito.

Comentários finais

Levou bastante tempo para o Ocidente apreciar totalmente *A arte da guerra*. Isso se deve, em parte, porque o texto em si é bastante enigmático. Não há a construção de um argumento e, como no *Tao Te Ching*, a ordem na qual as ideias são apresentadas muitas vezes parece não fazer sentido. A maioria das traduções é editada como interpretação do texto original.

Ainda assim, muitos líderes, através da história, atribuíram seu sucesso às estratégias de Sun Tzu. Dentre os primeiros estava o comandante militar Cao Cao, que conseguiu unificar toda a China, e a influência continuou até Mao Tsé-Tung. Como a tradução da Denma nota, o manual *Warfighting* da Marinha dos Estados Unidos carrega uma similaridade impressionante a muitas passagens de *A arte da guerra*.

Porém, hoje, são nas situações mais triviais do trabalho e da vida cotidiana que o livro é mais utilizado. *A arte da guerra* será encontrado nas mãos de pessoas de negócios tanto quanto na posse de líderes militares ou políticos.

O manual de Sun Tzu foi feito em uma época de grande instabilidade, quando as antigas crenças e a moral estavam sob ameaça. Ele é, portanto, não sobre "moralidade" – isto é invenção da humanidade –, mas sobre estar consciente do que funciona, seguindo o fluxo do universo.

A arte da guerra oferece estratégias para o sucesso que têm sido verificadas há mais de mil anos. Conforme as características da sabedoria verdadeira, é universal e atemporal.

45 | Sam Walton

1992
Made in America

"É uma história sobre empreendedorismo, risco, trabalho duro, saber aonde você quer chegar e estar disposto a fazer tudo o que for preciso para chegar lá. É uma história sobre acreditar nas suas ideias, mesmo quando, talvez, outras pessoas não o fizerem, e sobre permanecer firme em suas convicções. Mas eu acho, mais do que tudo, que ela prova que, definitivamente, não há limites para o que pessoas comuns podem fazer se lhes é oferecido encorajamento, oportunidade e incentivo para realizar o melhor."

"Eu sempre quis ser o melhor varejista do mundo, não necessariamente o maior."

Em poucas palavras
Seja o melhor naquilo que você faz, e o mundo virá a você.

Na mesma linha
Andrew Carnegie – *The Autobiography of Andrew Carnegie* (p. 75)
Michael Dell – Dell: *estratégias que revolucionaram o mercado* (p. 129)
J. W. Marriott Jr. – *The Spirit to Serve* (p. 267)
Thomas J. Stanley – *A mente milionária* (p. 327)

No ano de 1985, a revista *Forbes* revelou Sam Walton como "o homem mais rico dos Estados Unidos". Vinte anos mais tarde, na mesma revista, quatro membros de sua família figuravam entre as 10 pessoas mais ricas do mundo, e a companhia delas, o Wal-Mart, tem giro de capital maior do que qualquer outra no planeta.

A mídia sempre estará interessada em uma família de tamanha riqueza. Como diz Walton:

> *"A mídia geralmente me retratou como um recluso excêntrico, realmente muquirana, um caipira que dormia na casinha de cachorro apesar de ter bilhões de dólares escondidos em uma caverna."*

Made in America, escrito alguns anos antes da morte de Walton, é a tentativa dele de explicar as filosofias e estratégias por trás do crescimento do Wal-Mart, que partiu do nada e se tornou a maior cadeia varejista do mundo, em uma geração.

Começos

Sam Walton cresceu durante a Grande Depressão, testemunhando junto a seu pai, um analista de crédito, a reintegração da posse das fazendas da família. Sua ambição, quando garoto, sempre foi a de ser um vendedor, mas após a faculdade e o serviço militar, ele deu início à sua carreira no mercado varejista, na J. C. Penney. Após casar-se com Helen Robson, cujo pai forneceu algum dinheiro, o jovem casal inaugurou uma franquia da loja de conveniências Ben Franklin, em Newport, no Arkansas.

A loja acabou por ficar com o custo do aluguel muito alto e bastante concorrência, mas Walton ainda conseguiu aumentar as vendas e o lucro. Quando chegou a data da renovação do contrato da concessão do local, o dono não quis renová-lo, pois queria que seu filho tomasse o controle da loja. Walton ficou arrasado.

O casal começou de novo em Bentonville, uma cidade ainda menor, no noroeste do Arkansas. A loja de variedades de Walton adotou a nova ideia de autosserviço, com caixas de pagamento na frente e iluminação fluorescente, e a loja foi bem. Walton tinha descoberto que havia uma enorme demanda inexplorada em pequenas cidades e áreas do interior, se os preços fossem justos. As pessoas estavam dispostas a viajar alguns quilômetros por uma barganha.

Expansão

Os Estados Unidos do pós-guerra estavam mudando rapidamente. As pessoas estavam indo para os subúrbios e viajando para os centros urbanos para trabalhar – então o carro dominava. Surgiam locais com redes de comida rápida e hotéis para estadia breve, para atender o trânsito das autoestradas, que geralmente contornavam as cidades. E nessas cidades do subúrbio, o comércio varejista permanecia basicamente o mesmo: pequenas lojas de especialidades (açougues, armarinhos) e lojas de conveniência. Os Walton começaram a desafiar esta disposição cômoda, por oferecer preços muito mais baixos, maior variedade de produtos, satisfação garantida e período de funcionamento mais longo – características do comércio hoje consideradas corriqueiras.

Walton sempre procurava comprar diretamente dos fabricantes, excluindo o intermediário atacadista. Se você compra produtos por um preço alto, ele acreditava, "Você comprou a ineficiência de alguém". A estratégia do Wal-Mart – não evidente na época – é que você obtém ganhos maiores por vender mais, com preços baixos, se comparados a vender uma quantidade menor, a preços mais elevados.

Em 1960, Sam e seu irmão Bud Walton tinham construído um "império" de nove lojas de produtos variados. Quando foi perguntado a eles quanto expandiriam, a resposta de Sam Walton foi "provavelmente bem pouco" – qualquer crescimento mais e eles não conseguiriam supervisionar tudo pessoalmente. A compra de um pequeno avião, no entanto, acabou com aquela previsão, pois permitiu que os irmãos visitassem lojas rapidamente, e sondassem novos locais.

A estranha se torna gigante

A primeira loja chamada Wal-Mart não foi inaugurada até 1962, época em que Walton tinha 44 anos. A companhia de SS Kresge, a Kmart, começaria os negócios naquele mesmo ano.

Walton enfatiza a reputação de estranheza de sua companhia. Por muito tempo de sua história, ela foi vista como arrivista do interior do Arkansas, e não era levada a sério. No início dos anos 1970, a Kmart tinha 500 lojas, e os Walton tinham menos que 70. Em 1976, a Kmart tinha dobrado seu tamanho, então com 1.000 lojas. O Wal-mart ainda tinha apenas 150.

Os primeiros Wal-Marts eram bastante feios e caóticos, mas tinham preços geralmente 20% menores do que os das outras lojas – e isso já atraía clientes aos montes. Com a distribuição melhorada, a companhia encontrou uma maneira de crescer de 30 a 70 por cento ao ano, e a concorrência com a Kmart começou a ficar mais intensa. Os números dizem tudo. Em 1980 havia 276 Wal-Marts, e em 1990 a companhia atingiu ganhos de 1 bilhão de dólares, com 1.528 lojas.

No ano em que Sam Walton escreveu *Made in America*, o Wal-Mart vendeu 27 milhões de calças jeans e 280 milhões de pares de meias, quantidade então suficiente para todo homem, mulher e criança dos Estados Unidos.

O Wal-Mart hoje

O Wal-mart é hoje frequentemente criticado por não ser receptivo a sindicatos e por ter um terço dos seus empregados em regime de apenas meio expediente. Outra acusação envolve as doações da empresa para a caridade, pois elas são comparativamente pequenas.

A defesa de Walton era que seu objetivo prioritário era poupar o dinheiro dos clientes, e, através dessas economias, elevar o padrão de vida em qualquer lugar onde suas lojas estivessem presentes. Nem salários mais altos, nem programas beneficentes serviriam a este propósito. A política do Wal-Mart de fazer negócios com fornecedores dos Estados Unidos sempre que possível, Walton acreditava, criou centenas de milhares de empregos e fez a produção dos Estados Unidos mais competitiva. Ele também assegurou que a estrutura organizacional do Wal-Mart permitisse que ideias se espalhassem desde sua base; a companhia só tinha adquirido essas gigantes proporções por "pensar a partir dos pequenos". Sobre esses pontos fica evidente que o Wal-Mart não poderia ser mais diferente das Enron deste mundo, cujo estilo de operação foi comentado por Walton como "uma pilhagem a partir do topo" (anos antes de terem sido revelados os problemas de algumas das maiores companhias americanas).

A maneira Sam Walton, nos negócios e na vida

- Copie as ideias de negócios de outros e as adapte com êxito ("Quase tudo o que eu fiz, eu copiei de alguém", Walton escreveu).
- A concorrência pressiona a melhorias. Receba-a positivamente.
- Adote tecnologia, mas apenas para reduzir custos e atender ao cliente.
- Nunca pare de buscar meios para economizar. Os escritórios executivos do Wal-Mart são apertados e é conhecido o fato de que os executivos da empresa dividem quartos em hotéis quando viajam a trabalho.
- Nunca rejeite um mercado porque ele parece muito pequeno.
- Trate seus empregados (o Wal-Mart os chama de associados) bem. Associados felizes tratarão clientes bem, e então os clientes retornarão. O programa de participação nos lucros do Wal-Mart enriqueceu muitos associados, enquanto que a "depreciação" da empresa – roubos de produtos por funcionários ou seus amigos – é menor que a média da indústria.

- Nunca fique satisfeito com o estado das coisas. "Para ter sucesso neste mundo, você tem que fazer alterações o tempo todo". Isso, e não dinheiro, conduzia Walton.
- Sua tarefa na vida é criar valorização onde antes não havia. Para ganhar dinheiro, enriqueça o mundo de alguma maneira.
- Não tenha medo de estar errado, e não se preocupe sobre alterar sua opinião. Walton irritava outros gerentes por reconsiderar grandes decisões diversas vezes.
- Fale com as pessoas antes que elas falem com você. Reconheça-as.
- Tenha objetivos e estabeleça metas elevadas.
- Mantenha uma postura típica dos subestimados.

Comentários finais

A dedicação e determinação de Walton eram notórias. Para suas reuniões com gerentes, aos sábados pela manhã, ele acordava 3 ou 4 da madrugada para revisar os números da semana, tendo, assim, a melhor visão geral da companhia. O Wal-Mart nunca teria crescido no ritmo que cresceu sem a ênfase na ação de seu fundador: "Fazer todo o necessário em tempo recorde".

Apesar disso, no final de *Made in America*, escrito quando ele tinha pouco tempo restante de vida, o determinado Walton pergunta: tudo isso valeu a pena? A construção do Wal-Mart valeu o tempo que ele não pôde passar com sua família? A resposta dele foi "sim", pelo simples fato de que todos têm uma função para executar na vida, e a dele era como um varejista. Sua família era extremamente importante para ele, mas esta era a sua missão.

O livro é um clássico porque não é uma reafirmação de ego. Walton faz esforços para indicar que o Wal-Mart é uma história de sucesso coletivo, e mesmo se você não tiver interesse nenhum sobre o mercado varejista, você pode ficar encantado pela narração do que uma única família pode alcançar. Helen Walton, que era formada em administração, foi claramente um importante fator do sucesso para seu marido, além da estável vida familiar que ela proveu. Ele queria, originalmente, entrar em sociedade com um amigo e abrir uma loja em St. Loius, mas ela vetou essa ideia: sem sociedades, e sem viver em uma cidade com uma população maior que a de 10 mil pessoas. A semente do sucesso do Wal-Mart – uma companhia familiar focada em pequenas cidades – foi, portanto, semeada por Helen Walton.

Adquira o livro para ler as "10 regras para construir um negócio" de Sam, apreciadas como as 10 regras pessoais dele para o sucesso, e também pelas muitas anedotas de membros da família, gerentes e associados do Wal-Mart. Se você está considerando iniciar uma companhia, deveria ler *Made in America* para repensar o que pode ser possível.

Sam Walton

Sam nasceu em Kingfisher, no Oklahoma, em 1918, e quando tinha 5 anos, seus pais se mudaram para o Missouri, finalmente se estabelecendo em Columbia. Ele vendia assinaturas de revistas e administrou os jornais da escola até a faculdade, época em que ele ganhava 4 mil dólares por ano, enquanto cursava administração. Ele se esforçava para ser bem quisto e tornou-se presidente do corpo estudantil.

Quando os Estados Unidos entraram em guerra, em 1942, uma pequena irregularidade no coração limitou as obrigações militares de Walton. Enquanto vivia no Oklahoma, onde trabalhava em uma usina de pólvora, ele conheceu sua futura esposa, Helen Robson, filha de um importante advogado banqueiro. Eles tiveram quatro filhos, Rob, Jim, Alice a John, que ainda estão envolvidos cotidianamente na administração da companhia. A Walton Enterprises, a sociedade da família Walton, detém mais de um terço das ações públicas da companhia. Walton decidiu abrir o capital para livrar a família das dívidas.

Em 1992, com 74 anos, Walton morreu devido a um tipo de câncer nos ossos. Ele tinha recebido, pouco antes, a Medalha Presidencial da Liberdade. Walton queria ter passado suas últimas semanas visitando lojas, mas a imobilidade e o encorajamento de sócios e da família forneceram a oportunidade do *Made in* America, escrito com John Huey, ser finalizado.

46 | Wallace D. Wattles

1910

A CIÊNCIA DE FICAR RICO

"A vida avançou tanto, e tornou-se tão complexa, que mesmo o homem ou a mulher mais simples precisa de uma grande quantidade de riqueza para viver de modo que, ao menos, o aproxime da plenitude... Compreender a ciência para ficar rico é, portanto, o mais essencial de todo o conhecimento."

"As riquezas asseguradas no plano competitivo nunca são satisfatórias ou permanentes; são suas hoje, e de outro amanhã. Lembre-se: para se tornar rico de maneira científica e certa você deve erguer-se para além do pensamento competitivo, inteiramente. E nunca deve pensar, por nenhum momento, que a oferta é limitada."

Em poucas palavras

É natural e lógico que você deva se tornar rico pelo uso de suas forças criativas.

Na mesma linha

Claude M. Bristol – *A força mágica da vontade* (p. 57)
Shakti Gawain – *Visualização criativa (50 Grandes Mestres da Autoajuda)*
Catherine Ponder – *Leis dinâmicas da prosperidade* (p. 275)
Florence Scovel Shinn – *The Secret Door to Success* (p. 311)

Quando você se depara com um livro intitulado *A ciência de ficar rico*, é compreensível suspeitar que ele é um manual da cobiça, de um autor com propósitos questionáveis. Porém, é merecido que se mantenha a mente aberta a ele, pois o clássico de Wattles é essencialmente uma obra metafísica que lida com uma questão bastante mundana.

A visão monística do Universo, na qual o livro se baseia, diz que tudo no Universo está interligado e faz parte de um conjunto. É o fundamento da filosofia oriental e suas religiões e, além disso, Wattles argumenta, a base para Descartes, Spinoza, Leibnitz, Schopenhauer, Hegel e Emerson – filósofos sobre quem ele passou anos estudando. É também a fé das igrejas do movimento Novo Pensamento, que são consideravelmente leves em relação aos dogmas e contundentes sobre o aprimoramento da humanidade.

Enquanto a igreja tradicional cristã associou espiritualidade com carestia, a religião de Wattles enfatiza a naturalidade da fartura. Ele levou isso ao seu fim lógico, por dizer que uma pessoa não podia realmente executar seu potencial se ela tivesse que se esforçar financeiramente – e que, de fato, a evolução do mundo dependia de cada um de nós buscarmos riquezas de um modo honesto.

Aprofundaremo-nos um pouco mais neste curto, mas intrigante trabalho, um dos primeiros clássicos do sucesso do século XX.

Chegar à corrente

Qual é a fonte da riqueza? Todos os grandes escritores da prosperidade dizem que a origem da riqueza está no pensamento, e não em coisas. Napoleon Hill chamou esta fonte de Inteligência Infinita, Deepak Chopra (ver *50 Grandes Mestres da Autoajuda*) denominou isso de "campo da potencialidade pura", e Wattles e Catherine Ponder, ambos, descrevem a massa amorfa da qual tudo surge como "substância".

Pode a fartura realmente emergir do nada aparente? Considere o que o grande inventor Thomas Edison disse:

"Ideias vêm do Universo. Isto pode parecer espantoso e de crença impossível, mas é verdade: ideias vem do Universo."

Essa observação é encontrada em *A força mágica da vontade* (ver p. 57), cujo autor, Claude Bristol, comentou: "Certamente Edison deve ter sabido, pois poucos homens aceitaram ou difundiram tantas ideias".

A premissa da ciência de Wattles é que se você intencionalmente estabelecer um claro pensamento na substância amorfa, ela vai encontrar expressão material. Através da frequente visualização do que você deseja, aquilo passará a existir por meio da organização de modos de produção existentes. Este é o atalho secreto para conquistar o que você precisa.

Ainda assim, a humanidade, na maior parte de sua história, abordou isso pelo outro lado, por tentar criar apenas a partir de materiais existentes, aplicando pensamento a coisas através do trabalho manual. Wattles nota que nós somente começamos a operar à maneira de Deus, que está, afinal de contas, continuamente criando algo do nada, através da ciência da mente. Nós estamos agora começando a entender que podemos manifestar coisas mais facilmente e sem falhas por primeiro enfatizar a ideia delas na substância amorfa.

Se você aceitar que tudo vem de algo impalpável, como você vive e age será diferente de alguém que acredita que a base de tudo é a matéria. Aparências sozinhas cessarão de criar a base de suas decisões, porque seu conhecimento subjacente será que o Universo é abundante em renovação eterna. Nas palavras de Wattles:

"Pensar a saúde quando cercado pelas aparências da doença, ou pensar em riquezas quando entre aparências da pobreza requer poder; mas aquele que adquire este poder se torna uma mente mestra. Ele pode conquistar o destino; ele pode ter aquilo que quiser."

O fato da elevação

A natureza sempre busca expressão e elevação – este é o único fato seguro do Universo. Ela busca maior sofisticação e refinamento; em resumo, progresso. Logo, argumenta Wattles, "não pode haver carência a menos que Deus se contradiga e invalide sua própria obra". É natural que você queira mais, e o desejo de ser rico deve ser entendido em termos de crescimento orgânico e progresso.

A advertência: o que você busca deve estar em harmonia com o Universo. Deve ser para promover sua plena expressão, não meramente para o entusiasmo e divertimento. "Você não quer ficar rico para viver sordidamente, para a satisfação de desejos irracionais; isto não é vida". Você quer a prosperidade para que você possa perseguir seus interesses e desenvolver sua mente, viajar, cercar-se de beleza e estar em uma posição para ceder generosamente.

Criação, e não competição

Wattles lembra a você que a substância que cria o Universo em desenvolvimento não é seletiva sobre quem irá favorecer: seu poder está disponível a todos e sua corrente de riquezas é interminável. Não há necessidade de ficar receoso sobre o que você "conseguirá" – "Você não tem que compelir barganhas", ele diz –, e não há sentido em tentar tirar coisas de outros.

Essas ideias de competição não refletem a realidade de um Universo abundante. O conceito da competição se apoia na crença de que há uma oferta limitada para todos, e então cada um precisa lutar por sua porção dela, enquanto a criação se baseia no reconhecimento das riquezas infinitas. Você precisa se tornar um criador ao invés de um competidor.

Mas, e todas as pessoas que se tornaram ricas no plano competitivo? Elas são como dinossauros das eras pré-históricas, Wattles diz, já que têm sido uma parte vital em um processo evolutivo de organização da produção, mas são invariavelmente diminuídas pela mesma lógica da competição que as impulsionou para a frente antes. Suas riquezas não eram nem satisfatórias a elas, nem duradouras em um senso social mais amplo.

Considere que outras pessoas não podem "superar você" se você estiver criando algo exclusivo, que vem da imaginação, habilidades e experiências que constituem sua personalidade única. Grandes organizações não podem lhe excluir da prosperidade se você segue seu próprio caminho para ela. Outro conselho de Wattles para a prosperidade no mundo é que você deve esforçar-se para fornecer algo que compradores consideram ser de maior valor do que o preço que eles pagaram por aquilo. Ou seja, você deve "entregar mais que o esperado".

Gratidão harmoniosa

Muitos confirmarão que a melhor maneira de atrair algo para você é agradecer por aquilo que você já tem. Porque a natureza do Universo é a fartura, ela recompensa aqueles que estão efetivamente conscientes deste fato e continuamente gratos por ele.

Quando você está em harmonia com a fonte que cria todas as coisas, é natural que ela lhe proverá as coisas que você precisa. A gratidão impedirá que você vá para o plano do pensamento competitivo e da carência, e fará você perceber as bênçãos que já são suas. Wattles refere-se às palavras da Bíblia "Aproxime-se de Deus e Ele se aproximará de você" como um enunciado da realidade, pois as graças não podem fracassar em comover o doador, e de fato o inspirará a conceder mais.

Wattles também aconselha você a não gastar seu tempo reclamando sobre o mundo, criticando severamente magnatas e políticos. Essas pessoas são parte da evolução da Terra, e as ações delas permitem que você busque, fisicamente, suas oportunidades de modo eficiente e em paz. Ao invés disso, cultive a gratidão.

Nunca fale sobre seus problemas financeiros passados, Wattles diz: "Se você quer se tornar rico, não deve fazer estudo da pobreza".

Não dê atenção para como a pobreza é criada ou sustentada, mesmo se tiver interesse na história de antigos moradores de cortiço ou na fome em países em desenvolvimento – procure apenas por aquilo que contribui para a riqueza. O pobre precisa mais de inspiração do que de caridade, então você deveria se empenhar para mostrar a ele o caminho para a prosperidade, no lugar de aliviar a pobreza.

Comentários finais

A questão que deve ser feita: por que buscar ser rico? Alguns dirão que nós devemos querer menos, contentando-nos com um padrão de vida que exige menos da Terra. Sem dúvida isto é verdade, mas fracassa em não levar em conta a natureza humana. O que é o ser humano senão um conjunto de aspirações?

Desejo é o motor que move o mundo, e, sem o aumento da prosperidade, haveria uma horrível distância entre o que é almejado e o que pode ser proporcionado. A natureza da vida é crescimento e intensificação, então seria contraditório a natureza restringir a compulsão por abundância.

É também um fato que você não pode procurar pelas coisas mais altas na vida se você tem que lutar pelas básicas. "Grandeza moral e espiritual", Wattles diz, "é possível somente para aqueles que estão acima da batalha competitiva pela existência". Você não será capaz de perseguir o que lhe fascina ou de executar seu potencial intelectual se você não tem dinheiro para comprar livros, ou tempo livre para a leitura. É também muito mais fácil ter uma visão positiva da vida quando você é capaz de se cercar com a beleza dela. E não menos importante, Wattles indica, para viver de maneira profundamente emocional, um indivíduo deve ter amor, e é difícil amar quando você é atingido pela pobreza.

No século XXI, parecemos bem mais receptivos para a ideia de que a espiritualidade e a prosperidade andam juntas. Por isso, até certo ponto, nós temos que agradecer aos pioneiros da consciência de prosperidade, que retiraram a possibilidade de riquezas individuais do âmbito da culpa, e levaram para a esfera da expectativa legítima. *A Ciência de ficar rico* será dispensado por alguns, sendo considerado excêntrico, mas na verdade ele estava à frente de seu tempo. A despeito da linguagem mística, ele é profundamente prático.

Wallace D. Wattles

Informações biográficas sobre Watlles são escassas, mas é sabido que ele nasceu logo após a Guerra Civil Americana, e morreu pouco tempo depois da publicação de A Ciência de Ficar Rico.

Dentre outros livros dele estão *Health Through New Thought and Fasting*, *The Science of Being Great* e *The Science of Being Well* (em tradução livre para o português, respectivamente, Saúde através do novo pensamento e jejum, A ciência de ser grande e A ciência de estar bem) e um romance, *Hellfire Harrison*.

47 | Jack Welch

2001

Jack definitivo: segredos do executivo do século

"Não há um caminho certo para a visão ou sonho de qualquer um. Eu sou prova viva disso. Esta é a história de um homem sortudo, um tipo improvisado, não convencional, que conseguiu cair, fracassar, e então se levantar e avançar, para sobreviver e até prosperar em uma das mais renomadas corporações do mundo. Também é, ainda assim, uma história de sucesso que veio de uma cidadezinha americana. Eu não deixei de me lembrar de minhas raízes, mesmo quando meus olhos se abriram para um mundo que, antes, eu nunca soube existir."

"Nós desenvolvemos grandes pessoas, que então desenvolvem grandes produtos e serviços."

Em poucas palavras

Nunca subestime quão longe você pode ir apenas sendo você mesmo.

Na mesma linha

Warren Buffett – (por Roger Lowenstein) *Buffett: a formação de um capitalista americano* (p. 65)
Andrew Carnegie – *The Autobiography of Andrew Carnegie* (p. 75)
J. W. Marriott Jr. – *The Spirit to Serve* (p. 267)
Sam Walton – *Made in America* (p. 351)

Jack Welch, após receber centenas de cartas, inspirou-se para escrever *Jack definitivo: segredos do executivo do século*. Durante suas vidas profissionais, aquelas pessoas que escreveram a ele tinham sentido a pressão para se adequar, se quisessem ter sucesso, mas em Jack elas encontraram alguém bem-sucedido e não conformista, alguém que tinha moldado a companhia em que trabalhava, e não deixado a empresa moldá-lo.

Contratado pela General Electric em 1960, Welch estava determinado a lutar contra o sistema e ser ele próprio, mesmo que isso significasse ser demitido. Seu primeiro ano foi tão horrível, conta ele, que quase saiu, e nota que a sua carreira era comparável ao famoso filme da década de 1960, *A primeira noite de um homem*, no qual é dito ao personagem, do jovem Dustin Hoffman, que ele deveria "entrar no mundo dos plásticos".

Apesar de ter destruído uma fábrica e construído outra somente para descobrir que o produto tinha grandes falhas e que não estava pronto para ser lançado no mercado, Welch subiu de posto. Gerenciando mais do que o dobro dos negócios em desenvolvimento dos plásticos da GE em três anos, após oito anos do ingresso na corporação ele se tornou gerente-geral da divisão dos plásticos.

O levante de um inconformista

No mundo corporativo americano dos anos 1970, comando e controle eram os modos de gerenciamento e ninguém falava sobre paixão ou diversão. Welch tomou uma postura diferente: "Eu tentei gerar a informalidade da mercearia de esquina do bairro na alma de uma grande companhia". Sua filosofia de informalidade incluía celebrações barulhentas quando até pequenas marcas eram atingidas. "Naqueles dias, eu estava atirando granadas de mão, tentando explodir tradições e rituais que eu achava que nos impediam de crescer".

Mas foram seus resultados que o fizeram ser notado. O presidente, Reg Jones, que tinha adquirido a marca de "homem de negócios mais admirado dos Estados Unidos", instalou Welch em uma nova tarefa na matriz da GE, como chefe de bens de consumo, que eram responsáveis por vinte por cento do faturamento da GE.

Welch se encontrou na corrida pela sucessão do cargo mais alto da GE. A autoconfiança de Welch sempre fez com que acreditasse que ele tinha o necessário para ser o principal executivo da empresa, e agora isso se tornava realidade. Após um período de pesada corrida contra uma série de candidatos mais evidentes, em abril de 1981 Welch foi eleito presidente da companhia. Recente no cargo, ele teve pouca experiência com a mídia, Washington, ou Wall Street, e o *Wall Street Journal* descreveu sua sucessão para chefiar uma das maiores forças industriais americanas como a substituição de "uma lenda por alguém agitado". Dificilmente um voto de grande confiança.

Pessoas em primeiro lugar, estratégia e todo o resto depois

Welch admite que não tinha planos detalhados sobre qual seria a destinação da companhia, apenas sabia como queria que fosse a atmosfera. Criar uma nova cultura entre 400 mil empregados e 25 mil gerentes cobertos pelos costumes do sistema em que estavam seria uma tarefa difícil. E essa tarefa acabou levando duas décadas.

Para Welch, tudo era sobre as pessoas. Por contratar os melhores você tem as melhores ideias, e, se essas ideias puderem circular livremente em um ambiente sem limites (em inglês, *"boundaryless"*, um termo que ele inventou), então este será um dos melhores lugares no mundo para se trabalhar. Em seus primeiros anos como presidente, Welch passou bastante tempo examinando equipes, tentando eliminar os pesos mortos e identificar aqueles que se destacavam. Reuniões intensas, a portas fechadas, envolvendo análises individuais brutais, resultaram na saída de muitos do quadro pessoal da empresa.

Welch foi precursor no sistema em que gerentes devem remover 10% de suas equipes anualmente. A maioria achou esse sistema difícil e doloroso de se executar, mas ao invés de criar um clima de medo, ele permitia que as pessoas soubessem de suas situações, em nítido contraste com o que Welch chama de "falsa gentileza" das análises pessoais de rendimento passadas, que enganavam tanto a pessoa em questão como a organização. Pesquisas entre empregados da GE mostraram que a maioria deles queria que o sistema se tornasse mais, e não menos, guiado pelo desempenho. As pessoas trabalham melhor para atingir metas, e ainda melhor se direcionadas a grandes objetivos, de difícil alcance. O sistema da GE minou a sabedoria convencional de que promover pessoas pela performance e fazer o oposto com aqueles que têm um mau desempenho é "ruim para a moral".

Nos atribuem notas durante todo o período escolar e na faculdade, Welch argumenta, por que devemos deixar de ser avaliados quando começamos a trabalhar? E, se jogadores em times de beisebol têm contratos de valor bastante diferentes, ainda que joguem no mesmo time, por que não podemos aplicar isso ao trabalho? "A diferenciação rigorosa mostra as estrelas verdadeiras e constrói grandes negócios", ele diz.

Em meados da década de 1980, Welch tinha reduzido o quadro de funcionários em cerca de 25%, o que rendeu-lhe o apelido de "Nêutron Jack" (em uma referência às bombas de nêutrons, em que as pessoas são destruídas, mas as construções se mantém). Junto a isso ele gastou 75 milhões de dólares com um novo centro de conferências e academia de ginástica na sede da firma, e realizou um enorme aprimoramento no centro de desenvolvimento de Crotonville. As reações foram imediatas: como ele podia dispensar tantos empregados enquanto gastava tanto dinheiro com tais "luxos"? Se a GE quisesse avançar, ele disse a todos, ela deveria gastar mais dinheiro em um número menor de pessoas.

E foi exatamente isto que Welch fez, criando uma firma seis vezes maior do que aquela que ele recebeu, mas no geral com menos gerentes e apenas mais 25 vice-presidentes.

Estratégias para motivar 300 mil pessoas

A estratégia empresarial inconfundível de Welch para a multiplicidade de negócios da GE era que cada um deles deveria se tornar o primeiro ou no máximo o segundo de seu campo, ou seria liquidado. A estratégia lançou medo em alguns que não iam, comparativamente, tão bem na GE, mas era facilmente compreendida e criava um foco. Se eles não eram o melhor ou o segundo melhor, por que exatamente eles estavam naquele negócio?

Outra estratégia era fazer cada negócio simular que tinha apenas 10% de fatia do mercado, e com isso ter que buscar meios para gerar rápido crescimento. Um resultado desta estratégia foi que a GE começou a se direcionar para serviços que apoiassem sua produção. Isso desenvolveu o conceito de "definição de mercado", que calculava o tamanho total do mercado, incluindo todos os serviços relacionados ao produto (por exemplo, para motores a jato, do combustível ao financiamento). Por essas medidas, seu mercado potencial era muito maior: ao invés de somente "fabricar e vender produtos", era vender uma supervisão global.

Outras iniciativas desenvolvidas na empresa sob a presidência de Welch incluem:

- Controle de qualidade "Seis Sigma" (exigir apenas 3,4 defeitos por milhão nas operações de produção, quando a norma era 35 mil).
- Globalização – não simplesmente adquirir mais negócios ao redor do mundo, mas desenvolver talentos locais.
- *E-business* – Welch não sabia nem digitar ou utilizar a internet em 1997, mas alguns anos mais tarde a GE já enfrentava agressivamente qualquer possível desafio dessa fase.

Apesar de alguns fracassos (uma aquisição desastrosa do banco de investimentos Kidder, Peabody e o colapso da incorporação da Honeywell International, devido a reguladores da União Europeia), a GE cresceu seis vezes durante a presidência de Welch, participando de muitos negócios, de máquinas para tomografia computadorizada, passando por financiamentos, à rede de televisão NBC.

No último ano dele na presidência (2000), os lucros saltaram para um recorde de 12,7 bilhões de dólares, em uma receita total de 130 bilhões. Durante os seis anos anteriores, a GE tinha mais que dobrado seus faturamentos, atraindo o título da então "companhia mais valiosa do mundo".

A GE na imagem de Jack

Nascido em 1935, John F. Welch Jr. cresceu em meio à classe trabalhadora de Salem, no Estado do Massachusetts. Seu pai era um condutor de trens americano-irlandês, e nem o pai ou a mãe tinham terminado o ensino médio. Ele atribui à mãe, uma mulher determinada, grande parte de seu sucesso. Com jogos de cartas ela o ensinou como competir de modo feroz, e também lhe dizia que sua gagueira se devia, simplesmente, por seu cérebro ser muito veloz em relação à boca. Sua maneira característica do "morde e assopra" no trato com os funcionários da GE foi adquirida de Grace Welch, assim como sua autoconfiança de marca registrada. Mas em *Jack definitivo* ele traça uma distinção:

> *"A arrogância é destruidora, e carregar a ambição o tempo todo pode gerar o mesmo efeito... Pessoas autoconfiantes não temem ter suas visões desafiadas. Elas apreciam o combate intelectual que enriquece ideias."*

Essa postura de ousada abertura se tornaria parte da cultura da GE.

Em direção ao final do livro ele fala sobre companhias "doentes" e o esgotamento que elas causam nas comunidades. Somente uma firma saudável, que gera lucros, pode impulsionar uma pequena região ou cidade, com a capacidade de gastar dinheiro em medidas ambientais e ser, do modo geral, uma boa residente corporativa.

A mãe de Welch chorou no dia em que Franklin Delano Roosevelt faleceu, tal qual era a fé dela naquele governo. Refletindo a desconfiança de sua própria era nos governos, Welch transmite a crença que, se algo salvará o mundo, serão as companhias de sucesso.

Comentários finais

Hoje se fala muito sobre ser um empreendedor e um inovador, com a sugestão de que, se você não começa seu próprio empreendimento, de certa forma algo se perde. O fato é que a maioria das pessoas ainda trabalha para companhias, e a mensagem de Welch é que, assim mesmo, é possível ter uma vida profissional muito gratificante se você puder encontrar uma firma que está tão interessada em gerar novas ideias quanto está em criar o lucro.

Jack definitivo é um clássico, e não meramente por causa do sucesso de Welch, mas porque é um registro magnífico de uma grande empresa americana durante as últimas décadas do século XX. O livro dá ao leitor uma boa sensação de como deve ser a vida do presidente de uma das maiores empresas do mundo (jogar golfe com pessoas famosas parece ser uma das vantagens), e as descrições de Welch das aquisições e da briga pela liderança são emocionantes. Mesmo o livro sendo longo, com mais de 400 páginas, a impressão é que muito foi deixado de fora.

Com a ajuda do escritor da *BusinessWeek*, John A. Byrne, *Jack definitivo* foi escrito ao longo do último ano de Welch na presidência e transmite a agitação daqueles momentos finais. Jeff Immelt foi apontado como seu sucessor e continua nesta função até hoje.

48 | John Whitmore

1992
Coaching para performance

"Coaching não é meramente uma técnica para ser repetida e rigidamente empregada em determinadas circunstâncias aconselhadas. É uma maneira de gerenciar, um modo de lidar com as pessoas, de pensar, é um modo de ser. Um dia a palavra coaching desaparecerá de nosso léxico completamente e esse conceito se tornará simplesmente a maneira com a qual nos relacionamos um com o outro no trabalho, e em outras situações também."

"Toda instrução, toda crítica, cada limitação da escolha, toda manifestação de hierarquia e cada prática do sigilo diminuem a autoconfiança das pessoas. Coaching, confiança, franqueza, respeito, enaltecimento genuíno, liberdade de escolha e, é claro, sucesso a elevam."

"Para fazer uso do coaching com êxito é preciso adotar uma visão bem mais otimista do que aquela comum sobre a capacidade latente das pessoas, de todas as pessoas."

Em poucas palavras
Considere alterar o seu modo de aprender e se relacionar com outros e colha os benefícios da boa performance.

Na mesma linha
Stephen Covey – *Os 7 hábitos das pessoas altamente eficazes* (p. 121)
W. Timothy Gallwey – *O jogo interior de tênis* (p. 151)
Jim Loehr & Tony Schwartz – *Envolvimento total: gerenciando Energia e não Tempo* (p. 243)
Abraham Maslow – *Motivação e personalidade (50 Grandes Mestres da Autoajuda)*
Cheryl Richardson – *Take Time for Your Life* (p. 281)

Esse trabalho aparentemente simples sobre os elementos do *coaching* no ambiente empresarial vendeu 250 mil cópias e foi traduzido para doze idiomas. Edições revisadas e atualizadas contribuem para que ele mantenha suas vendas contínuas, mas é um clássico porque convida a uma transformação na maneira com que nos relacionamos com os outros e administramos organizações, e foi a primeira obra a aplicar princípios do *coaching* ao mundo dos negócios.

Embora inclua uma série de técnicas úteis para melhorar seu próprio desempenho e trazer à tona o melhor dos outros, a mensagem mais profunda de *Coaching para Performance*, de conscientização e responsabilidade, faz você perceber que o *coaching* é *um modo de ver as coisas*: ele contém, dentro dele, as sementes de uma grande mudança cultural, de um mundo levado por instruções e instituições, para um universo mais moldado pela aprendizagem própria e igualdade entre pessoas.

O que é o *coaching*?

O *coaching* é baseado no antigo princípio socrático de que você nunca pode realmente ensinar algo a alguém, as pessoas devem aprender por elas mesmas. É sobre auxiliá-las a se tornarem conscientes de como elas executam coisas, aumentar tanto a responsabilidade, quanto a percepção delas.

O *coaching* é facilmente aprendido, e você pode achar que já o coloca em prática e que ele é senso comum. Mas ele vai contra muito do que nossa cultura incutiu em nós: julgamento, crítica, punição e recompensa. Sua premissa é que cada um de nós é um "sucesso em espera", e a função do *coach* (treinador) é meramente extrair as soluções da própria pessoa através do questionamento. As questões buscam revelar os detalhes de uma situação (o quê, quando, quem e quanto), mas não o porquê. Questões do porquê podem envolver julgamento e provocar atitude defensiva, e faz de todo o processo muito analítico. A demanda por mais detalhes eleva os níveis de consciência e o foco da pessoa que passa pelo *coaching*. Ela é compelida a se aprofundar mais em uma situação para descobrir suas próprias respostas. No lugar da tradicional transmissão de conhecimento de uma pessoa para outra, o *coaching* é sobre aperfeiçoar a individualidade e a singularidade. Ele é, portanto, um modo mais positivo de entender pessoas.

A organização do *coaching*

Whitmore fornece uma alarmante estatística: a maioria das pessoas somente executa seu potencial no trabalho durante cerca de 40% do tempo, ou devido à falta de oportunidade dentro da organização, ou pela falta de autoconfiança ou crença em si. Isso faz com que uma organização funcione a muito menos que sua capacidade plena, e para opor-se a isso a administração quase sempre impõe uma correção técnica ou estrutural. A resposta real, no entanto, está em aprimorar a performance psicológica humana.

Gerentes tradicionais exploram sua posição, pois estão no comando do pagamento, das promoções e demissões (recompensas e castigos), para que as coisas sejam feitas. Neste contexto, eles não enxergam nenhum problema em dizer às pessoas que façam coisas. Mas Whitmore sugere que dizer ou ditar desmotiva as pessoas e cria um ambiente dividido, o do "nós e eles". Membros da equipe de trabalho têm medo de revelar suas verdadeiras ideias e sentimentos, e a ausência de um *retorno* isento reprime a inovação e a melhora.

O *coaching* está "em um plano completamente diferente", Whitmore diz. Enquanto um chefe tradicional, se alguém vem até ele com um problema, assume o controle da situação ou então repreende a pessoa por se envolver naquela situação; um chefe do *coaching* formulará breves questões sobre o que está acontecendo, o que fará o empregado pensar no problema por si mesmo. Isso concede ao empregado o domínio do problema e o estímulo para que ele possa encontrar uma solução. Ocasionalmente, em uma emergência, será mais rápido que o chefe descubra a resposta, no lugar do empregado em *coaching*, mas em um ambiente tranquilizado isso não será um problema.

Você fomenta a própria confiança das pessoas ao alterar as *expectativas* delas. Whitmore menciona testes que demonstram que o desempenho de um aluno geralmente corresponde às crenças sobre suas habilidades, transmitidas a ele por um professor. Do mesmo modo, empregados geralmente têm performances que correspondem às expectativas. Whitmore sugere:

> *"Somente quando princípios do coaching dominarem ou forem a base para todo o comportamento de gerenciamento e interações, o que certamente acontecerá com o tempo, a força plena do potencial da performance das pessoas será liberada."*

Essa é a diferença entre uma organização com espírito de equipe, com uma unidade de propósito na qual a contribuição de todos é maximizada e validada; e o tipo mais comum, no qual há uma distância entre propósito declarado e desempenho e mal-estar nos postos.

Jim Collins (*Empresas Feitas para Vencer*, ver p. 107) notou uma similaridade notável dentre as melhores companhias: elas não são simplesmente preocupadas em criar grandes produtos, mas *primeiro* em criar uma grande organização na qual todos possam prosperar. Se as pessoas sentem que possuem espaço para alcançar o seu potencial, grandes produtos ou serviços emergem, quase que automaticamente. Essa mistura da realização nos negócios e desenvolvimento pessoal é o que o *coaching* busca.

Cultivando seu pessoal e seu negócio

Alguns chefes dirão que o *coaching* é muito bom, mas que exige um tempo que eles não têm. No entanto, uma vez que você possui um *ambiente* do *coaching* estabelecido, pode-se cultivar o negócio e dedicar tempo a ele simultaneamente. Withmore fornece uma série de questões bastante verificadas, para serem utilizadas em sessões de *coaching* que podem alcançar crescimento pessoal e da empresa, simultaneamente. O modelo GROW (que, em inglês, significa "crescer" ou "cultivar") é formado por Metas (Goals), verificação da realidade (Reality checking), Opções (Options) e Vontade (Will).

Você pode esperar que o trato com duras realidades, enfrentadas por um indivíduo ou organização, deve ocorrer primeiro na ordem da programação, mas Whitmore aponta que o estabelecimento de objetivos baseados somente na realidade vigente resultará em soluções compostas por desempenho passado. No *coaching*, objetivos precisam ser formados de acordo com aquilo que pode ser possível, não sobre o que é provável. Para sermos inspirados por uma meta, ela deve expressar uma imagem de nós mesmos, ou de nossa companhia, que nos leve a um nível todo novo. Uma vez que você está ciente daquilo que é possível (Metas) e de onde você está no momento (Realidade), então você está pronto para explorar caminhos e estratégias alternativos (Escolhas) que podem levar você à sua meta. O conjunto final de questões para ser respondido implica a ação: uma vez que um caminho foi escolhido, quem estará envolvido e quando ele chegará ao seu destino final (Vontade)?

Embora simples, esta sequência possui um efeito transformador, pois a tarefa da realização perde seu mistério. A clareza da expectativa gera os pilares gêmeos de Whitmore de maior responsabilidade e consciência.

Além do desempenho: *coaching* pelo significado

O influente livro de Timothy Gallwey sobre *coaching*, *O jogo interior de tênis* (ver p. 151), foi publicado em uma época em que o próprio modelo de como seres humanos agem estava sendo desafiado, Whitmore nota. O mundo dos negócios tinha estado sob o domínio da psicologia behaviorista, a qual nos entendia como uma *tabula rasa*, em que tudo o que sabíamos devia ser ensinado ou instruído, e assumia que dinheiro era a motivação primária para o trabalho. Mas a psicologia humanista de Abraham Maslow ofereceu uma alternativa: uma visão mais otimista dos seres humanos, na qual a satisfação das necessidades básicas (comida, abrigo) nos leva a querer satisfazer necessidades mais elevadas, tais como o entrosamento, prestígio, autoestima e, enfim, um senso de significado ou propósito.

A companhia do futuro, diz Whitmore, se desviará de seu caminho para fornecer às pessoas dinheiro, segurança e um senso de comunidade, e também terá valores que uma pessoa considere dignas de seu tempo de trabalho. Pode um negócio com propósito mais elevado – mais espiritual – ter a vantagem competitiva máxima? Whitmore acredita que sim. As pessoas querem gostar da organização para a qual elas trabalham. Aquelas empresas que têm responsabilidade social, estimadas em tudo, desde se elas reciclam ou não, até se fornecedores são bem tratados, naturalmente serão mais desejadas para se trabalhar do que aquelas que não correspondem a essas características. A motivação dos funcionários não será um problema.

Qual é a função do *coaching* nesta transformação de nossas atitudes relacionadas ao trabalho? Whitmore acredita que o estresse é um sintoma da ausência de significado e propósito, desta forma o *coaching* deve não simplesmente buscar a eficiência ou a conquista de objetivos, mas trazer à tona os valores mais elevados das pessoas, para que o trabalho que executam possa ser uma maneira delas se expressarem plenamente.

Comentários finais

Este comentário abrangeu apenas alguns dos temas, mas você deveria adquirir *Coaching para performance* em razão de:

- Um capítulo valioso sobre estabelecimento de objetivos.
- Questões reais, que você pode utilizar em situações de *coaching*, e exemplos de diálogos do *coaching*.
- Uma seção sobre fornecer *feedback* descritivo e sem julgamentos.
- Capítulos sobre dinâmicas de grupo e como aplicar o *coaching* nessas situações.

- Novos capítulos (na edição atualizada) sobre a relação do *coaching* com a inteligência emocional e espiritual.

Por que o *coaching* se popularizou? Whitmore sugeriu, em entrevista recente, que ele é "uma manifestação do declínio da autoridade externa". Nós não confiamos em governos, religiões organizadas não mais trazem as respostas que precisamos, e não podemos depender das companhias em que trabalhamos para prover segurança ou valores. Neste vácuo secular, fica claro que nós devemos desenvolver nossos próprios códigos de ética, e o *coaching* é uma maneira de ajustar nossas metas e valores à vida cotidiana.

Além disso, nessa época de desenvolvimento pessoal e individualismo, o *coaching* é um meio de mudar o mundo através de *pessoas*, e não de instituições, Whitmore acredita. Embora muitos tenham feito discursos sobre ideias do *coaching*, elas ainda precisam ser verdadeiramente compreendidas, e *Coaching para Performance* se esforça, percorrendo um grande caminho, para nos lembrar sobre o que realmente ele é. Se a disciplina for bem-sucedida em fazer parte de nossa cultura, o número de indivíduos que são verdadeiramente apoderados e responsáveis irá explodir, e os resultados disso só se pode imaginar.

John Whitmore

Nascido em 1937 no Reino Unido, Whitmore foi educado no Eton College, na Academia Militar Real Sandhurst e também pela Faculdade de Agronomia Cirencester.

Como corredor automobilístico profissional, durante a década de 1960, ele ganhou os campeonatos britânico e europeu do salão do carro, e dirigiu pelo time vencedor da Ford em Le Mans. Ele se aposentou em 1966 para administrar um agronegócio, e se tornou diretor de uma concessionária da Ford, então se mudou para a Suíça e, mais tarde, foi aos Estados Unidos para estudar física, psicoterapia e psicologia do esporte.

Em 1978, Whitmore retornou ao Reino Unido e estabeleceu uma escola de tênis, golfe e esqui baseada nos princípios do Jogo Interior de Tênis, de Timothy Gallwey, que ele tinha adotado. Ele descobriu que este novo tipo de *coaching* dos esportes poderia ser aplicado ao contexto empresarial e, hoje, sua firma, a Performance Consultants, é uma líder do coaching corporativo na Europa.

49 | Richard Wiseman

2003

Fator sorte: mude sua sorte, mude sua vida

"As pessoas não nascem sortudas. Ao invés disso, as pessoas que são sortudas estão, sem perceber, utilizando quatro princípios básicos para criar a boa sorte em suas vidas. Compreenda os princípios e, então, você compreende a sorte em si. Mais importante, estes princípios podem ser utilizados para aumentar a quantidade de boa sorte que você tem em sua vida."

Em poucas palavras
Pessoas bem-sucedidas são pessoas sortudas, mas sorte está bem menos relacionada ao acaso do que você pode imaginar.

Na mesma linha
Martin Seligman – *Aprenda a ser otimista (50 Grandes Mestres da Autoajuda)*

O que é aquilo que faz algumas pessoas mais prósperas e mais realizadas? Por que algumas pessoas de fato sempre parecem fazer boas decisões? Richard Wiseman notou que há pessoas que parecem ter um talento especial para conseguir fazer as coisas da maneira certa, um modo de sempre estarem com os pés no chão, equilibradas. Algumas pessoas pareciam mesmo ter mais sorte que outras, mas, sendo psicólogo, ele não estava disposto a aceitar isso como "destino" ou como o universo conspiravando para manter algumas pessoas desanimadas enquanto a outras era dada a sorte.

A unidade de pesquisa de Wiseman no Reino Unido tinha observado algumas das áreas mais nebulosas da profissão dele, incluindo:

- Como mágicos se utilizam da psicologia para enganar a plateia (ele mesmo é um mágico talentoso).
- A habilidade de curandeiros, através da mente, curarem doenças.
- Investigação de psíquicos que auxiliam a polícia a resolver crimes.
- Técnicas da mentira e da sugestão.
- Como o som das ondas pode intensificar emoções.

Cientistas não tinham anteriormente gasto muito tempo investigando a sorte, porque não se pensava que ela fosse algo que pudesse ser estudado empiricamente. No entanto, quando começou sua pesquisa, Wiseman ficou impressionado pela consistência com a qual as pessoas vivenciavam boa ou má sorte. Alguns dos sujeitos de sua pesquisa tiveram múltiplos acidentes de carro e uma sequência de relacionamentos abusivos, enquanto outros tinham encontrado cedo a pessoa certa e obtiveram carreiras bem-sucedidas. Era isso de fato um caso de a sorte favorecer alguns indivíduos ao invés de outros, ou havia causas reais para o nível de sorte que poderiam ser identificadas?

A personalidade sortuda

Wiseman descobriu quatro princípios que estavam presentes entre os sortudos. O primeiro era que pessoas sortudas "criam, observam e agem sobre as oportunidades da sorte em suas vidas". Isto é, a boa fortuna delas pode ser atribuída às suas constituições psicológicas.

A essência da sorte é a ideia de "estar no local certo, na hora certa", mas Wiseman diz que este é precisamente um tipo de sorte que pode ser criado. Pessoas sortudas fazem questão de sair frequentemente e de conhecer novas pessoas, o que aumenta suas chances de ter encontros positivos; cada um destes encontros pode mudar a vida ou simplesmente fornecer orientações de bons trabalhos. Se você se classifica uma pessoa sortuda, você é muito mais propenso a começar a conversar com pessoas em uma fila, pois sabe – conscientemente ou não – que quanto maior o número de contatos que você tem, mais provável é que um deles te leve a algo bom. Embora isso possa parecer meramente "ser amigável", é também um indicativo da compreensão da pessoa sortuda de que uma rede de comunicações e contatos importa. Ao ler *Fator Sorte* você certamente se lembrará da máxima "noventa porcento do sucesso na vida é apenas se fazer notar".

Outra razão pela qual as pessoas afortunadas têm mais sorte é que elas possuem uma postura mais tranquila em relação à vida. Esta tranquilidade significa que é mais provável que elas enxerguem oportunidades, que a pessoa preocupada não verá. Os experimentos de Wiseman descobriram que "Pessoas sortudas veem o que ali está, ao invés de tentarem encontrar o que elas querem ver". Elas percebem que a abertura para novas experiências as afasta das profundezas mentais; se você sempre vê e faz as mesmas coisas, só terá uma quantidade determinada de oportunidades surgindo em seu caminho.

Intuição e sorte

Enquanto pessoas que não têm sorte tendem a fazer más decisões de investimentos, comprar ações logo antes do mercado colapsar e escolher os parceiros errados, pessoas que se consideram sortudas tendem a tomar decisões que levam a boa sorte e felicidade. Quando Wiseman começou a investigação para descobrir por que elas fazem estas decisões corretas, ele descobriu que os sortudos se relacionam melhor com suas mentes inconscientes. Eles confiam em suas intuições.

A intuição é criada a partir de milhões de dicas de nosso ambiente, as quais nosso corpo e mente captam. Às pessoas sem sorte são dadas as mesmas dicas, mas elas não confiam na intuição. No nosso mundo dominado pelo lado esquerdo do cérebro, confiar na intuição é subestimado, mas faz uma grande diferença: entre um casamento feliz e duradouro e relacionamentos com as pessoas erradas; entre escolher a profissão certa e a errada.

Mas sortudos não possuem simplesmente um talento natural para usar sua intuição, eles ativamente a cultivam por arranjar tempo para a meditação ou o pensamento contemplativo. Eles se colocam em estados mentais que revelam possibilidades de como agir e o que fazer.

Expectativas e realidade

Uma das frases de Norman Vincent Peale era "Espere o melhor e o consiga". Wiseman, também, descobriu que a vida das pessoas apresenta um extraordinário grau de correspondência com suas expectativas. Pessoas que se consideram sortudas tendem a conseguir aquilo que elas querem da vida, como parte de uma profecia autorrealizável. Não apenas elas sentem merecer coisas boas, como também têm sensação de controle sobre como fazer para que essas coisas se materializem. Pessoas sem sorte tendem a pensar que estão à mercê de eventos, e não estão preparadas para acreditar que elas merecem muita sorte.

Mais uma observação de Wiseman era de que sortudos perseveram para alcançar seus objetivos. Enquanto os sem sorte desistem logo no primeiro obstáculo, os sortudos continuam tentando, mesmo que as chances do sucesso pareçam pequenas.

Sortudos dão vida às coisas, as concretizam, porque, simplesmente, acreditam que podem. Aqui recordamos outro famoso escritor do sucesso, Napoleon Hill, cujo lema era "Aquilo que a mente do homem pode conceber e acreditar, ela pode alcançar". Precisamente porque a pessoa positiva espera por grandes coisas, ela age com mais afinco para se certificar de que isso se concretize (esse é, evidentemente, o princípio por trás do estabelecimento de objetivos).

Tudo se desenvolve para o melhor

Wiseman perguntou a alguns dos sujeitos de sua pesquisa como eles se sentiriam se estivessem na fila de um banco e, durante um assalto, fossem atingidos por um tiro no braço. As pessoas sem sorte de sua análise disseram que seria um desastre, enquanto aqueles que se identificaram como sortudos somente afirmaram se sentirem privilegiados por não terem morrido!

Isto é o que Martin Seligman, em seu livro *Aprenda a ser otimista* (ver *50 Grandes Mestres da Autoajuda*), chama de "estilo explicativo", a habilidade de explicar o infortúnio de forma que não seja um indicativo de toda a existência. Pessoas sortudas ou otimistas também vivenciam tempos ruins – mas elas nunca os consideram permanentes. Ao invés disso, elas observam os benefícios que vêm de sua má fortuna, muitas vezes descrevendo um divórcio ou a perda de um emprego como "a melhor coisa que já aconteceu". Tudo, elas acreditam, avança em direção ao melhor.

Outra coisa que sortudos fazem com frequência, quando em dificuldades, é se compararem com pessoas que estão em situação ainda pior.

Comentários finais

Em suas descobertas sobre as expectativas consolidarem a realidade e as pessoas que veem tudo pelo lado bom terem maior probabilidade de superar obstáculos, o programa de pesquisa sobre a sorte de Wiseman, que levou oito anos para ser concluído, concede validação científica a ideias que há muito têm sido sustentadas por escritores do sucesso e da autoajuda.

É comum pessoas bem-sucedidas atribuírem suas realizações modestamente à sorte, mas graças a Wiseman nós sabemos, agora, que a sorte não é tão "sortuda" – ou seja, ela não é tão dependente do acaso – como nós poderíamos pensar. Os modos de se comportar dos sortudos podem ser aprendidos e adotados, e o livro fornece muitas dicas e exercícios para este fim.

Embora isso não seja explicitamente dito, por diminuir o controle do acaso e superstição como moldes de sua vida, *Fator Sorte* também demonstra que você possui mais livre-arbítrio do que pode imaginar. O livro mostra como você pode criar uma espiral de boa sorte contínua, baseada em decisões corretas, tornando-se uma daquelas pessoas cuja boa fortuna atrai ainda mais sorte.

Se você nunca foi capaz de apontar exatamente por que você é bem-sucedido, ou por que outros o são e você não, então este livro é de leitura obrigatória.

Richard Wiseman

Wiseman é formado em psicologia pela Universidade College London e é doutor pela Universidade de Edimburgo. Ele administra uma unidade de pesquisa na Universidade de Hertfordshire e concede palestras, no âmbito do mundo dos negócios, sobre as aplicações práticas de seu trabalho.

Seus artigos acadêmicos foram publicados na Nature, Science, Psychological Bulletin, e no British Journal of Psychology. Ele também trabalhou junto à BBC em diversos programas televisivos, envolvendo experimentos com a plateia. Seu primeiro trabalho foi como mágico profissional.

50 | Zig Ziglar

1975

See you at the Top

(Vejo você no topo, em tradução livre para o português).

> *"Você pode ter tudo o que quer na vida se simplesmente ajudar outras pessoas a terem aquilo que elas querem."*

Em poucas palavras

Valores fortes de trabalho árduo, fé espiritual e assistência levarão você longe.

Na mesma linha

Frank Bettger – *Do fracasso ao sucesso em vendas* (p. 35)
J. W. Marriott Jr. – *The Spirit to Serve* (p. 267)
Norman Vincent Peale – *O poder do pensamento positivo* (50 Grandes Mestres da Autoajuda)
Brian Tracy – *Realização máxima* (p. 335)

Tendo vendido 2 milhões de cópias desde 1975, *See You at the Top* foi relançado em 2000, como uma edição comemorativa de 25 anos da sua primeira publicação. Apesar de sua atualização, você ainda pode sentir como se tivesse sido posto em um túnel do tempo da direita cristã da década de 1970, nos Estados Unidos. Ziglar não é do tipo que muda de opinião rapidamente, então seus discursos inflamados contra o comunismo, a maconha e a homossexualidade, por exemplo, permanecem na nova edição atualizada. As seções são prefaciadas, nas edições americanas, com uma figura de um homem vestindo terno e com uma pasta, prestes a subir uma escadaria para "o topo".

Sim, o livro tem uma visão bastante tradicional do sucesso, o que pode levar mulheres ao riso ou aos gritos pelo seu nível de machismo, mas nos lembremos de que este antes vendedor de utensílios de cozinha já tem bastante idade e é um orador motivacional de destaque há mais tempo do que muitos de nós temos de vida. Ele representa os ensinamentos para o desenvolvimento pessoal dos tempos antigos, baseados no amor a Deus, à família e à nação.

Apesar disso, *See You at the Top* ainda é um ímã para aqueles que simplesmente querem o melhor para suas famílias, ser bem-sucedidos no trabalho e sentir que são livres para traçar seu próprio curso na vida. Ele também oferece um lembrete da mente serena que vem com o comprometimento religioso e a fé inabalável. Ziglar admite que seu clássico divague um pouco e ele não é de elegância especial. É repleto de histórias, analogias e piadas – justamente como você esperaria de um vendedor – mas tem uma maneira de seduzir você para o seu modo de pensar. Você pode não concordar com todas as suas visões políticas, mas os argumentos que ele constrói sobre buscar o seu melhor são difíceis de refutar.

Tentando evitar uma compreensão superficial do sucesso, a receita de Ziglar para a vida no topo envolve três dimensões: a física, a mental e a espiritual. Você é a soma total de seus hábitos e influências, ele diz, então se ignorar uma área, você será uma "farsa".

Assistência

O mantra do livro é: "Você pode ter tudo o que quer na vida se você simplesmente ajudar outras pessoas a terem aquilo que elas querem". Ziglar cresceu pobre, mas sua vida mudou quando ele percebeu que cristãos não tinham que ter "rostos preocupados e livros de bolso para recorrer". Quanto mais você contribui em contribui por meio dos seus esforços, tanto mais pode esperar receber de volta em forma monetária. Valorize seu multimilionário corpo saudável, e o coloque para ajudar alguém.

Ziglar é bastante sentimental sobre os Estados Unidos e seu sistema capitalista. Ele nota que países onde "coisas são fornecidas" têm as maiores taxas de suicídio, porque se contribuição e trabalho não são vistos como necessários, as pessoas sentem que não têm valor. Prestar assistência cria uma autoimagem saudável, que é bem diferente de um ego inflado.

Objetivos

Você "nasceu para vencer", mas deve se comprometer com seus objetivos por escrito, para dar força a eles. As pessoas não "perambulam por aí e se encontram no monte Evereste", Ziglar diz: se você não planeja chegar a lugar nenhum em particular, você não chegará a nenhum lugar em particular. Tenha planos que movam sua alma e seja específico sobre eles, mas trabalhe gradualmente em direção aos mesmos, pois "a segurança é o braço direito do sucesso".

Você é o que você recebe

Seja o que for que se passar em sua cabeça – programas de televisão, conversas, pornografia – se revelará manifestado como ação ou palavras. A maioria das pessoas vive sob a ilusão de que está no controle da sua vida mental, quando sua circunstância física sugere outra coisa. Saber que você é a soma total do que se passa em sua mente é assustador. Uma vez que o percebe, no entanto, você tem a rara oportunidade de refazer sua vida.

Como sabia Benjamin Franklin, desenvolvimento pessoal é algo diário. Leia boas biografias de pessoas bem-sucedidas e a Bíblia, e utilize seu tempo no trânsito para escutar a fitas que tragam fortalecimento e apoio.

Casamento

O sucesso tem mais a ver com o relacionamento conjugal do que qualquer outra coisa, mas qual é o elemento vital para fazer um relacionamento ser feliz? Lealdade. Sem saber que você é leal, não terá a energia ou apoio para deixar sua marca no mundo. Talvez a melhor parte de *See You at the Top* seja a parte que lida com o assunto de honrar e amar seu parceiro – Ziglar é um romântico incorrigível quando se trata de sua esposa, com quem ele se casou há mais de 50 anos.

Atitude

Para manter a vida revigorante você deve evitar o "endurecimento das atitudes". A atitude correta é crucial, porque na vida a distância entre ganhar e perder é frequentemente ínfima, e a retidão lhe permite enfrentar todos os segundos e terceiros lugares pelos quais você terá de passar antes de vencer. Desejo e persistência destacam você do restante.

Hábitos

Ao mudar maus hábitos você não "paga o preço", e sim aproveita os benefícios. Ziglar começou a caminhar, em grande parte para reduzir a cintura de um metro de circunferência, mas achava difícil sair da cama pela manhã para isso. Embora bons hábitos sejam difíceis de adquirir, eles se tornam de fácil convivência; em contraposição, maus hábitos surgem fácil e vagarosamente, mas é difícil viver com eles.

A melhor orientação para a sua conduta são as pessoas com quem você passa seu tempo. Se quiser parar de fumar, de beber, e começar a acordar cedo, você não conseguirá fazê-lo passando suas noites em bares, não importa quão boa seja a sua força de vontade. Os hábitos são apenas a superfície de sua atitude total em relação à vida.

Comentários finais

See You at the Top se diz um antídoto para a cultura da gratificação instantânea, e um guia para evitar a apatia. É o tipo de livro que você precisa se sua vida está uma verdadeira e profunda bagunça, e necessita de algumas soluções diretas para lentamente se reerguer. Caso você esteja se perguntando se vale a pena, Ziglar fica feliz em observar, por experiência própria, que "o preço do sucesso é muito mais baixo que o preço do fracasso", e o primeiro é muito mais agradável.

Embora Ziglar seja um clássico, sempre um orador motivacional positivo, ele não teme admitir que a vida está cheia de "limões" (experiências difíceis). A grande arte de viver, porém, transforma "limões em uma limonada", usando tempos difíceis como uma alavanca para se afastar daquilo que não se quer mais. Através da integridade, trabalho árduo e assistência, você chega ao ponto onde consegue o que quer, ao invés de ter que gostar apenas do que se tem.

Zig Ziglar

Ziglar nasceu Hilary Hinton Ziglar, no Alabama, em 1926, um de 12 irmãos na família. Na escola no Mississipi, durante a década de 1930, ele foi apelidado Zig. Seu pai faleceu em 1932, durante a Grande Depressão, deixando a família com dificuldades financeiras, mas Ziglar conseguiu frequentar a faculdade em Jackson, Mississipi, na Universidade da Carolina do Sul.

Ziglar passou muitos anos sendo vendedor de utensílios de cozinha no Mississipi, tornando-se um dos funcionários de melhor desempenho na empresa de proporções nacionais para a qual trabalhava. Quando tinha 29 anos, o Instituto Dale Carnegie, na cidade de Nova York, o empregou como instrutor, e assim começou sua carreira como orador. Ele parcialmente atribui seu sucesso à leitura de *O poder do pensamento positivo*, de Norman Vincent Peale. Ziglar apareceu nas plataformas de discurso de pessoas como Peale, Colin Powell, Pat Boone, Ronald Reagan, e George Bush, o pai. Ele tem sido reconhecido por seu papel, com jovens, na luta contra as drogas.

Dentre outros livros seus estão *Namorados para sempre*, *Além do topo* e *Os segredos da arte de vender*.

Ele vive e trabalha em Dallas, no Texas.

Lista cronológica de títulos

Sun Tzu, *A arte da guerra* (Século IV a.C.)
Baltasar Gracian, *A arte da sabedoria* (1647)
Benjamin Franklin, *O caminho da riqueza* (1758)
Horatio Alger, *Ragged Dick* (1867)
Orison Swett Marden, *Pushing to the Front* (1894)
Wallace Wattles, *A ciência de ficar rico* (1910)
Andrew Carnegie, *The Autobiography of Andrew Carnegie* (1920)
Edward Bok, *The Secret Door to Success* (1921)
Russel H. Conwell, *Acres of Diamonds* (1921)
Henry Ford, *Minha vida e minha obra* (1922)
George S Clason, *O homem mais rico da Babilônia* (1926)
Robert Collier, *The Secret of the Ages* (1926)
Napoleon Hill, *Pense e enriqueça* (1937)
Florence Scovell Shinn, *The Secret Door to Success* (1940)
Frank Bettger, *Do fracasso ao sucesso em vendas* (1947)
Claude M. Bristol, *A força mágica da vontade* (1948)
Les Giblin, *Como ter segurança e poder nas relações com as pessoas* (1956)
David Schwartz, *A mágica de pensar grande* (1959)
Napoleon Hill & W. Clement Stone, *Sucesso através de uma atitude mental positiva* (1960)
John Paul Getty, *How to be rich* (1961)
Catherine Ponder, *Leis dinâmicas da prosperidade* (1962)
Muriel James & Dorothy Jongeward, *Nascido para vencer* (1971)
Timothy Gallwey, *O jogo interior de tênis* (1974)
Zig Ziglar, *See You at the Top* (1975)
Kenneth Blanchard & Spencer Johnson, *O Gerente Minuto* (1981)
Tom Hopkins, O *guia oficial para o sucesso* (1982)
Anthony Robbins, *Poder sem limites* (1986)
Warren Bennis, *A essência do líder: O grande clássico da liderança* (1989)
Stephen R. Covey, *Os 7 hábitos das pessoas altamente eficazes* (1989)
Chin-ning Chu, *Thick Face, Black Heart* (1992)
Donald T. Phillips, *Liderança segundo Abraham Lincoln: estratégias para tempos de crise* (1992)

Sam Walton, *Made in America* (1992)
John Whitmore, *Coaching para performance* (1992)
Brian Tracy, *Realização máxima* (1993)
Nelson Mandela, *Longa caminhada até a liberdade* (1994)
Roger Lowenstein, *Buffett: a formação de um capitalista americano* (1995)
Earl G. Graves, *How To Succeed in Business Without Being White* (1997)
Robert Kiyosaki, *Pai rico, pai pobre* (1997)
J.W. Marriott Jr., *The Spirit To Serve* (1997)
Spencer Johnson, *Quem mexeu no meu queijo?* (1998)
Cheryl Richardson, *Take Time For Your Life* (1998)
Michael Dell, *Dell: estratégias que revolucionaram o mercado* (1999)
Jim Collins, *Empresas feitas para vencer* (2001)
David Landes, *A riqueza e a pobreza das nações* (1998)
Thomas J. Stanley, *A mente milionária* (2000)
Margot Morrell & Stephanie Capparell, *Shackleton – uma lição de coragem* (2001)
Jack Welch, *Jack definitivo: segredos do executivos do século* (2001)
Robin Gerber, *Leadership The Eleanor Roosevelt Way* (2003)
Jim Loehr & Tony Schwartz, *Envolvimento total: gerenciando energia e não tempo* (2003)
Richard Wiseman, *Fator sorte: mude sua sorte, mude sua vida* (2003)

Créditos

Atente ao fato de que as datas entre parênteses referem-se à publicação dessas edições. As datas das publicações originais estão expressas em cada um dos cinquenta comentários.

Alger, H. (1962) *Ragged Dick and Mark, The Match Boy*, Estados Unidos, Nova York: Macmillan.

Bennis, W. (2010) *A essência do líder: o grande clássico da liderança*, Rio de Janeiro: Campus-Elsevier.

Bettger, F. (2003) *Do fracasso ao sucesso em vendas*, Rio de Janeiro: Record.

Blanchard, K. & Johnson, S. (2003) *O Gerente Minuto*, Rio de Janeiro: Record.

Bok, E. W. (1921) *The Americanization of Edward Bok: The Autobiography of a Dutch Boy Fifty Years After*, Estados Unidos, Nova York: Charles Scribner's Sons.

Bristol, C. M. (1948) *A força mágica da vontade*, Rio de Janeiro: Record.

Carnegie, A. (1986) *The Autobiography of Andrew Carnegie*, Estados Unidos, Boston: Northeastern University Press.

Chu, C.-N. (1992) *Thick Face, Black Heart: The Asian Path to Thriving, Winning and Succeeding*, Reino Undo, Londres: Nicholas Brealey Publishing.

Clason, G. (2003) *O homem mais rico da Babilônia*, Rio de Janeiro: Ediouro.

Collier, R. (1999) *The Secret of the Ages*, Estados Unidos, Washington: Robert Collier Publications.

Collins, J. (2010) *Empresas feitas para vencer*, Rio de Janeiro: Campus--Elsevier.

Conwell, R. H. (1921) *Acres of Diamonds*, Estados Unidos, Califórnia: DeVorss & Co.

Covey, S. R. (2005) *Os 7 hábitos das pessoas altamente eficazes*, São Paulo: Best Seller.

Dell, M. & Fredman, C. (1999) *Dell: estratégias que revolucionaram o mercado*, São Paulo: Market Books Brasil.

FORD, H. *Minha vida e minha Obra.* São Paulo: Cia. Graphico-Editora Monteiro Lobato (1925).

Franklin, B. (2003) *O caminho da riqueza*, Rio de Janeiro: Lótus do Saber.

Gallwey, W. T. (1996) *O jogo interior de tênis*, São Paulo: Textonovo.

Gerber, R. (2002) *Leadership the Eleanor Roosevelt Way: Timeless Strategies from the First Lady of Courage*, Estados Unidos, Nova York: Prentice-Hall.

Getty, J. P. (1966) *How to Be Rich*, Londres: W. H. Allen.

Giblin, L. (1989) *Como ter segurança e poder nas relações com as pessoas*, São Paulo: Maltese.

Gracian, B. (2003) *A arte da sabedoria*, São Paulo: Best Seller.

Graves, E. G. (1977) *How to Succeed in Business without Being White: Straight Talk on Making It in America*, Estados Unidos, Nova York: HarperCollins.

Hill, N. & Stone, W. C. (1960) *Sucesso através de uma atitude mental positiva*, Rio de Janeiro: Record.

Hill, N. (2000) *Pense e enriqueça*, Rio de Janeiro: Record.

Hopkins, T. (1995) *O guia oficial para o sucesso*, Rio de Janeiro: Record

James, M. & Jongeward, D. (1987) *Nascido para vencer*, São Paulo: Brasiliense.

Johnson, S. (2001) *Quem mexeu no meu queijo?*, Rio de Janeiro: Record.

Kiyosaki, R. & Lechter, S. (2002) *Pai rico, pai pobre*, Rio de Janeiro: Campus.

Landes, D. S. (2001) *A riqueza e a pobreza das nações*, Rio de Janeiro: Gradiva.

Loehr, J. & Schwartz, T. (2003) *Envolvimento total: gerenciando energia e não o tempo*, Rio de Janeiro: Campus.

Lowenstein, R. (1997) *Buffett: A formação de um capitalista Americano*, Rio de Janeiro: Nova Fronteira.

Mandela, N. R. (2012) *Longa caminhada até a liberdade,* Curitiba: Nossa Cultura

Marden, O. S. (1997) *Pushing to the Front, or Success under Difficulties, Vols. 1 & 2*, Estados Unidos, Califórnia: Sun Books.

Marriott, J. W. Jr. & Brown, K. A. (1997) *The Spirit to Serve: Marriott's Way*, Estados Unidos, Nova York: HarperCollins.
Morrell, M. & Capparell, S. (2003) *Shackleton – uma lição de coragem*, Rio de Janeiro: Sextante.
Phillips, D. T. (2007) *Liderança segundo Abraham Lincoln: estratégias para tempos de crise*, São Paulo: Landscape.
Ponder, C. (2005) *Leis dinâmicas da prosperidade*, São Paulo: Ibrasa.
Richardson, C. (1998) *Take Time for Your Life: A Seven-Step Programme for Creating the Life You Want*, Reino Unido, Londres: Bantam.
Robbins, A. (2005) *Poder sem limites,* São Paulo, Best Seller.
Schwartz, D. J. (1996) *A mágica de pensar grande*, Rio de Janeiro: Record.
Scovel Shinn, F. (1978) *The Secret Door to Success*, Estados Unidos, Califórnia: DeVorss & Co.
Stanley, T. J. (2006) *A mente milionária*, São Paulo: Novo Conceito.
Tracy, B. (1993) *Realização máxima*, Rio de Janeiro: Record.
Sun Tzu (1995) *A arte da guerra*, São Paulo: Madras.
Walton, S. & Huey, J. (2006) *Made in America*, Rio de Janeiro: Campus.
Wattles, W. D. (2007) *A ciência de ficar rico*, São Paulo: Best Seller.
Welch, J. & Byrne, J. (2001) *Jack definitivo: segredos do executivo do século*, Rio de Janeiro: Campus.
Whitmore, J. (2006) *Coaching para Performance*, Rio de Janeiro, QualityMark.
Wiseman, R. (2003) *Fator Sorte: mude sua sorte, mude sua vida*, Rio de Janeiro: Record.
Ziglar, Z. (2000) *See You at the Top: 25th Anniversary Edition*, Gretna, Lauisiana: Pelican Publishing.

Este livro foi composto nas fontes Bembo, ITC Avant Garde Gothic e ITC Avant Garde Gothic LT e impresso em papel *Norbrite* 66,6 g/m² na Gráfica Assahi